U0910582

国学经典丛书
名家注评本

资治通鉴

［宋］司马光 编著
刘韶军 注评

长江出版传媒
长江文艺出版社

图书在版编目（CIP）数据

资治通鉴 /（宋）司马光编著；刘韶军注评. -- 武汉：长江文艺出版社，2015.7（2023.9 重印）
（国学经典丛书）
ISBN 978-7-5354-8042-2

Ⅰ. ①资… Ⅱ. ①司… ②刘… Ⅲ. ①中国历史—古代史—编年体②《资治通鉴》—注释 Ⅳ. ①K204.3

中国版本图书馆 CIP 数据核字（2015）第 109433 号

责任编辑：周　阳　　　　责任校对：毛季慧
封面设计：新华智品　　　　责任印制：邱　莉　杨　帆

出版：长江出版传媒 | 长江文艺出版社
地址：武汉市雄楚大街 268 号　　　　邮编：430070
发行：长江文艺出版社
电话：027—87679360
http://www.cjlap.com
印刷：三河市百盛印装有限公司

开本：880 毫米×1230 毫米　1/32　　　　印张：8.75
版次：2015 年 7 月第 1 版　　　　2023 年 9 月第 5 次印刷
字数：183 千字

定价：75.00 元

总　序

郭齐勇　武汉大学国学院院长

国学大师钱穆先生曾说“今人率言‘革新’，然革新固当知旧”。对现代人尤其是青年一代来说，缺乏的也许不是所谓的“革新力量”，而是“知旧”，也即对传统的了解。

中国文化传统的源头，都在中国古代经典当中。从先秦的《诗经》《易经》，晚周诸子，前四史与《资治通鉴》，骚体诗、汉乐府和辞赋，六朝骈文，直到唐诗、宋词、元曲和明清小说，在传统经典这条源远流长的巨川大河中，流淌着多少滋养着我们精神的养分和元气！

《说文解字》上说“经”是一种有条不紊的编织排列，《广韵》上说“典”是一种法、一种规则。经与典交织运作，演绎中国文化的风貌，制约着我们的日常行为规范、生活秩序。中国文化的基调，总体上是倾向于人间的，是关心人生、参与人生、反映人生的，当然也是指导人生的。无论是春秋战国的诸子哲学，汉魏各家的传经事业，韩柳欧苏的道德文章，程朱陆王的心性义理，还是先民传唱的诗歌，屈原的忧患行吟，都洋溢着强烈的平民性格、人伦大爱、家国情怀、理想境界。尤其是四书五经，更是中国人的常经、常道。这些对当下中国人治国理政，建构健康人格，铸造民族精魂都具有重要意义。经典是当代人增长生命智慧的源头活水!

长江文艺出版社历来重视中华民族优秀传统文化的传播及普及，近年来更在阐释传统经典、传承核心文化价值，建构文化认同的大纛下努力向中国古典文化的宝库掘进。他们欲推出《国学经典丛书》，殊为可喜。

怎么样推广这些传统文化经典呢?

古代经典和现代读者的阅读习惯及趣味本来有一定差距，如果再板起面孔、高高在上，只会让现代读者望而生畏。当然，经典也不是任人打扮的小姑娘，一味将它鸡汤化、庸俗化、功利化，也会让它变味。最好的办法就是，既忠实于经典的原汁原味，又方便读者读懂经典，易于接受。在这个原则的指导下，《国学经典丛书》首先是以原典为主，尊重原典，呈现原典。同时又照顾现实需要，为现代读者阅读经典扫除障碍，对经典作必要的字词义的疏通。这些必要精到的疏通，给了现代读者一把打开经典大门的钥匙，开启了现代读者与古圣先贤神交的窗口。

放眼当下出版界，传统文化出版物鱼目混珠、泥沙俱下，诸多出版商打着传承古典文化的旗号，曲解经典，对现代读者尤其是广大青少年认知传承经典起了误导作用。有鉴于此，长江文艺出版社推出的《国学经典丛书》特别注重版本的选取。这套丛书30个品种当中，大多数择取了当前国内已经出版过的优秀版本，是请相关领域的名家、专业人士重新梳理的。这些版本在尊重原典的前提下同时兼顾其普及性，希望读者能有一次轻松愉悦的古典之旅。

种种原因，这套丛书必然会有缺点和疏漏，祈望方家指正。

导 言

武汉大学郭齐勇先生邀约，让我选注《资治通鉴》，阅读对象为大中学生及爱好传统文化的人们。以前曾为几个出版社注释翻译过《资治通鉴》的部分内容，对这部书已有了独特的感情。在大学也多次为本科生上“中国历史文选”课，其中也有《资治通鉴》的选段，每次讲解，都有新的心得。因此选注《资治通鉴》，是令人心喜的事，遂欣然应命。

《资治通鉴》，宋代司马光著。司马光，字君实，陕州夏县（今山西夏县）涑水乡人，故称涑水先生。宋仁宗时中进士，先后在仁宗、英宗、神宗、哲宗四朝做官，死后赠太师、温国公，谥号文正，故又称司马温公、司马文正公。

宋神宗熙宁二年（公元一〇六九年），王安石变法，神宗让司马光任枢密副使，协助王安石，司马光不赞同变法，连上五封札子，自请离京。次年以端明殿学士知永兴军（在今陕西西安），一年后到洛阳任西京留守御史台，专心编纂《资治通鉴》。

司马光在《资治通鉴》“后序”中说：自司马迁、班固编纂《史记》、《汉书》以来，历代都有正史，从汉代到宋代，正史有十九部之多，司马光认为人们无法全部读完这些史书，而帝王日理万机，更没有时间遍读历代史书。所以他要删冗撮要，从历代史书中选取“关国家兴衰，系生民休戚，善可为法，恶可为戒”的内容，纂成一部编年体的通史。

这一想法得到宋英宗大力支持，让司马光自行选任属官。他挑选了刘恕、刘攽、范祖禹及司马光之子司马康，这几人都是学有专长，跟随司马光集体编纂这部通史。皇帝让他们在崇文院设置了《资治通鉴》书局，可借阅龙图阁、天章阁、昭文馆、集贤院、史馆和皇家秘阁的藏书，还不时赐给御府的笔墨缯帛和皇帝的御前钱来购买水果点心，可谓关怀备至。编书期间，仍有官职，由国家发给俸禄，却不要求办理官职的事务，这使司马光等能专心编纂。在此基础上，司马光等人“遍阅旧史，旁采小说，简牍盈积，浩如烟海，抉擿幽隐，校计毫厘”，到神宗元丰七年(一〇八四年)，全书完成，呈给宋神宗。

此书纪事从周威烈王二十三年开始，到五代后周世宗显德六年结束，即从公元前四〇三年到公元九五九年，共一千三百六十二年，二百九十四卷。按帝王在位的时间顺序记录史事，主要记载与国家兴亡有关的事迹。希望帝王阅读此书，“监前世之兴衰，考当今之得失，嘉善矜恶，取得舍非，懋稽古之盛德，跻无前之至治”。宋神宗认为此书确实能让帝王“有鉴于往事，以资于治道”，故亲自定下书名为《资治通鉴》，还为全书写序。这是给予司马光及《资治通鉴》的最高荣誉和褒奖。

《资治通鉴》作为中国古代著名历史巨著，与汉代司马迁《史记》前后辉映，可称古代史著的双璧，历代学者给予了极高评价。宋元之际的史学家胡三省为《资治通鉴》作注，后世《资治通鉴》的最佳版本，就包括胡三省注在内，胡注与《资治通鉴》原文已经成为不可分割的整体。胡三省非常推崇《资治通鉴》，在《新注资治通鉴序》中说：

为人君而不知《通鉴》，则欲治而不知自治之源，恶乱而不知防乱之术。为人臣而不知《通鉴》，则上无以事君，下无以治民。乃如用兵行师，创法立制，而不知迹古人之所以得，鉴古人之所以失，则求胜而败，图利而害，此必然者也。

清代史学家王鸣盛在名著《十七史商榷》中说："此天地间必不可无之书，亦学者不可不读之书。"

近代学者梁启超称赞此书："其结构之宏伟，其取材之丰赡，使后世有欲著通史者，势不能不据以为蓝本，而至今卒未有能愈之者焉。温公亦伟人哉！"

现代历史学家陈寅恪在名著《唐代政治史述论稿》的序言中说："吾国旧史多属于政治史类，而《资治通鉴》一书，尤为空前杰作。"他说自己的《唐代政治史述论稿》，与《资治通鉴》相比，"可谓不自量之至！"可见他对《资治通鉴》推崇备至。

《资治通鉴》不仅仅是一部历史书，更是现代政治和战争中不可缺少的重要参考。毛泽东最爱读《资治通鉴》，据卢志丹《毛泽东品国学》① 介绍，毛泽东将《资治通鉴》读过"一十七遍"。一九一二年，毛泽东才十九岁，教育家符定一借给毛泽东一部《通鉴辑览》，毛泽东由此对《资治通鉴》产生了浓厚兴趣。一九五六年，毛泽东建议组成《资治通鉴》标点委员会，由著名学者顾颉刚等二十一位专家合作，将《资治通鉴》全部点校排印。中华书局出版的《资治通鉴》标点整理本，在每卷后，都有

① 新世界出版社 2009 年出版。

参加标点工作的专家署名。这个点校本自出版以来，一印再印，发行量很大，是学术界公认的最权威版本。

毛泽东读《资治通鉴》不是学究式的，而是紧密联系现实的。他对身边人员说：

> 书里论曰："礼义廉耻，国之四维。四维不张，国乃灭亡。"清朝的雍正皇帝看了很赞赏，并据此得出了结论，治国就是治吏。如果臣下个个寡廉鲜耻，贪得无厌，那非天下大乱不可。

可见，毛泽东非常重视《资治通鉴》对后代帝王的启示作用。他还联系现实政治反复说明《资治通鉴》对后人的教育作用：

> 《资治通鉴》以周天子命韩、赵、魏三家为诸侯这件事为全书的开端，这表明下面做得不合法，上面还承认，看来这个周天子没有原则，没有是非。无是无非，当然非乱不可。这叫上梁不正下梁歪嘛。任何国家都是一样，你上面敢胡来，下面凭什么老老实实，这叫事有必至，理有固然。
>
> 皇帝糊涂，当然大臣们就胡来，就拼命地搜刮老百姓。老百姓不服就要镇压，那方法残酷得很，《通鉴》上就有这样的记载。当时有一种刑罚，把人的肚子打开，拖着犯人的肠子走。暴政到了这种程度，老百姓忍无可忍了，就造反，镇压不下去，就完蛋。
>
> 宋以前的书都靠手抄。要没有刻版印刷，这书出得来出不来，我看还是大有问题的。看来，成就一件事，要八方努

力；而坏一件事，只要一方拆台就够了，建设可比破坏难得多噢。

中国的军事家不一定是政治家，但杰出的政治家大多数是军事家。在中国，尤其是改朝换代的时代，不懂得军事，你那个政治怎么个搞法？政治，特别是关键时刻的政治，往往靠军事实力来说话。没有天下打天下，有了天下守天下。有人给《左传》起了个名字，叫做“相砍书”，可它比《通鉴》里写战争少多了，没有《通鉴》砍得有意思，《通鉴》是一部大的“相砍书”。《通鉴》里写战争，真是写得神采飞扬，传神得很，充满了辩证法。

秦始皇怕秀才造反，就焚书坑儒，以为烧了书，杀了秀才，就可以一劳永逸了，可以二世三世地传下去，天下永远姓秦。结果是“坑灰未冷山东乱，刘项原来不读书”，是陈胜、吴广、刘邦、项羽这些文化不高的人，带头造反了。

没有秀才也不行，秀才读书多，见识广，可以出谋划策，帮助取天下，治理国家，历代的明君都不离开秀才啊！

总之，《通鉴》是一部值得再读的好书。有人说，搞政治离不开历史知识，还有人说，离不开权术，离不开阴谋，甚至有人说，搞政治就是捣鬼。我想送给这些人鲁迅先生的一句话：“捣鬼有术，也有效，然而有限，所以以此成大事者，古来无有。”

由此可知，毛泽东能将书中记载的古人智慧，灵活地运用于中国革命的实践之中，而不是仅像秀才那样，读书虽多却不能联系实际。在《毛泽东选集》的不少文章中，也曾引用《资治通鉴》中的战例，用于指导中国的革命战争。可知在毛泽东及中国共产党带领中国人民取得的无数胜利背后，也有着《资治通鉴》的一份功劳。

在革命胜利之后的建设时期，仍然可以汲取《资治通鉴》中的智慧。谓予不信，请看下面这篇报道。美国《纽约邮报》二〇一五年二月八日报道，美国的中国问题专家白邦瑞（Michael Pillsbury）在《百年马拉松》中告诉美国人：中国从毛泽东时代就有了“百年建设世界第一超级大国”的蓝图，要通过100年的努力，超越美国，成为世界的超级大国。但中国又善于掩盖自己的目的，所以外国长期以来对此知之甚少。

白邦瑞在二十世纪七八十年代大力倡导中美合作，如今极力鼓吹“中国威胁论”，为什么会有一百八十度的改变呢？白邦瑞说：“我被耍了①”，而美国几十年来认为中国是“急需援助的受欺压者”，也是上了中国的当，白邦瑞认为，这是“美国史上最系统性的、最危险的，也是最重大的情报失误”。

美国“上当”的原因，白邦瑞认为是因为美国及其专家对中国文化的无知。白邦瑞说，中国人的智慧来源于中国的“韬光养晦”，而“韬光养晦”又来源于《资治通鉴》。这部书是“融合了大量非西方历史案例的治国理政手册”。其中专门讲述战国时期各方势力合纵连横的谋略，在这些案例中，有许多故事就是说明“怎样欺骗对手、避免孤立以及新兴国家在时机到来之前卧薪尝胆”。

白邦瑞断定中国从二战结束后就按照《资治通鉴》的谋略做了长远部署。中国的领导人如毛泽东，都熟读《资治通鉴》，就

---

① 2015年2月12日凤凰网刊登文章介绍白氏的新书及其看法，题目是“中国韬光养晦是卧薪尝胆，我被中国耍了”。http://news.ifeng.com/a/20150212/43162796_0.shtml

连普通学生也常在作文中摘引《资治通鉴》的章节和名句。而美国最大的“错误”，就是从来没有真正重视《资治通鉴》。

看来，有些美国人已经意识到《资治通鉴》对于中国现当代政治的重要作用，外国人如果不了解中国古代的历史与文化，不读《资治通鉴》，就无法真正理解和认识中国人的政治和军事智慧。

《资治通鉴》不仅可以“资治”（帮助治国），更可让一般人了解中国历史的变迁与诸多细节。不少人在学校学过中国历史，但仅靠在学校的学习，不能充分了解中国历史的详细情况。因此，《资治通鉴》是历史课的最佳补充读物，反过来说，好好阅读资治通鉴，完全可以帮助同学们学好历史。

此外，读者还可以从《资治通鉴》中学习各种智慧，用于人生之中。不管遇到什么样的困难和挫折，静下心来，好好读读《资治通鉴》，总能从中找到解决难题的办法。这就是《资治通鉴》的永恒价值。这次为大家编选注释《资治通鉴》，也让自己从中学到了不少东西。一部古书，常读常新，这就是它能成为名著的原因所在。

这部选注，从二百九十四卷约三百万文字中，选出了十万字左右的原文，分为三十九个题目。每一个题目下，先列《资治通鉴》的原文。由于存在着多种版本，各版本间的文字或有异同，我们主要依据的是中华书局的整理标点本。对于原文，我们重新分段加以注释。主要注释与现代汉语含义不同的字词，及相关的人物、地名、官职等，帮助读者扫除阅读中的障碍。一些生僻字加上汉语拼音。除了注释字词，有时还要贯通句意，都是让读者能真正理解《资治通鉴》原文的确切含义。希望读者通过阅读和理解历史名著的原文，真切感受历史的种种真相与细节，了解到古人怎样为人和处世，如何思考问题，如何解决难题而渡过难关，从而在历史的长河中作出自己的贡献。

笔者认为，中国人应该努力掌握读懂古书的能力，这样才能使自己比较透彻地了解中国历史和文化的内容，进而懂得中国人数千年传承不绝的智慧。因此，我在本书中尽己所能，让读者能顺利读懂《资治通鉴》，以此来为现代中国青年及爱好传统文化的人士提供一点帮助。

华中师范大学刘韶军[①]，二〇一五年三月

① 书编写因时间紧，三个博士高山、张弓、武勇做了部分注释，完稿后由我审定。

目　录

智氏之亡

周纪一[①]，威烈王二十三年[②]，初命晋大夫魏斯、赵籍、韩虔为诸侯[③]。

【注释】 ①周纪一：《资治通鉴》记事从东周威烈王二十三年（前四〇三年）开始，每朝历史都称“纪”，如周纪、秦纪、汉纪等。②威烈王：姬午，公元前四二五年至前四〇二年在位。③初：初次，周天子初次任命诸侯国的大夫为诸侯。晋国原为一个诸侯国，从此变成韩、赵、魏三个诸侯国，史称三家分晋。三家分晋之年为春秋与战国的分界线。魏斯：魏桓子之子，魏国第一代国君魏文侯，公元前四四六年至前三九七年在位。赵籍：赵献侯之子，赵国第一代国君赵烈侯，公元前四〇八年至前三八七年在位。韩虔：韩武子之子，韩国第一代国君韩景侯，公元前四〇八年至前四〇〇年在位。诸侯：天子之下各分封国的国君。周代实行分封制，周天子只管控以都城为中心的王畿地区，此外的领土，分封给天子的亲属或功臣，分封的地区称为封国，又分公、侯、伯、子、男五种等级。习惯上以侯为封国国君的代称，诸侯就是诸多分封国，也指各国国君。

初，智宣子将以瑶为后[①]。智果曰：“不如宵也[②]。瑶之贤于人者五，其不逮者一也[③]。美鬓长大则贤，射御足力则贤[④]，伎艺毕给则贤[⑤]，巧文辩惠则贤[⑥]，强毅果敢则贤，如是而甚不仁。夫以其五贤陵人[⑦]，而以不仁行之，其谁能待之[⑧]？若果立瑶也，智宗必灭[⑨]。”弗听，智果别族于太史为辅氏[⑩]。

【注释】 ①初：当初，追述其初。智宣子：智庄子的后人。智庄子即晋大夫荀林父的弟弟荀首，因采邑在智，故从荀氏分出为智氏。瑶：智瑶，即智伯瑶，又称智襄子，智宣子之子。后：继承本宗族爵位的人。②智果：智氏的族人，又称知过、智国。宵：智宵，智宣子的庶子。③不逮：不及、不如。④射御：射箭与驾战车，是当时作战的主要技巧。⑤伎：技能。毕给：全都具备。⑥巧文辩惠：能言善辩。巧文指言词巧妙，辩惠指辩论中多有智慧。⑦陵人：欺陵别人。⑧待：予以宽容，指给予支持帮助。⑨智宗：智氏整个宗族。⑩别族：与原来的宗族分开，另立一个宗族。太史：官名，掌管记载氏姓和世系。辅氏：智果与智氏分开后，另立为辅氏。这是为了在今后智氏有罪时，自己不受连累。

赵简子之子[①]，长曰伯鲁，幼曰无恤[②]，将置后[③]，不知所立。乃书训戒之辞于二简[④]，以授二子，曰：“谨识之[⑤]。”三年而问之，伯鲁不能举其辞，求其简，已失之矣。问无恤，诵其辞甚习[⑥]，求其简，出诸袖中而奏之[⑦]。于是简子以无恤为贤，立以为后。

【注释】 ①赵简子：赵鞅，赵襄子的父亲。②长：长子。幼：幼子。③置后：确立宗族的继承人。④书：书写。简：竹简，当时没有纸张，文字都写在竹简上。⑤识：记住。⑥习：熟习。⑦诸：之于。出诸袖中，出之于袖中。

简子使尹铎为晋阳[①]。请曰：“以为茧丝乎？抑为保障乎[②]？”简子曰：“保障哉！”尹铎损其户数[③]。简子谓无恤曰：“晋国有难，而无以尹铎为少，无以晋阳为远[④]，必以为归[⑤]。”

【注释】 ①尹铎：赵简子家臣。为：做某事称作“为”，这里指管理，治理。晋阳：地名，在今山西太原。②以为茧丝：把晋阳治理成可以不断征收赋税的地方，如同抽茧丝一样。抑：还是。为保障：把晋阳治理成一座坚固的堡垒和屏障。③损：减少。户数：向赵简子交税的户数。④无以……为：不要以为。少：尹铎治理晋阳征收的赋税少。⑤归：有祸难时把晋阳作为归宿，以便避难。

及智宣子卒[①]，智襄子为政[②]，与韩康子、魏桓子宴于蓝台[③]。智伯戏康子而侮段规[④]，智国闻之[⑤]，谏曰："主不备难[⑥]，难必至矣！"智伯曰[⑦]："难将由我。我不为难，谁敢兴之[⑧]？"对曰："不然。《夏书》有之[⑨]：'一人三失，怨岂在明？不见是图[⑩]。'夫君子能勤小物[⑪]，故无大患。今主一宴而耻人之君相[⑫]，又弗备，曰'不敢兴难'，无乃不可乎[⑬]！蚋蚁蜂虿[⑭]，皆能害人，况君相乎！"弗听。

【注释】 ①卒：去世。②智襄子：即智瑶。为政：主持晋国政事。③韩康子：韩宣子的曾孙，韩庄子的儿子。魏桓子：魏襄子的儿子，魏文侯的父亲。蓝台：地名。④戏：戏弄。段规：韩康子的宰臣。⑤智国：智果，智氏的族人。⑥备：防备。⑦智伯：即智襄子。⑧兴之：发难，制造灾难。⑨夏书：夏代的史书。⑩三失：三次或三种过失。明：明处。图：谋划。指人们发难都是在让人看不到的地方谋划的。⑪勤小物：在小事上勤奋谨慎。⑫耻人之君相：让人家的国主和宰相受到耻辱。⑬无乃不可乎：恐怕是不可以的吧。⑭蚋（音 ruì）：秦晋地方称蚊子为蚋。虿（音 chái）：如蝎子相似，有毒，可以螫人。

智伯请地于韩康子[①]，康子欲弗与。段规曰："智伯好利而愎[②]，不与，将伐我，不如与之。彼狃于得地[③]，必请于他人，他人不与，必向之以兵[④]。然则我得免于患而待事之变矣。"康子曰："善。"使使者致万家之邑于智伯[⑤]，智伯悦。

【注释】 ①请地：要求割让土地。②好（音 hào）：喜好。愎（音 bì）：固执己意。③狃（音 niǔ）：习惯。④向之以兵：用军队对待他人。⑤使使者：派出使者。致：送给。万家之邑：有一万户人口的城邑，属于大城。

又求地于魏桓子，桓子欲弗与。任章曰[①]："何故弗与？"桓子曰："无故索地，故弗与。"任章曰："无故索地，诸大夫必惧。吾与之地，智伯必骄。彼骄而轻敌，此惧而相亲[②]。以相亲之兵待轻敌之人，智氏之命必不长矣。《周书》曰[③]：'将欲败之，必姑辅之[④]。将欲取之，必姑与之。'主不如与之，以骄智伯[⑤]，然后可以择交而图智氏矣[⑥]，奈何独以吾为智氏质乎[⑦]！"桓子曰："善。"复与之万家之邑一。

【注释】 ①任章：魏桓子的宰臣。②此：指魏桓子手下的大夫。相亲：相互亲近团结。③周书：周代史书。④姑：姑且。辅：辅助。⑤主：宰臣称自己的君主。骄：让智伯傲慢。⑥择交：选择可以交往的邻国。图：谋求战胜。⑦奈何：为什么。独以吾为智氏质：只让我国成为智氏的人质，受其害而不能脱身。

智伯又求蔡、皋狼之地于赵襄子[①]，襄子弗与。智伯怒，帅韩、魏之甲以攻赵氏[②]。襄子将出，曰："吾何走乎[③]？"从者曰："长子近，且城厚完[④]。"襄子曰："民罢力以完之，又毙死以守之，其谁与我[⑤]！"从者曰："邯郸之仓库实[⑥]。"襄子曰："浚民之膏泽以实之，又因而杀之，其谁与我[⑦]？其晋阳乎[⑧]！先主之所属也，尹铎之所宽也，民必和矣[⑨]。"乃走晋阳。

【注释】 ①蔡：地名，或说是蔺，在今山西离石。皋狼：地名，在今离石西北。赵襄子，赵简子幼子无恤，此时为赵国君主。②帅：率领。甲：指军队。③走：跑。何走：逃跑到哪里去。④长（音 zhǎng）子：地名，在今山西长子。城厚完：城墙厚而且完整。⑤罢：疲。完：使城完好。其：表示质问的语气。谁与我：谁肯与我一起守城。⑥邯郸：地名，赵氏的都城。仓：储藏粮食的地方。库：收藏财物与兵器的地方。实：充足。⑦浚（音 jùn）：榨取，搜括。膏泽：民脂民膏。实之：装满仓库。因而杀之：因为发生战争而让他们被杀。⑧其：表示肯定的语气。意指还是到晋阳去吧。⑨先主：赵简子。属：嘱托、托付。宽：宽松，指尹铎在晋阳薄赋轻徭，减轻民众的负担。和：和睦，指与统治者的关系融洽和好。

三家以国人围而灌之[①]，城不浸者三版[②]，沈灶产蛙[③]，民无叛意。智伯行水[④]，魏桓子御[⑤]，韩康子骖乘[⑥]。智伯曰："吾乃今知水可以亡人国也[⑦]。"桓子肘康子[⑧]，康子履桓子之跗[⑨]，以汾水可以灌安邑，绛水可以灌平阳也[⑩]。

【注释】 ①三家：智、魏、韩三家。国人：平民。当时人民平时为民，战时为兵。围：包围赵氏的晋阳城。灌之：放水灌城。②浸：淹没。版：古时筑城用木板，一板高二尺，故城墙高二尺为一版。版就是板。③沈：沉，淹没。产蛙：灶被水淹，里面已有青蛙了。④行水：乘船行水上。⑤御：驾战车。⑥骖乘（音 cān chéng）：陪乘。当时乘车，尊者在左，御者在中，又一人在右，称车右或骖乘，负责警卫和与敌人战车作战。⑦此句意谓：我现在就知道河水也可用来灭亡别人的国家了。⑧肘：用肘子碰。⑨履：脚踩。跗（音 fū）：脚背。⑩二句中的汾水、绛水，应该列换，指汾水可以灌韩氏的都城平阳，绛水可以灌魏氏的都城安邑。这是说魏与韩明白了智伯的言外之意，智伯可以用同样的办法来灭韩、魏。

絺疵谓智伯曰[①]："韩、魏必反矣。"智伯曰："子何以知之？"絺疵曰："以人事知之。夫从韩、魏之兵以攻赵[②]，赵亡，难必及韩、魏矣。今约胜赵而三分其地[③]，城不没者三版[④]，人马相食，城降有日，而二子无喜志，有忧色[⑤]，是非反而何[⑥]？"

【注释】 ①絺（音 chī）疵：晋国的公族。②从：即纵，指率领和使用。③约：约定。三分其地：智与韩、魏把赵氏的土地分成三份，各得其一。④没：淹没。⑤二子无喜志，有忧色：韩、魏二子没有高兴的心情，却有忧愁的脸色。⑥是：这。非反而何：不是要反叛又是什么。

明日，智伯以絺疵之言告二子，二子曰："此夫谗人欲为赵氏游说[①]，使主疑于二家而懈于攻赵氏也。不然，夫二家岂不利朝夕分赵氏之田，而欲为危难不可成之事乎[②]？"

【注释】 ①谗人：进谗言的人。②朝夕：早晚，指很快。二句意谓：韩、魏二家难道不以马上分到赵氏的土地为利，却想干有危险而不可成功的事吗？

二子出，絺疵入曰："主何以臣之言告二子也？"智伯曰："子何以知之？"对曰："臣见其视臣，端而趋疾，知臣得其情故也[①]。"智伯不悛[②]，絺疵请使于齐[③]。

【注释】 ①端：正，指正视，瞪眼看。趋：小步快走。疾：快。得其情：知道了韩、魏准备反叛的用意。②悛（音 quān）：改。③请使于齐：要求出使齐国，以躲避即将到来的灾难。

赵襄子使张孟谈潜出见二子[①]，曰："臣闻唇亡则齿寒。今智伯帅韩、魏而攻赵，赵亡则韩、魏为之次矣[②]。"二子曰："我心知其然也，恐事未遂而谋泄，则祸立至矣[③]。"张孟谈曰："谋出二主之口，入臣之耳，何伤也[④]？"二子乃潜与张孟谈约，为之期日而遣之[⑤]。襄子夜使人杀守堤之吏，而决水灌智伯军。智伯军救水而乱，韩、魏翼而击之[⑥]，襄子将卒犯其前[⑦]，大败智伯之众。遂杀智伯，尽灭智氏之族，唯辅果在[⑧]。

【注释】 ①张孟谈：赵襄子的家臣。潜出：偷偷地出城。②次：下一个。③立至：马上来到。④伤：伤害、危险。⑤为之期日：约定动手的日期时间。⑥翼而击之：从两翼攻击智伯军。⑦将卒：率兵。犯其前：攻击智伯军的正面。⑧唯：只有。在：活下来，没有被三家杀害。

【简评】

选择接班人，不能只看有没有才能，更要看有没有与人相处的能力，不然的话，虽强必败，以至于拖累了整个家族。聪明人，在于能预见灾难的到来，预先采取避难措施。

魏文侯用人

周纪一，威烈王二十三年，魏文侯以卜子夏、田子方为师[①]，每过段干木之庐必式[②]，四方贤士多归之。文侯与群臣饮酒，乐，而天雨，命驾将适野[③]。左右曰："今日饮酒乐，天又雨，君将安之[④]？"文侯曰："吾与虞人期猎[⑤]，虽乐，岂可无一会期哉[⑥]！"乃往，身自罢之[⑦]。

【注释】　①魏文侯：公元前四四五年继魏桓子即位，后因韩、赵、魏被周王正式承认为诸侯，成为魏国开国君主。卜子夏：卜商，字子夏，孔子的学生。田子方：名无泽，孔子学生子贡的弟子。②段干木：子夏的学生，魏文侯曾招他为官，推辞不受。庐：房屋。式：车前扶手的横木，乘车的人伏身扶式，是向人表示敬意。③命驾：下命驾车。适：前往。野：城外。④安：哪里。之：前往。⑤虞人：官名，掌管帝王的山林苑园。期：约定。⑥一会：会面一次。期：约定的时间。此句谓怎可不按约定的时间前去与他一会呢。⑦身自：亲自。罢之：取消打猎。

韩借师于魏以伐赵[①]，文侯曰："寡人与赵，兄弟也，不敢闻命[②]。"赵借师于魏以伐韩，文侯应之亦然，二国皆怒而去。已而知文侯以讲于己也[③]，皆朝于魏，魏于是始大于三晋[④]，诸侯莫能与之争。

【注释】 ①借师于魏：向魏国借兵。②寡人：当时国君自称。兄弟：兄弟之国。闻命：听命。③已而：之后。讲：说明理由。于己：为己国而不借兵。④朝：朝见，有服从的意思。始大于三晋：开始在韩、赵、魏三国中称大称强。

使乐羊伐中山[①]，克之，以封其子击[②]。文侯问于群臣曰："我何如主[③]？"皆曰："仁君。"任座曰[④]："君得中山，不以封君之弟而以封君之子，何谓仁君？"文侯怒，任座趋出。次问翟璜[⑤]，对曰："仁君也。"文侯曰："何以知之？"对曰："臣闻君仁则臣直[⑥]。向者任座之言直，臣是以知之[⑦]。"文侯悦，使翟璜召任座而反之[⑧]，亲下堂迎之，以为上客。

【注释】 ①此句主语魏文侯省略，下一句出现这个主语。乐羊：魏国将领。中山：中山国，在今河北西部。②克：战胜。封：周代分封，把某处土地封给某个子弟。子击：魏文侯儿子魏武侯，名击，公元前三九六年至前三七一年在位。③何如主：怎样的君主。④任座：魏文侯的大臣。⑤翟璜：魏文侯的上卿。⑥直：直率。⑦向者：刚才，此前。是以：以是，以此，因此。⑧反之：让他返回。反即返。

文侯与田子方饮，文侯曰："钟声不比乎？左高[①]。"田子方笑。文侯曰："何笑？"子方曰："臣闻之，君明乐官，不明乐音[②]。今君审于音，臣恐其聋于官也[③]。"文侯曰："善。"

【注释】 ①不比：不平，不协调。左高：左方的钟声音高。②明：明白，清楚，懂得。乐官：掌管音乐的官员。③审于音：对乐音分得很清楚。聋于官：对官员的情况一无所知。这是告诫文侯不要过于关心小事，而要关注大事。

子击出，遭田子方于道[①]，下车伏谒[②]。子方不为礼。子击怒，谓子方曰："富贵者骄人乎？贫贱者骄人乎[③]？"子方曰：

“亦贫贱者骄人耳[④]，富贵者安敢骄人[⑤]？国君而骄人，则失其国，大夫而骄人，则失其家[⑥]。失其国者，未闻有以国待之者也[⑦]。失其家者，未闻有以家待之者也[⑧]。夫士贫贱者，言不用，行不合，则纳履而去耳，安往而不得贫贱哉[⑨]！”子击乃谢之[⑩]。

【注释】 ①遭：遇。②伏：伏身。谒：进见。③骄人：以傲慢待人。④亦：还是。耳：吧。⑤安敢：怎敢。⑥国君而骄人：作为国君而骄人。大夫而骄人，作为大夫而骄人。国君、大夫都是所谓富贵者。家：指贵族的家族身份。⑦以国待之：以国君的身份对待他。⑧以家待之：以贵族的身份对待他。⑨纳履而去：穿上鞋就离开。耳：而已。安往：到哪里去。⑩谢之：向他道歉。这里的谢，不是感谢。

文侯谓李克曰[①]：“先生尝有言曰：‘家贫思良妻，国乱思良相。’今所置，非成则璜[②]，二子何如？”对曰：“卑不谋尊，疏不谋戚[③]。臣在阙门之外，不敢当命[④]。”文侯曰：“先生临事勿让。”克曰：“君弗察故也。居视其所亲，富视其所与[⑤]，达视其所举[⑥]，穷视其所不为，贫视其所不取[⑦]，五者足以定之矣，何待克哉！”文侯曰：“先生就舍[⑧]，吾之相定矣。”

【注释】 ①李克：子夏的学生。②所置：所任命的宰相。成：魏成，魏文侯的弟弟。璜：翟璜，魏文侯的上卿。③二句意谓：地位低下的人不谋划尊贵者的事，与君主关系疏远的人不谋划关系亲近者的事。④阙门：国君居住的宫殿之门。当命：听从这个命令。⑤居：平居时。富：富有时。所亲、所与：亲近的人、交往的人。⑥达：仕途顺利通畅。所举：举荐有用的人。⑦穷：求官的路走不通，穷途末路。贫：贫穷。所不取：不接受的东西。⑧就舍：回家去吧。

李克出，见翟璜。翟璜曰：“今者闻君召先生而卜相[①]，果谁为之？”克曰：“魏成。”翟璜忿然作色曰[②]：“西河守吴起，臣所进也[③]；君内以邺为忧，臣进西门豹[④]；君欲伐中山，臣进乐羊；

中山已拔，无使守之，臣进先生；君之子无傅，臣进屈侯鲋[⑤]。以耳目之所睹记[⑥]，臣何负于魏成[⑦]？"

【注释】　①卜相：讨论为相的人选。②忿然：气愤的样子。作色：变了脸色。③西河守：西河指陕西与山西之间的黄河。守指防守黄河的指挥官。吴起：卫国人，先后在鲁国、魏国、楚国任职，协助楚悼王变法，后被反对变法的贵族杀死。详见后。进：推荐进用。④邺：地名，在今河北临漳西南。以邺为忧：担心赵国攻击邺。西门豹：人名，西门为复姓，翟璜推荐他任邺令。⑤傅：师傅。屈侯鲋（音 fù）：复姓屈侯，鲋为名，当时的贤人。⑥睹记：看得到和记着的。⑦何负于魏成：哪里比魏成差。

李克曰："子之言克于子之君者[①]，岂将比周以求大官哉[②]？君问相于克，克之对如是[③]。所以知君之必相魏成者，魏成食禄千钟，什九在外，什一在内[④]，是以东得卜子夏、田子方、段干木。此三人者，君皆师之。子所进五人者，君皆臣之。子恶得与魏成比也[⑤]！"翟璜逡巡再拜曰[⑥]："璜，鄙人也，失对，愿卒为弟子[⑦]。"

【注释】　①言：进言，推荐。克：李克自称。子之君：你的君主。②比周：结成同党。③对：回答。如是：如此。④食禄：享受俸禄。钟：古代的容量单位，一钟最少相当于六斛四斗，最多相当于十斛，一斛约十斗。古代以粮食为俸禄，故以钟为计量单位。千钟表示俸禄很多。在外：送给外人。在内：留在家里。⑤恶得：怎能。⑥逡（音 qūn）巡：后退避让，表示退让。再拜：两次下拜。⑦鄙人：卑鄙的人。失对：回答失误。卒：终。

【简评】

通过李克与翟璜的对话，可懂得如何分辨人才的优劣高下，还可学会如何辩驳别人的责难。此外，如果别人说得有理，自己就应马上认错。

吴起的成败

周纪一，威烈王二十三年，吴起者，卫人，仕于鲁。齐人伐鲁，鲁人欲以为将，起取齐女为妻，鲁人疑之，起杀妻以求将，大破齐师。或谮之鲁侯曰[①]："起始事曾参[②]，母死不奔丧，曾参绝之[③]，今又杀妻以求为君将。起，残忍薄行人也[④]。且以鲁国区区而有胜敌之名[⑤]，则诸侯图鲁矣[⑥]。"起恐得罪，闻魏文侯贤，乃往归之。文侯问诸李克，李克曰："起贪而好色，然用兵，司马穰苴弗能过也[⑦]。"于是文侯以为将，击秦，拔五城[⑧]。

【注释】 ①谮（音 zèn）：背后说别人的坏话，挑拨是非。②事曾参：以曾参为师。曾参：孔子弟子曾参与吴起生活的时代相距很远，应该是鲁穆公时的鲁国学者曾申。③绝之：与他断绝师生关系。④薄行：做出薄情行动。⑤区区：很小的样子。胜敌之名：战胜敌国的名声。⑥图鲁：谋算侵犯鲁国。⑦司马穰苴（音 ráng jū）：齐国人，本姓田，名穰苴，曾撰兵法书。⑧拔：攻克占领。

起之为将，与士卒最下者同衣食，卧不设席，行不骑乘，亲裹赢粮[①]，与士卒分劳苦。卒有病疽者[②]，起为吮之[③]。卒母闻而哭之，人曰："子[④]，卒也，而将军自吮其疽，何哭为[⑤]？"母曰："非然也[⑥]。往年吴公吮其父疽，其父战不旋踵[⑦]，遂死于敌。吴公今又吮其子，妾不知其死所矣[⑧]，是以哭之。”

【注释】 ①裹：装好。赢：背负。粮：出行时带的干粮。②病：病重。疽（音 jū）：毒疮。③吮（音 shǔn）：用嘴吸疮中的脓。④子：你的儿子。⑤何哭为：为什么哭。⑥非然：不是这样。⑦旋踵：掉转脚后跟，形容转身逃跑。⑧不知其死所：不知道他死在什么地方。

周纪一，安王十五年，魏文侯薨[①]，太子击立，是为武侯。武侯浮西河而下[②]，中流顾谓吴起曰[③]：“美哉山河之固，此魏国之宝也！”对曰：“在德不在险。昔三苗氏，左洞庭，右彭蠡，德义不修，禹灭之[④]。夏桀之居，左河济，右泰华，伊阙在其南，羊肠在其北，修政不仁，汤放之[⑤]。商纣之国，左孟门，右太行，常山在其北，大河经其南，修政不德，武王杀之[⑥]。由此观之，在德不在险。若君不修德，舟中之人皆敌国也。”武侯曰：“善。”

【注释】 ①安王十五年：公元前三八七年。薨（音 hōng）：古时诸侯或大臣死，称为“薨”。②浮：乘船在河中行。③顾：回头。④三苗氏：尧、舜时代的南方诸侯。洞庭：今洞庭湖。彭蠡（音 lǐ）：今江西鄱阳湖。禹：古代帝王，其父鲧治水不成，他接着治水获得成功，后继帝位，在尧、舜之后，建立夏朝。⑤夏桀（音 jié）：夏朝最后一个帝王，治国残暴。居：桀的都城安邑，在今山西夏县。河、济：黄河、济水。泰、华：泰山、华山。伊阙：山名，伊水从山中流出，形成一个缺口，故名“伊阙”，在今河南洛阳南。羊肠：太行山中的羊肠坂，形势险要。汤：商朝开国帝王，击败夏桀，灭亡夏朝，建立商朝。放：流放。⑥商纣：商朝最后一个帝王纣。孟门：太行山的一处险隘，在今河南焦作东北。太行：山名，在今河北与山西交界地区，从北京绵延至河南。常山：恒山，在今河北曲阳西北。大河：黄河。武王：周武王，周文王的儿子，攻灭商纣王，建立周朝。

魏置相，相田文[①]。吴起不悦，谓田文曰：“请与子论功，可乎？”田文曰：“可。”起曰：“将三军，使士卒乐死，敌国不敢谋，子孰与起？”文曰：“不如子。”起曰：“治百官，亲万民，实府库，子孰与起？”文曰：“不如子。”起曰：“守西河，秦兵不敢东乡[②]，韩、赵宾从[③]，子孰与起？”文曰：“不如子。”起曰：“此三者子皆出吾下，而位加吾上，何也？”文曰：“主少国疑[④]，大臣未附[⑤]，百姓不信，方是之时，属之子乎[⑥]，属之我乎？”起默然良久，曰：“属之子矣。”

【注释】 ①田文：人名。与后来齐国孟尝君田文不是一个人。②乡，向。东乡，向东方出兵。魏在秦之东，东乡指秦不敢对魏用兵。③宾从：像宾客对主人一样服从。④主少国疑：国主年少，国人有种种疑虑，表示国家政治形势不稳。⑤附：亲附，服从。⑥属：同“嘱”，托付。

久之，魏相公叔尚魏公主而害吴起[①]。公叔之仆曰：“起易去也[②]。起为人刚劲自喜[③]，子先言于君曰[④]：‘吴起，贤人也，而君之国小，臣恐起之无留心也，君盍试延以女[⑤]？起无留心，则必辞矣[⑥]。’子因与起归，而使公主辱子[⑦]，起见公主之贱子也[⑧]，必辞，则子之计中矣[⑨]。”公叔从之，吴起果辞公主。魏武侯疑之而未信，起惧诛，遂奔楚[⑩]。

【注释】 ①公叔：即公叔座，在魏武侯、魏惠王时任国相。尚：娶公主为妻，古时称为尚。害：以……为害，忌惧的意思。②去：除去。③自喜：喜好自己出名，又指爱好自己的名声，即自爱。④子：仆称公叔。⑤盍（hé）：何不。延：为公主招为丈夫，即让吴起娶公主为妻。⑥辞：推辞，不答应。⑦因：于是。归：回家。辱子：侮辱你。⑧贱子：瞧不起你，把你看得低贱。⑨中：成功。⑩奔：逃奔。

楚悼王素闻其贤[①]，至则任之为相。起明法审令[②]，捐不急之官[③]，废公族疏远者[④]，以抚养战斗之士，要在强兵[⑤]，破游说之言从横者[⑥]。于是南平百越[⑦]，北却三晋[⑧]，西伐秦，诸侯皆患楚之强，而楚之贵戚大臣多怨吴起者。

【注释】 ①楚悼王：楚声王之子，公元前四〇一年至前三八一年在位。素：一向，向来。②明法审令：明确法律，审定法令。③捐：废弃。不急之官：不重要、不急迫的官职。④废：废除。公族疏远者：与王族血缘关系疏远的族人。⑤要：重点，目的。⑥破：破除，不采纳。游说：游走各国的说客。从横：合纵连横的人。从即纵。⑦平：平定。百越：古代南方各地越族部落。百，形容越族部落很多。⑧却：退却，击败三晋，使之退却。

安王二十一年[①]，楚悼王薨，贵戚大臣作乱，攻吴起，起走之王尸而伏之[②]。击起之徒因射刺起，并中王尸[③]。既葬，肃王即位[④]。使令尹尽诛为乱者[⑤]，坐起夷宗者七十余家[⑥]。

【注释】 ①即公元前三八一年。②走之王尸：跑到放置悼王尸体处。伏之：趴伏在悼王尸体上。③击起之徒：攻击吴起的那些人。因射刺起，并中王尸：那些人于是对着吴起射箭和击刺，同时也就射刺到悼王的尸体。④既葬：埋葬悼王之后。肃王：悼王之子，公元前三八〇年至前三七〇年在位。⑤令尹：官名，即楚国宰相。诛：处以罪名，然后处死。为乱者：作乱攻击吴起的人。⑥坐起：因杀吴起而射刺悼王尸体的人被判罪。夷宗：灭掉整个宗族。

【简评】

吴起治军有方，能带兵打仗，也有治国之才，却受到既得利益者的忌害和攻击，即便到了这种时候，他仍有办法让害他的人不得好死。

商鞅变法

周纪二，显王七年[①]，秦献公薨，子孝公立[②]。孝公生二十一年矣，是时河、山以东强国六[③]，淮、泗之间小国十余[④]，楚、魏与秦接界。魏筑长城，自郑滨洛以北有上郡[⑤]。楚自汉中[⑥]，南有巴、黔中[⑦]，皆以夷翟遇秦，摈斥之[⑧]，不得与中国之会盟[⑨]。于是孝公发愤，布德修政[⑩]，欲以强秦[⑪]。

【注释】 ①即公元前三六二年。②秦献公：秦灵公之子，公元前三八四年至前三六二年在位。在位期间进行改革，增强了国力。孝公：献公之子，公元前三六一年至前三三八年在位。③河、山：黄河、华山。强国六：燕、齐、赵、魏、韩、楚六个强国。④淮、泗：淮河以北、泗河以南，今山东南部、江苏北部和安徽北部一带。十余：邹、鲁、陈、蔡、宋、卫、滕、薛、费、任、郯、邳十二国。⑤郑滨洛：自郑县沿洛河北上，直至上郡。郑县，今陕西华县。上郡：今陕西延安、榆林一带。⑥汉中：今陕西南部及湖北西北一带。⑦巴、黔中：巴即今重庆及湖北西部，黔中即今湖北西部及贵州东部。⑧以夷翟（音 dí）遇秦：把秦国当作夷翟。夷翟，中原以西的少数民族。摈斥：排斥。⑨与：参与。中国：中原的各诸侯国。会盟：会见结盟。⑩布德：将德政广泛推行。⑪强秦：使秦国强大。

显王八年[①]，孝公下令国中曰：“昔我穆公[②]，自岐、雍之间修德行武[③]，东平晋乱，以河为界，西霸戎翟[④]，广地千里，天子致伯，诸侯毕贺[⑤]，为后世开业甚光美[⑥]。会往者厉、躁、简公、出子之不宁[⑦]，国家内忧，未遑外事[⑧]。三晋攻夺我先君河西地，丑莫大焉[⑨]。献公即位，镇抚边境，徙治栎阳[⑩]，且欲东伐，复穆公之故地[⑪]，修穆公之政令[⑫]。寡人思念先君之意，常痛于心。宾客群臣有能出奇计强秦者，吾且尊官，与之分土[⑬]。"

【注释】 ①即公元前三六一年。②穆公：秦成公之弟，公元前六五九年至前六二一年在位。③岐、雍：岐山、雍邑。岐山在今陕西岐山东北。雍邑在今陕西凤翔东南。④东平晋乱：在东方平定了晋国的内乱。晋献公晚年宠信骊姬，逼死公子申生，公子夷吾和重耳逃往外国。秦穆公帮助夷吾、公子圉和公子重耳回国继位。霸戎翟：穆公招降晋国投奔到戎人的由余作谋士，逐步灭掉西方戎人建立的国家十多个，使国土西扩千余里。周天子特加祝贺，即秦穆公称霸西戎。⑤致伯：周天子让秦穆公担任西方各国诸侯的霸主，霸即伯。毕：全都。⑥光美：光为大，美为好。⑦会：遇上。厉、躁、简公、出子：秦厉公、秦躁公、秦简公、秦惠公之子出子，他们自公元前四七六年至前三八五年在位，国家长期不得安宁。⑧遑（音 huáng）：闲暇。外事：在国外发展势力。⑨河西地：黄河以西、洛水以东和以北的秦国领土。丑：羞辱。莫大焉：没有比这更大的了。⑩徙治：迁移都城。栎（音 lì）阳：在今陕西富平东南，秦献公二年时迁都此处。⑪复：收复。⑫修：重申和恢复。⑬尊官：给以高官以尊重之。分土：分出国土给他们作为封邑。

于是卫公孙鞅闻是令下，乃西入秦。公孙鞅者，卫之庶孙也[①]，好刑名之学[②]，事魏相公叔痤[③]，痤知其贤，未及进。会病，魏惠王往问之曰[④]："公叔病如有不可讳[⑤]，将奈社稷何[⑥]？"公叔曰："痤之中庶子卫鞅[⑦]，年虽少，有奇才，愿君举国而听之[⑧]！"王嘿然。公叔曰："君即不听用鞅[⑨]，必杀之，无令出境。"王许诺而去。公叔召鞅谢曰[⑩]："吾先君而后臣，故先为君谋，后以告子。子必速行矣！”鞅曰：“君不能用子之言任臣[11]，又安能用子之言杀臣乎？”卒不去[12]。王出，谓左右曰：“公叔病甚[13]，悲乎！欲令寡人以国听卫鞅也，既又劝寡人杀之，岂不悖哉[14]！”卫鞅既至秦，因嬖臣景监以求见孝公[15]，说以富国强兵之术[16]。公大悦，与议国事。

【注释】 ①公孙鞅：卫鞅，卫国贵族的后代，在秦国变法成功，秦孝公将商地赐他作为封地，又称商鞅。卫之庶孙：卫国贵族的庶系子孙。②刑名之学：战国申不害等人提倡的学说，主张循名责实，慎赏明罚。刑名即形名。③事：在手下做事，担任中庶子官职。公叔痤（音cuó），即排挤吴起的公叔痤，此时他为魏国国相。④魏惠王：魏武侯子，魏文侯之孙，公元前三六九年即位，在位五十年。⑤不可讳：人死不便直说，故称不可讳。不可讳，指虽然要避讳也不得不说。⑥奈社稷何：拿国家怎么办？社稷是国家所祭的土神和谷神，代指国家。⑦中庶子：官名，掌管卿大夫的家族事务。⑧举国而听之：把整个国家交给他，听他安排和治理。⑨听用：听从我的建议而任用他。⑩谢：道歉。⑪任：任用。⑫安能：怎能。用子之言：听从你的话。卒：终。⑬病甚：病得太重了。⑭以国听卫鞅：拿整个国家听从卫鞅的安排治理。既又：之后又。悖：前后矛盾。⑮因：通过。嬖（音bì）臣：孝公身边的亲信之臣。景监：人名。⑯说以富国强兵之术：用富国强兵的方法向秦孝公劝说。

显王十年[1]，卫鞅欲变法，秦人不悦。卫鞅言于秦孝公曰：“夫民不可与虑始，而可与乐成[2]。论至德者不和于俗，成大功者不谋于众[3]。是以圣人苟可以强国，不法其故[4]。”甘龙曰[5]：“不然[6]。缘法而治者，吏习而民安之[7]。”卫鞅曰：“常人安于故俗，学者溺于所闻[8]，以此，两者居官守法可也，非所与论于法之外也[9]。智者作法，愚者制焉[10]，贤者更礼，不肖者拘焉[11]。”公曰：“善。”以卫鞅为左庶长[12]，卒定变法之令[13]。

【注释】 ①即公元前三五九年。②虑始：思考事情开端时的各种问题。乐成：乐于享受事情成功后的好处。③论至德者：论述最高德行的人。不和于俗：不顺从于众俗的意见。不谋于众：不和众人讨论谋划。④苟：如果。法：效法。故：旧有的制度和方法。⑤甘龙：秦孝公手下的大臣。⑥不然：不对，不是这样。⑦缘法而治：沿用既有的制度来治国。吏习：官吏熟习。⑧故俗：已有的习俗。溺：沉溺其中，不能自拔。⑨以此：因此。两者：指常人和学者。这几句是说：常人与学者可以做官守法，但不能与他们讨论制度之外的事。⑩作法：制订新的法律。制焉：被已有的制度所限制。⑪更礼：改变制度。拘焉：拘泥于已有的制度。⑫左庶长：秦国爵位共二十等，左庶长为其中第十等。⑬卒定：最终制定。

令民为什伍而相收司、连坐[①]，告奸者与斩敌首同赏[②]，不告奸者与降敌同罚[③]。有军功者，各以率受上爵[④]。为私斗者，各以轻重被刑大小[⑤]。僇力本业耕织[⑥]，致粟帛多者复其身[⑦]。事末利及怠而贫者[⑧]，举以为收孥[⑨]。宗室非有军功，论不得为属籍[⑩]。明尊卑爵秩等级[⑪]，各以差次名田宅、臣妾、衣服[⑫]。有功者显荣[⑬]，无功者虽富无所芬华[⑭]。

【注释】　①什伍：把居民按十家和五家编组。相收司：相互监督揭发。②告奸：揭发作奸犯法的人。斩敌首：作战中砍下敌人首领。③降敌：作战时向敌人投降。④以率：按照等级标准。上爵：高等官爵。指作战立功者可得较高爵位的奖赏。⑤私斗：为私人事而斗殴杀人。以轻重：根据罪行的轻重。被刑：受刑。⑥僇（音 lù）力：努力。本业：农业生产。⑦致粟帛：生产出粮食和布匹。复其身：免除本人的劳役或赋税。⑧末利：经商获利。怠而贫：因懒惰而贫穷。⑨举：全都。收孥：拘押他们的妻儿到官府当奴婢。孥，妻子和儿女。⑩论：论定，判定。不得为属籍：不能列入宗室及贵族的谱籍。⑪明：明确规定。爵秩：爵位的先后。⑫差次：等级。名：占有，即列于名下。⑬显荣：光显荣耀。⑭芬华：指各种器物的华丽程度。意谓这种人在各种器物的使用与等级上不得与官方使用或颁发的同类器物相比，使这种人不能显示荣耀。

令既具，未布[①]，恐民之不信，乃立三丈之木于国都市南门，募民有能徙置北门者予十金[②]。民怪之[③]，莫敢徙。复曰[④]："能徙者予五十金！"有一人徙之，辄予五十金[⑤]。乃下令[⑥]。

【注释】 ①既具：已经制订完毕。布：公布。②徙置：移置。予：赏给。十金：指十斤金。③怪：以……为怪，认为奇怪。④复：再次。⑤辄：马上。⑥乃下令：于是就发布变法的命令。

令行期年[①]，秦民之国都言新令之不便者以千数[②]。于是太子犯法，卫鞅曰："法之不行，自上犯之。太子，君嗣也[③]，不可施刑。刑其傅公子虔[④]，黥其师公孙贾[⑤]。"明日，秦人皆趋令[⑥]。行之十年，秦国道不拾遗，山无盗贼，民勇于公战，怯于私斗[⑦]，乡邑大治。秦民初言令不便者，有来言令便。卫鞅曰："此皆乱法之民也！"尽迁之于边[⑧]，其后民莫敢议令。

【注释】 ①期年：一整年。②之：前往。令不便：法令不好。③君嗣：君主继承人。④傅：太子的师傅。公子虔：秦国君的庶子，名虔。⑤黥（音 qíng）：墨刑，在犯人脸上刺字并涂上墨。师：太子的师傅。公孙贾：秦国君的庶孙，名贾。⑥趋令：按照法令的指挥行动，听从法令。⑦公战：为国家作战。私斗：因私人的事打斗。⑧迁之于边：把这种人移民到边境居住。

显王十九年[①]，秦商鞅筑冀阙、宫庭于咸阳[②]，徙都之[③]。令民父子兄弟同室内息者为禁[④]，并诸小乡聚[⑤]，集为一县，县置令、丞[⑥]，凡三十一县。废井田，开阡陌[⑦]，平斗、桶、权、衡、丈、尺[⑧]。

【注释】 ①即公元前三五〇年。②冀阙：古代宫城正门前两侧的城楼，一般在此处公布法令。咸阳：在今陕西咸阳东北。③徙都之：迁徙到咸阳作为国都。都之，以之为都。④同室内息：父子兄弟住在一处不分家。息，作息生活。为禁：作为禁令。⑤并：合并。聚：村落。把各地的小乡小村合并成大乡大村。⑥集为一县：合并为一县。县置令、丞：各县设置县令、县丞，县令为县的长官，丞为令的副手。⑦井田：周初的公有田地制度，按井字形分成九区，故名井田。阡陌：田间小路，南北为阡，东西为陌。开阡陌，把原有的田间道路废除，不再分成井字形，民可占有更多的土地。⑧平：为度、量、衡等定下统一的标准。斗、桶：量器名，六斗为一桶。权：秤锤。衡：秤杆。

显王二十九年[①]，卫鞅言于秦孝公曰："秦之与魏，譬若人之有腹心之疾，非魏并秦，秦即并魏[②]。何者？魏居岭阨之西[③]，都安邑，与秦界河[④]，而独擅山东之利[⑤]。利则西侵秦，病则东收地[⑥]。今以君之贤圣，国赖以盛[⑦]，而魏往年大破于齐[⑧]，诸侯畔之[⑨]，可因此时伐魏[⑩]。魏不支秦[⑪]，必东徙，然后秦据河、山之固，东乡以制诸侯，此帝王之业也。"公从之，使卫鞅将兵伐魏[⑫]。

【注释】 ①即公元前三四〇年。②此二句说：不是魏吞并秦，就是秦吞并魏。③岭阨：山中险隘山口。④都安邑：以安邑为都城。界河：以黄河为界。⑤独擅：独自专享。山东：华山以东。⑥利：有利时。病：不利时。⑦赖：依靠。⑧破于齐：被齐国打败。⑨畔：叛。⑩因此时：借着这个时机。⑪支：抵挡、支撑。⑫将兵：率兵。

魏使公子卬将而御之[①]。军既相距[②]，卫鞅遗公子卬书曰[③]："吾始与公子驩[④]，今俱为两国将，不忍相攻，可与公子面相见盟，乐饮而罢兵，以安秦、魏之民。"公子卬以为然[⑤]，乃相与会。盟已[⑥]，饮。而卫鞅伏甲士，袭虏公子卬[⑦]，因攻魏师[⑧]，大破之。魏惠王恐，使使献河西之地于秦以和[⑨]，因去安邑[⑩]，徙都大梁[⑪]，乃叹曰："吾恨不用公叔之言[⑫]！"秦封卫鞅商、於十五邑⑬，号曰商君⑭。

【注释】 ①公子卬（音 yǎng）：魏国君的庶子，名卬，卫鞅的熟友。②既：已。相距：拉开一段距离对阵。③遗（音 wèi）：送。书：信。④始：当初。驩（音 huān）：欢，指交情很好。⑤然：是这样。⑥已：完成，结束。⑦虏：抓获。⑧因：接着，于是。⑨河西：黄河以西。和：求和。⑩因：于是。去：离开。⑪徙都：迁都。大梁：魏的新都城，所以魏国后又称梁国。大梁在今河南开封。⑫公叔之言：公叔让惠王任用卫鞅治国的建议。⑬商、於：地名，商在今陕西商县东，於在今河南内乡。十五邑：十五座城邑。⑭号曰：称号为。

显王三十一年①，秦孝公薨，子惠文王立②。公子虔之徒告商君欲反，发吏捕之。商君亡之魏③。魏人不受，复内之秦④。商君乃与其徒之商、於⑤，发兵北击郑。秦人攻商君，杀之，车裂以徇⑥，尽灭其家。

【注释】 ①即公元前三三八年。②惠文王：公元前三三七年至前三一一年在位。③亡之：逃亡前往。④复内之秦：又送回秦国。⑤徒：亲信随从。之：前往。⑥车裂：用五辆车把人的头、四肢撕裂拉开，又叫五马分尸，古代酷刑。徇：拉着尸体到各处示众。

初①，商君相秦②，用法严酷③，尝临渭论囚④，渭水尽赤⑤。为相十年，人多怨之。赵良见商君⑥，商君问曰："子观我治秦，孰与五羖大夫贤⑦？"赵良曰："千人之诺诺，不如一士之谔谔⑧。仆请终日正言而无诛⑨，可乎？"商君曰："诺⑩。"

【注释】 ①初：当初。②相秦：作秦国宰相。③用法：运用法律。④尝：曾。临渭：面对渭河，在渭河边。论囚：判处囚犯。⑤尽赤：囚犯的血把河水染红了。⑥赵良：秦国隐士。⑦五羖（音 gǔ）大夫：百里奚，早年在虞国当大夫。晋灭虞后，不肯在晋做官，充作陪嫁奴隶，后逃回楚国牧牛。秦穆公派人以五张黑公羊皮将他赎回，拜上大夫，故称五羖大夫。⑧诺诺：完全听从别人，满口应诺。谔谔：直率表达自己的意见，不看别人的脸色而改口。⑨仆：自己的谦称。正言：直言。无诛：不治罪诛杀。⑩诺：答应。

赵良曰："五羖大夫，荆之鄙人也[①]，穆公举之牛口之下[②]，而加之百姓之上，秦国莫敢望焉[③]。相秦六七年而东伐郑，三置晋君[④]，一救荆祸[⑤]。其为相也，劳不坐乘，暑不张盖[⑥]，行于国中，不从车乘，不操干戈[⑦]。五羖大夫死，秦国男女流涕，童子不歌谣，舂者不相杵[⑧]。今君之见也[⑨]，因嬖人景监以为主[⑩]；其从政也，凌轹公族[⑪]，残伤百姓。公子虔杜门不出已八年矣[⑫]，君又杀祝懽而黥公孙贾[⑬]。《诗》曰：'得人者兴，失人者崩[⑭]。'此数者，非所以得人也。君之出也，后车载甲[⑮]，多力而骈胁者为骖乘[⑯]，持矛而操闟戟者旁车而趋[⑰]。此一物不具，君固不出[⑱]。《书》曰：'恃德者昌，恃力者亡[⑲]。'此数者，非恃德也[⑳]。君之危若朝露[㉑]，而尚贪商、於之富，宠秦国之政[㉒]，畜百姓之怨[㉓]。秦王一旦捐宾客而不立朝[㉔]，秦国之所以收君者，岂其微哉[㉕]！"商君弗从，居五月而难作[㉖]。

【注释】 ①荆：楚国。鄙人：低贱的人。②举之牛口之下：百里奚在楚国放牛，穆公把他从牛群中换回来，加以重用。举：举用。③莫敢望焉：没人敢抬头看他，表示他的地位高。④三置晋君：三次让秦穆公帮助晋国公子登上君主之位，即帮助公子夷吾回国为晋惠公，晋公圉回国为晋怀公，公子重耳回国为晋文公。⑤一救荆祸：帮助晋国在城濮之战击败楚军。⑥坐乘：乘车。张盖：张开车上的遮阳伞盖。不坐乘，不张盖，表示俭朴。⑦不从车乘：不要车辆随从自己。操：持着。⑧舂：用木杵在石臼中舂米。不相杵：两人面对面舂米时不再喊号子。表示为五羖大夫的去世悲伤。⑨见：求见秦孝公。⑩因：通过。主：主人，这里指中介人。⑪凌轹（音 lì）：欺凌打压。⑫杜门：闭门。⑬祝懽：太子的亲信。⑭诗：《诗经》。"得人者兴"二句，不在现存《诗经》中，属于逸《诗》。⑮出：外出。后车载甲：后面随行的车子上载着兵器盔甲。⑯骈（音pián）胁：肌肉健壮不显肋骨。⑰阘（音xì）：矛。旁车：跟随在车旁。⑱一物不具：一件东西不具备。固不出：决不会出行。⑲书：《尚书》。此二句不在现存《尚书》中，已亡佚。⑳恃德：依靠德政。㉑朝露：早晨的露水，日出就消失了，形容危险很快就要到来。㉒宠：舍不得放手。㉓畜：积蓄，不断增多。㉔捐宾客：捐，放弃，国王一死，就好比抛弃了他的宾客。㉕收：逮捕。微：小、少，指前来逮捕你的人地位高而且人数多。岂其：强烈反问的语气，表示强烈肯定。㉖居五月：过了五个月。难（音nàn）：灾难。

【简评】

与吴起一样，商鞅变法也得罪了既得利益者，在失去国君的支持后惨遭杀害。这说明：凡是变法，虽是为了国家富强，但也必然要使另一些人丧失既得利益。关键要看变法能不能给国家带来长远利益，让国民得到长远好处。

孙膑与庞涓

周纪二，显王十五年[①]，魏惠王伐赵，围邯郸。显王十六年[②]，齐威王使田忌救赵[③]。初，孙膑与庞涓俱学兵法[④]，庞涓仕魏为将军，自以能不及孙膑[⑤]，乃召之。至，则以法断其两足而黥之[⑥]，欲使终身废弃。齐使者至魏，孙膑以刑徒阴见[⑦]，说齐使者[⑧]。齐使者窃载与之齐[⑨]。田忌善而客待之，进于威王[⑩]。威王问兵法，遂以为师。于是威王谋救赵，以孙膑为将。辞以刑余之人不可[⑪]，乃以田忌为将而孙子为师，居辎车中[⑫]，坐为计谋[⑬]。

【注释】　①即公元前三五四年。②即公元前三五三年。③齐威王：公元前三五六年至前三二〇年在位，使齐国强盛。田忌：齐国名将，赏识孙膑，加以重用。④孙膑：与商鞅、孟子同时，军事家。庞涓：魏国将领，孙膑同学。⑤能不及：能力不如。⑥以法：抓住孙膑的过失，利用法律治他的罪。⑦刑徒：受刑的人。阴见：暗中来见。⑧说(音 shuì)：游说，说服别人。⑨窃：偷偷地，不让人知。载与之齐：用车载着，与他一起前往齐国。⑩进：推荐。⑪辞：推辞。刑余之人：受过刑而生存下来的人。不可：不可担任大国的将军。⑫居：坐。辎车：有车篷、布帘的车子。⑬坐为计谋：坐在车中出谋划策。

田忌欲引兵之赵[①]，孙子曰[②]：“夫解杂乱纷纠者不控拳[③]，救斗者不搏撠[④]。批亢捣虚，形格势禁[⑤]，则自为解耳。今梁、赵相攻[⑥]，轻兵锐卒必竭于外[⑦]，老弱疲于内。子不若引兵疾走魏都[⑧]，据其街路，冲其方虚[⑨]，彼必释赵以自救[⑩]。是我一举解赵之围而收弊于魏也[⑪]。”田忌从之。十月，邯郸降魏[⑫]。魏师还，与齐战于桂陵[⑬]，魏师大败[⑭]。

【注释】 ①之：前往。②孙子：孙膑。③解：解开。控拳：握紧拳头。④救斗：拉开斗殴的人。撠（音 jǐ）：揪住。⑤批：用手砍。亢(音 kàng)：咽喉。格：止。形格势禁：使形势得到控制和制止。⑥梁：魏国。⑦竭于外：在国外竭力作战。⑧疾走：快速行军。⑨街路：要道。冲：冲击。方虚：正处于虚弱的地方。⑩释：放下。⑪收：得到。弊：军队疲惫。这句说让魏军疲惫，这对齐军是好事。⑫邯郸：赵国都城。⑬桂陵：在今河南长垣西北。⑭师：军队。

显王二十八年[①]，魏庞涓伐韩，韩请救于齐。齐威王召大臣而谋曰：“蚤救孰与晚救[②]？”成侯曰[③]：“不如勿救。”田忌曰：“弗救，则韩且折而入于魏[④]，不如蚤救之。”孙膑曰：“夫韩、魏之兵未弊而救之，是吾代韩受魏之兵，顾反听命于韩也[⑤]。且魏有破国之志[⑥]，韩见亡[⑦]，必东面而愬于齐矣[⑧]。吾因深结韩之亲而晚承魏之弊[⑨]，则可受重利而得尊名也[⑩]。”王曰：“善！”乃阴许韩使而遣之[⑪]。

【注释】 ①即公元前三四一年。②蚤：早。此句是说：早救与晚救哪个办法更好？③成侯：邹忌，当时为齐的相国。④且：将。折：转而，也可解释为屈服。入于魏：投靠于魏。⑤兵未弊：军队未疲惫。代：替。受魏之兵：承受魏军的攻击。顾：反而。反：反过来。⑥破国：攻克对方国都，灭亡其国。⑦见亡：将要亡国。⑧东面：面向东。愬(sù)：诉，求援。⑨因：由此。深结：深深交结。晚：后。承：承受，得到。⑩受：得到。重利：大利。尊名：高名。⑪阴许：暗中允许。遣之：让韩国使节返回。

韩因恃齐，五战不胜，而东委国于齐①。齐因起兵②，使田忌、田婴、田盼将之③，孙子为师，以救韩，直走魏都④。庞涓闻之，去韩而归⑤。魏人大发兵，以太子申为将⑥，以御齐师⑦。孙子谓田忌曰："彼三晋之兵⑧，素悍勇而轻齐⑨，齐号为怯⑩。善战者，因其势而利导之⑪。《兵法》：'百里而趣利者蹶上将，五十里而趣利者军半至⑫。'"乃使齐军入魏地为十万灶⑬，明日为五万灶，又明日为二万灶⑭。庞涓行三日，大喜曰："我固知齐军怯⑮，入吾地三日，士卒亡者过半矣⑯！"乃弃其步军，与其轻锐倍日并行逐之⑰。孙子度其行⑱，暮当至马陵⑲。马陵道狭而旁多阻隘，可伏兵。乃斫大树⑳，白而书之曰㉑："庞涓死此树下！"于是令齐师善射者万弩夹道而伏，期日暮见火举而俱发㉒。

【注释】 ①因：于是。恃齐：倚仗齐国的支持。东委国：向东把国家的命运交给齐国。②因：于是。③田婴：齐国孟尝君的父亲靖国君，齐威王之子。田盼：田婴同宗的贵族。④直走：直接向魏国急进。⑤去：离开。⑥太子申：魏惠王太子。⑦御：抵抗。⑧彼：他们。三晋：韩、赵、魏本来都是晋国，后来三家分晋，故称三晋。⑨素：向来。轻：轻视。⑩号为怯：号称胆小。⑪因其势而利导之：根据当时的形势而用利益引导之。这是说根据形势情况，摆出让对方看得到的利益，以此来诱导对方。⑫兵法：古代的兵法书。百里而趣利：行军百里，为了利益而趋进。蹶（音 jué）：跌倒，指失去。军半至：只有一半的军队能赶到目的地。⑬入魏地：进入魏国领土。为十万灶：挖十万个做饭的灶。⑭明日：第二天。又明日：第三天。灶数逐日减少，表示军队人数逐日减少。⑮固知：本来就知道。⑯亡者：逃亡的人。⑰倍日：每日行军时间加倍。并行：兼行，一天行两天的路程。逐：追赶。⑱度（音 duó）：估算。⑲暮当至：黄昏时应当走到。马陵：地名，在今山东范县西南。⑳斫（音 zhuó）：砍，这里是削掉树皮。㉑白：削掉树皮，露出白色的树身。书：书写。㉒期：约定。见火举：看到有人举起火把。俱发：一齐射箭。

庞涓果夜到斫木下，见白书，以火烛之[①]。读未毕，万弩俱发，魏师大乱相失[②]。庞涓自知智穷兵败[③]，乃自刭[④]，曰："遂成竖子之名[⑤]！"齐因乘胜大破魏师[⑥]，虏太子申。

【注释】 ①烛：把火把当蜡烛来照明。②大乱相失：军队本来的编制大为混乱，相互失去联系。③智穷：智谋穷尽。④刭（音 jǐng）：用刀割颈。⑤遂成竖子之名：最终成就了那小子的名声。⑥因：于是。

【简评】

庞涓自知所学兵法不如孙膑，于是陷害孙膑，自以为得计。孙膑虽被断足黥面，仍不气馁。能力强大的人，终究获得成功，不管遇到多少困难和挫折。齐、魏之战，不过是同学二人之间的竞争。

孟子论治国

周纪三，显王三十三年[①]，邹人孟轲见魏惠王[②]。王曰："叟[③]，不远千里而来，亦有以利吾国乎[④]？"孟子曰："君何必曰利，仁义而已矣[⑤]！君曰何以利吾国[⑥]，大夫曰何以利吾家，士庶人曰何以利吾身，上下交征利而国危矣[⑦]。未有仁而遗其亲者也[⑧]，未有义而后其君者也[⑨]。"王曰："善。"

【注释】　①即公元前三三六年。②邹：国名，在今山东西南的费、邹、滕、济宁一带。孟轲：鲁国贵族孟孙氏后代，又称孟子，与孔子并称孔孟，是儒家代表人物。魏惠王：魏武侯之子，公元前三六九年至三一九年在位。被秦打败后，从安阳迁都到大梁，故又称梁惠王。③叟：对老年人的蔑称。④有以利吾国乎：有什么可以让我国获利吗。⑤《孟子》书的原文是：亦有仁义而已矣，意谓除了利之外还有仁义。⑥何以：即以何，用什么。⑦交：相互。征：求。⑧仁而遗其亲：为人仁爱却会抛弃他的亲人。⑨义而后其君：为人正义而把国君的事推到后面。

初，孟子师子思[①]，尝问："牧民之道何先[②]？"子思曰："先利之[③]。"孟子曰："君子所以教民者，亦仁义而已矣，何必利[④]？"子思曰："仁义固所以利之也[⑤]。上不仁则下不得其所，上不义则下乐为诈也，此为不利大矣[⑥]。故《易》曰[⑦]：'利者义之和也[⑧]。’又曰：‘利用安身，以崇德也[⑨]。’此皆利之大者也。”

【注释】 ①子思：孔子的孙子，名伋，鲁穆公之师。②牧民：治理民众。何先：以什么为先。③利之：让他们获利。④这三句说：孔子教人，都是讲仁义，为什么一定要以利为先。⑤固：本来。⑥这三句说：在上的人不行仁义，在下的人就不能安居其业，而热衷于欺诈，这造成的不利是最严重的。⑦易：《周易》。⑧义之和：在道义上达到和谐完满。这一句出自《周易》乾卦《文言传》。⑨这二句出自《周易·系辞》下篇，意谓：利可以安顿自身，由此就能提高自身的德行。

周纪三，慎靓王二年[①]，魏惠王薨，子襄王立[②]。孟子入见而出，语人曰[③]：“望之不似人君，就之而不见所畏焉[④]。卒然问曰[⑤]：‘天下恶乎定[⑥]？’吾对曰：‘定于一[⑦]。’‘孰能一之？’对曰：‘不嗜杀人者能一之。’‘孰能与之[⑧]？’对曰：‘天下莫不与也。王知夫苗乎[⑨]？七八月之间旱，则苗槁矣[⑩]。天油然作云，沛然下雨，则苗浡然兴之矣[⑪]。其如是，孰能御之[⑫]？’”

【注释】 ①即公元前三一九年。②襄王：魏国第四任国君，公元前三一八年至前二九六年在位。③语人：对人说。④就之：靠近他。⑤卒然：突然，出其不意的样子。⑥恶乎定：如何才能安定。⑦一：统一。⑧与：参与。之：指统一。⑨夫：那个。苗：庄稼幼苗。⑩槁（音gǎo）：干枯。⑪油然：厚而浓的样子。作云：出现云彩。沛然：水量充沛盛多的样子。浡（音bó）然：生机蓬勃的样子。兴：生长起来。⑫其如是：它们像这样。御：抵抗。这是形容天下人莫不参与到统一的事业中来，谁能抵抗它呢。

赧王元年[①]，齐王问孟子曰[②]：“或谓寡人勿取燕[③]，或谓寡人取之。以万乘之国伐万乘之国[④]，五旬而举之[⑤]，人力不至于此[⑥]；不取，必有天殃[⑦]，取之，何如？”孟子对曰：“取之而燕民悦则取之，古之人有行之者，武王是也[⑧]。取之而燕民不悦则勿取，古之人有行之者，文王是也[9]。以万乘之国伐万乘之国，箪食壶浆以迎王师[10]，岂有他哉？避水火也[11]。如水益深，如火益热[12]，亦运而已矣[13]！”

【注释】 ①即公元前三一四年。②齐王：齐宣王，公元前三一九年至前三〇一年在位。③寡人：当时国君自称。寡即少，寡人即寡德之人。取燕：征服燕国。下面的“救燕”、“燕人叛”，详见后面的燕、齐之战。④万乘之国：有一万辆战车的大国。⑤五旬：五十天。举：战胜、拿下。⑥不至于此：做不到这样。⑦天殃：上天降下的灾难。⑧行之：这样做。武王：周武王，联络众多诸侯战胜殷纣王，建立周朝。是也：就是这样的。⑨文王：周文王，武王之父。他已有能力战胜殷纣王，但没有出兵开战。⑩箪（音 dān）食：用箪盛着食物。箪，盛饭的圆形竹盒子。壶浆：用壶装着水或酒。王师：这里指能统一天下而成为帝王的人所率领的军队，也指天子或朝廷的军队。⑪避水火：避开水深火热的困境。⑫益：更。这句是说：不能脱离水深火热，反而是水更深、火更热。⑬运：天运、天命，指人力所不能违抗的情况。

诸侯将谋救燕，齐王谓孟子曰：“诸侯多谋伐寡人者，何以待之？”对曰：“臣闻七十里为政于天下者，汤是也，未闻以千里畏人者也[1]。《书》曰：‘徯我后，后来其苏[2]。’今燕虐其民，王往而征之，民以为将拯己于水火之中也[3]，箪食壶浆以迎王师。若杀其父兄，系累其子弟[4]，毁其宗庙，迁其重器[5]，如之何其可也？天下固畏齐之强也[6]，今又倍地[7]，而不行仁政，是动天下之兵也[8]。王速出令，反其旄倪[9]，止其重器，谋于燕众，置君而后去之[10]，则犹可及止也[11]。”齐王不听。

【注释】 ①七十里为政于天下：最初只有方圆七十里的领土，最终却能统治整个天下。汤：商朝开国君主，子姓，名履，最初只是商部落首领，先后灭葛、韦、顾、昆吾等小国，最后消灭夏朝，建立了商朝。以千里畏人：有方圆千里的领土还怕别人。②书：《尚书》。此二句见

《尚书·仲虺之诰》，是说：等待我们的君主，君主来了，我们就可苏醒复活了。徯（音 xī）：等待。后：君主。其：表示肯定的语气。苏：苏醒，形容从水深火热中得到解脱。③虐：虐待。征：征伐。拯：拯救。④系累：逮捕、关押、捆绑。⑤毁其宗庙：拆掉一个国家的宗庙，表示这个国家已经灭亡。宗庙，是古代国家祭祀君主历代祖先的地方。迁：从战败国搬到战胜国。重器：古代国家代表权力的各种器皿，如君主的印玺，宗庙祭祀时使用的钟鼎等礼器。⑥固：本来。⑦倍地：成倍扩大领土，指把别国的土地划归战胜国。⑧动天下之兵：使天下各国的军队都出动来攻击自己。⑨反：归还。旄倪（音 máo ní）：旄即耄，八九十岁的老人，倪即小孩子。⑩置君：为燕国扶立一个君主。去之：离开燕国。⑪犹可及止：还可以来得及停止。

已而燕人叛，齐王曰："吾甚惭于孟子。"陈贾曰[①]："王无患焉[②]。"乃见孟子，曰："周公，何人也[③]？"曰："古圣人也。"陈贾曰："周公使管叔监商，管叔以商畔也[④]，周公知其将畔而使之与[⑤]？"曰："不知也。"陈贾曰："然则圣人亦有过与[⑥]？"曰："周公，弟也；管叔，兄也。周公之过，不亦宜乎[⑦]！且古之君子，过则改之，今之君子，过则顺之[⑧]。古之君子，其过也如日月之食，民皆见之[⑨]，及其更也，民皆仰之[⑩]。今之君子，岂徒顺之，又从为之辞[⑪]！"

【注释】 ①陈贾：齐国的大夫。②无患：不要担心。焉：于此，指对此不要担心。③周公：周文王第四子，周武王弟弟姬旦。因封在周，爵位为公，故称周公。协助武王灭商，武王死后，协助成王治理天下，制定了周朝的礼乐制度。④管叔：周文王的儿子，武王之弟，周公之兄。监商：监管商的遗民。周灭商后，将商降为一个诸侯，让纣王之子武庚治国。畔：同"叛"，反叛。管叔与蔡叔、霍叔不满周公，伙同武庚在商国反叛。⑤与：即欤，表示质问。⑥然则：这样的话。⑦不亦宜乎：不也是应该的吗。周公相信其兄管叔，他没有预见到管叔会反叛，这也是可以有的过失。⑧顺之：继续其错误，不加悔改。⑨日月之食：日食和月食。皆见之：都会看得到。⑩更：改。仰之：仰赖他，遵从他。⑪徒：只是。从为之辞：接着为错误找借口和说辞。

【简评】

义与利之间有辩证关系，不能截然分开。没有利的仁，是空洞的仁。不合义的利，是有害的利。最大的仁，就是让民众脱离水深火热的祸难，而这就是最大的利。统治者有了过失，不要对百姓进行欺瞒，其他人也不要从旁遮掩，及时改正，才会受到百姓的尊敬。

苏秦合纵

周纪二，显王三十六年[①]，初，洛阳人苏秦说秦王以兼天下之术[②]，秦王不用其言，苏秦乃去。说燕文公曰[③]：“燕之所以不犯寇被甲兵者[④]，以赵之为蔽其南也[⑤]。且秦之攻燕也，战于千里之外，赵之攻燕也，战于百里之内。夫不忧百里之患而重千里之外[⑥]，计无过于此者[⑦]。愿大王与赵从亲[⑧]，天下为一，则燕国必无患矣。”

【注释】 ①即公元前三三三年。②苏秦：先与张仪师从鬼谷子，学成后游历各国，潦倒而归。一年后再出游说列国，受燕文公赏识，出使南北六国，建成合纵联盟，使秦十五年不敢出函谷关。说（音 shuì）：游说，说服。秦王：秦惠王。③燕文公：燕有前后两个文公，前文公在春秋时期，在燕武公之后继位。后文公在战国时期，即苏秦所见文公。在燕后桓公之后继位，在位二十九年，至公元前三三三年去世，之后他的太子即位，为燕易王。④犯寇：受到敌寇的侵犯。被甲兵：受到他国军队的攻击。⑤蔽：掩护、遮蔽。⑥忧：担心。重：看重，这里是说过分担心。⑦计无过于此：计谋（不得当）没有超过这种想法的。⑧从（音 zòng）：即纵，南北为纵，东西为横。纵亲，即南北方向上的两个国家结成联盟。

文公从之，资苏秦车马[①]，以说赵肃侯曰[②]：“当今之时，山东之建国莫强于赵[3]，秦之所害亦莫如赵。然而秦不敢举兵伐赵者，畏韩、魏之议其后也[4]。秦之攻韩、魏也，无有名山大川之限[5]，稍蚕食之，傅国都而止[6]。韩、魏不能支秦，必入臣于秦。秦无韩、魏之规[7]，则祸中于赵矣[8]。臣以天下地图案之[9]，诸侯之地，五倍于秦，料度诸侯之卒十倍于秦[10]。六国为一，并力西乡而攻秦[11]，秦必破矣。夫衡人者[12]，皆欲割诸侯之地以与秦，秦成则其身富荣，国被秦患而不与其忧[13]，是以衡人日夜务以秦权恐愒诸侯[14]，以求割地。故愿大王熟计之也！窃为大王计，莫如一韩、魏、齐、楚、燕、赵为从亲以畔秦[15]，令天下之将相会于洹水之上[16]，通质结盟[17]，约曰：'秦攻一国，五国各出锐师，或桡秦[18]，或救之。有不如约者[19]，五国共伐之！'诸侯从亲以摈秦[20]，秦甲必不敢出于函谷以害山东矣[21]。"肃侯大说[22]，厚待苏秦，尊宠赐赉之[23]，以约于诸侯[24]。

【注释】 ①资：资助。②赵肃侯：赵成侯之子，公元前三四九年至前三二六年在位。③山东：华山以东，这是与秦国相对而言。秦在华山以西，其东的六国，都是山东诸国。建国：所建立的诸侯国。莫强于赵：没有哪国比赵国强。④议：谋，指韩、魏趁秦攻赵而在其后出兵攻秦。⑤限：限隔。⑥稍蚕食：指一点一点地逐步加以蚕食侵吞。傅：逼近。⑦规：隔开。指秦把韩、魏征服之后，再来攻赵，中间就没有阻隔。⑧祸中于赵：祸就落到赵国头上了。中，指击中。⑨案：考察。⑩料度：估算。⑪并力：合力。西乡：西向。⑫衡人：鼓吹连横的人。连横与合纵正相反，是由西向东把诸国联合起来，这是破坏合纵的办法。⑬秦成：秦国成功。被秦患：受到秦国的攻击。不与其忧：秦不关心他国受攻的忧愁。⑭务：努力、力求。权：权势。愒（音 xiē）：恐吓。⑮一：联合为一。畔秦：反叛秦国。⑯洹（音 huán）水：今河南安阳河。⑰通质：相互交换人质。⑱桡（náo）：阻挠。⑲如约：守约。⑳摈：摈斥，对抗。㉑函谷：函谷关，位于河南灵宝北的王垛村，是长安与洛阳之间的交通要道，紧靠黄河边，关在谷中，深险如函，故称函谷关。㉒说：同

"悦"。㉓赉（音 lài）：赐予。㉔约：派人与各诸侯约定。

会秦使犀首伐魏[①]，大败其师四万余人，禽将龙贾[②]，取雕阴[③]，且欲东兵[④]。苏秦恐秦兵至赵而败从约[⑤]，念莫可使用于秦者[⑥]，乃激怒张仪[⑦]，入之于秦[⑧]。

【注释】①会：正在此时。犀首：秦国将领。②禽：擒。龙贾：魏国将领。③雕阴：地名，在今陕西华阴东。④东兵：向东出兵。⑤败从约：破坏合纵的盟约。⑥莫可使用于秦：没人可以出使秦国。⑦张仪：苏秦的同学，后来到秦国在秦惠王手下，推行连横之计，攻破六国。⑧入之于秦：让他进入秦国。

张仪者，魏人，与苏秦俱事鬼谷先生[①]，学纵横之术[②]，苏秦自以为不及也。仪游诸侯无所遇，困于楚，苏秦故召而辱之。仪恐，念诸侯独秦能苦赵[③]，遂入秦。苏秦阴遣其舍人赍金币资仪[④]，仪得见秦王。秦王说之，以为客卿[⑤]。舍人辞去，曰："苏君忧秦伐赵，败从约，以为非君莫能得秦柄[⑥]，故激怒君，使臣阴奉给君资[⑦]，尽苏君之计谋也。"张仪曰："嗟乎[⑧]！此吾在术中而不悟[⑨]，吾不及苏君明矣[⑩]。为吾谢苏君[⑪]，苏君之时，仪何敢言[⑫]！"

【注释】①事：在某人手下做事或学习。鬼谷先生：鬼谷子，战国时的权术家。②纵横之术：合纵连横的方法和技巧。③念：思考、考虑。独：只有。苦：让人吃苦头。④阴：暗中。遣：派。舍人：门客。资：资助。⑤说：同"悦"。客卿：外国人担任本国的卿大夫。⑥非君莫得秦柄：除了你无人能得到秦国的权柄。⑦奉：献上。给（音 jǐ）：供给。⑧嗟（音 jiē）乎：感叹。⑨在术中：落在别人权术圈套之中。⑩明矣：很明白了。⑪谢：表示感谢和佩服。⑫这两句是说：苏君推行合纵的时候，我张仪哪里敢说话。

于是苏秦说韩宣惠王曰[①]：“韩地方九百余里，带甲数十万，天下之强弓劲弩利剑皆从韩出。韩卒超足而射[②]，百发不暇止[③]。以韩卒之勇，被坚甲，蹠劲弩[④]，带利剑，一人当百，不足言也[⑤]。大王事秦[⑥]，秦必求宜阳、成皋[⑦]。今兹效之[⑧]，明年复求割地。与则无地以给之，不与则弃前功，受后祸[⑨]。且大王之地有尽，而秦之求无已[⑩]，以有尽之地逆无已之求[⑪]，此所谓市怨结祸者也[⑫]，不战而地已削矣[⑬]！鄙谚曰：‘宁为鸡口，无为牛后。’夫以大王之贤，挟强韩之兵，而有牛后之名，臣窃为大王羞之。”韩王从其言。

【注释】　①韩宣惠王：韩昭侯之子，公元前三三二年至前三一二年在位。②超足：超过正常的射箭距离。③不暇止：没有空闲时间停止。是说百发在很短时间内接连射出。④被（音 pī）：披，身穿。蹠（音 zhí）：踩踏。弩机要用脚踏踩来发身。⑤不足言：不用说。⑥事秦：服从听命于秦。⑦宜阳：今河南宜阳。成皋：在今河南荥阳境内，又名虎牢，自古以来的用兵要害之地。⑧兹：此。今兹即现在。效之：献上这些土地。⑨后祸：将来的灾祸。⑩有尽：有献完的时候。无已：没有停止的时候。⑪逆：迎合，应对。⑫市：买来，求来。结祸：结成、构成灾祸。⑬削：削减。

苏秦说魏王曰[①]：“大王之地方千里，地名虽小，然而田舍庐庑之数[②]，曾无所刍牧[③]。人民之众，车马之多，日夜行不绝，輷輷殷殷[④]，若有三军之众[⑤]。臣窃量大王之国不下楚[⑥]。今窃闻大王之卒，武士二十万，苍头二十万[⑦]，奋击二十万[⑧]，厮徒十万[⑨]，车六百乘[⑩]，骑五千匹，乃听于群臣之说，而欲臣事秦[⑪]。故敝邑赵王使臣效愚计[⑫]，奉明约[⑬]，在大王之诏诏之[⑭]。”魏王听之。

【注释】　①魏王：魏襄王，魏惠王之子，公元前三一八年至前二九六年在位。②地名虽小：领土在名义上虽然很小。田舍：田野中的房屋。庐：茅屋。庑（wǔ）：房外的走廊。③曾：竟，乃。无所：无处。刍（chú）：本指草料，这里指割草。牧：放牧。④輷（音hōng）輷：众多车辆行驶时发出的声音。殷殷：本指雷声，形容声音很大。⑤若：像、似。⑥窃：私下。量：估计。⑦苍头：裹着黑头巾的士兵，以与其他士兵相区别。是一种特别的士兵。⑧奋击：能拼死作战的士兵。⑨厮徒：随从军队做各种杂役的人员。⑩乘：一乘以一辆战车为主，又包括若干马匹和车上车下所附属的士兵若干人。车六百乘，指车战部队。下面的骑五千匹，指马匹的数量。⑪臣事秦：像臣子一样奉事秦国。⑫敝邑：本国的谦称。效：献上。愚计：愚笨的计谋，是对己言计谋的谦称。⑬奉：献上。明约：明白无误的条约。⑭诏诏之：前一个诏字是指魏王的决定，后一个诏字是指魏王向臣下发布自己所决定的诏令。

苏秦说齐王曰[①]：“齐四塞之国[②]，地方二千余里，带甲数十万，粟如丘山。三军之良，五家之兵[③]，进如锋矢[④]，战如雷霆，解如风雨[⑤]。即有军役，未尝倍泰山、绝清河、涉渤海者也[⑥]。临菑之中七万户[⑦]，臣窃度之，不下户三男子，不待发于远县[⑧]，而临菑之卒固已二十一万矣。临菑甚富而实，其民无不斗鸡、走狗、六博、阘鞠[⑨]。临菑之涂[⑩]，车毂击[⑪]，人肩摩[⑫]，连衽成帷[⑬]，挥汗成雨[⑭]。夫韩、魏之所以重畏秦者，为与秦接境壤也。兵出而相当，不十日而战胜存亡之机决矣。韩、魏战而胜秦，则兵半折，四境不守，战而不胜，则国已危，亡随其后。是故韩、魏之所以重与秦战而轻为之臣也[⑮]。今秦之攻齐则不然，倍韩、魏之地[⑯]，过卫阳晋之道[⑰]，经乎亢父之险[⑱]，车不得方轨[⑲]，骑不得比行[⑳]。百人守险，千人不敢过也。秦虽欲深入则狼顾[㉑]，恐韩、魏之议其后也。是故恫疑、虚喝、骄矜而不敢进[㉒]，则秦之不能害齐亦明矣。夫不深料秦之无奈齐何[㉓]，而欲西面而事之[㉔]，是群臣之计过也[㉕]。今无臣事秦之名而有强国之实[㉖]，臣是故愿大王少留意计之。”齐王许之。

【注释】　①齐王：齐威王。②四塞：四塞，国家的四个方向都有险要关塞。③五家：指齐国国都及四个方向上的边防重镇的士兵。④锋矢：刀锋和箭矢。⑤解：散，指撤退。如风雨：形容四处散去。⑥倍：同“背”。背向泰山，表示越过泰山向西出兵。绝：渡过。清河：即济水，发源于河南济源，流经河南、山东进入渤海。渡过清河，表示越过清河，向南出兵。涉：入水。涉渤海，表示进入渤海作战。⑦临菑：齐国都城，今属山东淄博。⑧发：征发。远县：离都城很远的城邑。⑨走狗：让狗赛跑。六博：古代的一种赌博性棋类游戏。每方各用六根箸、六枚棋子，故名六博。阘（音 tà）鞠：即蹋鞠。鞠为一种皮球，蹋鞠，用脚踢皮球玩。⑩涂：道路。⑪毂（音 gǔ）：即车轮之轴，其两端伸出车两旁，路上车多，车毂就会相互撞击。⑫摩：碰撞摩擦。⑬衽（音 rèn）：衣襟。帷：帐幕。⑭挥汗成雨：形容人多，天热时人们所出的汗一挥洒就如同下雨。⑮重：看得严重。轻：看得很轻。⑯倍韩、魏之地：韩、魏两国的土地就在秦军的背后。⑰过：经过。卫：卫国。阳晋：在今山东郓城。⑱经：经过。亢（音 kàng）父：地名，在今山东济宁南、金乡东北。⑲方：并排。轨：车子两轮间的距离，引申指车辆。⑳比：并肩。㉑狼顾：狼行走时经常扭头回看，形容担心后方，有后顾之忧。㉒恫（音 dòng）疑：疑惧。虚喝：虚张声势地大声喝斥。㉓无奈齐何：拿齐国没办法。㉔西面：面向西。事：奉事。㉕过：过失、错误。㉖臣事：像臣子一样奉事秦国。名：名声。

乃西南说楚威王曰[①]：“楚，天下之强国也，地方六千余里，带甲百万，车千乘，骑万匹，粟支十年[②]，此霸王之资也[③]。秦之所害莫如楚[④]，楚强则秦弱，秦强则楚弱，其势不两立。故为大王计，莫如从亲以孤秦[⑤]。臣请令山东之国奉四时之献[⑥]，以承大王之明诏[⑦]。委社稷，奉宗庙[⑧]，练士厉兵[⑨]，在大王之所用之[⑩]。故从亲则诸侯割地以事楚，衡合则楚割地以事秦[⑪]。此两策者相去远矣，大王何居焉[⑫]？”楚王亦许之。

【注释】 ①楚威王：宣王之子，公元前三三九年至三二九年在位。②支：支撑。③资：资本。④所害：所担心、所害怕。⑤孤秦：使秦孤立。⑥四时：春夏秋冬四季。献：四季的时鲜物品。⑦承：接受。诏：命令。⑧委：委托，把社稷交给楚国。奉：献上，献上本国的宗庙。二句是说把楚国奉为盟主。⑨厉：磨砺。兵：兵器、武器。⑩在大王之所用之：由大王来调用各国的人力物力。⑪事楚、事秦：奉事楚国、奉事秦国。⑫策：策略。何居焉：选择哪一条策略呢。

于是苏秦为从约长[①]，并相六国[②]，北报赵[③]，车骑辎重拟于王者[④]。

【注释】 ①从约长：六国合纵盟约的总负责人。②相：担任各国的相国。③报：汇报。④拟：比拟。

【简评】

苏秦利用六国畏惧秦国的心理，分别指出他们单独与秦对抗时的利与弊，说服他们联合起来共同对付秦国，这是站在六国立场上的正确策略。后来张仪等苏秦不得势了，再出来到各国游说，从秦国立场推行连横策略，破坏了苏秦建立的合纵联盟，最后秦灭六国，统一天下。从某种意义上说，鬼谷子的两个学生，主导了战国七雄的不同命运。

胡服骑射

周纪二，显王四十三年[①]，赵肃侯薨，子武灵王立[②]。置博闻师三人[③]，左、右司过三人[④]，先问先君贵臣肥义[⑤]，加其秩[⑥]。

【注释】 ①即公元前三二六年。②武灵王：赵肃侯之子，公元前三二五年至前二九九年在位。通过实行胡服骑射政策，击败林胡、匈奴、中山国等，增强了国力，当时仅次于秦、齐。③置：设立。博闻师：官名，知识广博的师傅。④司过：官名，主管纠正君主的过失。⑤先君：指赵肃侯。肥义：赵肃侯的亲信大臣。⑥秩：爵位的等级。

周纪三，赧王八年[①]，赵武灵王北略中山之地[②]，至房子[③]，遂之代[④]，北至无穷[⑤]，西至河[⑥]，登黄华之上[⑦]。与肥义谋胡服骑射以教百姓[⑧]，曰："愚者所笑，贤者察焉[⑨]。虽驱世以笑我[⑩]，胡地、中山[⑪]，吾必有之！"遂胡服[⑫]。

【注释】 ①即公元前三〇七年。②略：侵略、侵占。③房子：地名，在今河北高邑西南。④代：商、周时为诸侯国，在今山西大同与河北蔚县一带。⑤无穷：即无终，地名，在今河北蓟县西。⑥河：黄河。⑦黄华：黄河侧畔的山名。⑧胡服：胡人的服装，衣服的襟袖等都很短，便于骑马射箭。武灵王想让中国人改穿胡人的服装，再教他们练习骑射。⑨察焉：观察到愚人所笑的事物中含有的道理。⑩驱世：即举世，全部的世人。⑪胡地：胡人的领土。当时中国人称北方少数民族为胡人，胡人服装称胡服，胡人领土称胡地。⑫遂：结果，于是就。表示最终这样做了。胡服：推行改穿胡服的政策。

国人皆不欲[①]，公子成称疾不朝[②]。王使人请之曰："家听于亲[③]，国听于君。今寡人作教易服而公叔不服[④]，吾恐天下议之也[⑤]。制国有常[⑥]，利民为本；从政有经[⑦]，令行为上[⑧]。明德先论于贱[⑨]，而从政先信于贵[⑩]，故愿慕公叔之义以成胡服之功也[⑪]。"公子成再拜稽首曰[⑫]："臣闻中国者[⑬]，圣贤之所教也，礼乐之所用也，远方之所观赴也[⑭]，蛮夷之所则效也[⑮]。今王舍此而袭远方之服[⑯]，变古之道，逆人之心[⑰]，臣愿王也孰图之也[⑱]！"使者以报。

【注释】 ①不欲：不想改变。②公子成：赵肃侯之子，武灵王之弟。③亲：父母亲。④作教：制定法令。公叔：即公子成。⑤议：议论，对胡服骑射的怀疑。⑥常：常行不变的原则。⑦经：不变的原则。⑧令行：发布法令就要得到执行。⑨明德：统治者的贤明德行。先论于贱：先由低贱的人来评论。⑩先信于贵：先在贵族阶层得到信任。⑪慕：信服而效法。慕公叔之义，是说公叔带头执行法令，让民众慕效公叔的行为。⑫再拜：拜了两次。稽（音 qǐ）：跪拜礼，臣子拜见君父时，跪下并拱手至地，头也至地，手在膝前，头在手后。⑬中国：指中原地区的国家。⑭远方：中国四周的其他国家。观赴：为参观中国的文化和制度而前来朝见。⑮蛮夷：古时称中国四周的少数民族。则效：仿效、效法。⑯舍：放弃。袭：仿效、沿用。⑰古之道：自古以来的制度。逆人之心：违背人们的心愿。⑱孰：熟，认真深入细致思考。图：谋划。

王自往请之，曰："吾国东有齐、中山，北有燕、东胡[①]，西有楼烦、秦、韩之边[②]。今无骑射之备，则何以守之哉？先时中山负齐之强兵[③]，侵暴吾地[④]，系累吾民，引水围鄗[⑤]。微社稷之神灵[⑥]，则鄗几于不守也[⑦]，先君丑之[⑧]。故寡人变服骑射，欲以备四境之难，报中山之怨。而叔顺中国之俗[9]，恶变服之名[10]，以忘鄗事之丑，非寡人之所望也。”公子成听命，乃赐胡服，明日服而朝。于是始出胡服令，而招骑射焉[11]。

【注释】 ①东胡：东北的少数民族，在今内蒙古南部和辽宁一带。②楼烦：分布在今山西岢岚、宁武一带。边：边境。③负：倚仗。④侵暴：入侵破坏。⑤鄗（音 hào）：在今河北省柏乡县北。⑥微：如果不是。⑦几于：几乎。⑧丑之：以此事为羞辱。⑨顺：顺从而不改变。⑩恶（音 wù）：厌恶。⑪招：招募士兵练习。

赧王九年[1]，赵王略中山地，至宁葭[2]，西略胡地，至榆中[3]，林胡王献马[4]。

【注释】 ①即公元前三〇六年。②宁葭（音 jiā）：在今河北石家庄西北。③榆中：在今陕西榆林。④林胡：少数民族，在今山西朔县至内蒙古境内。

赧王十年[1]，赵王伐中山，取丹丘、爽阳、鸿之塞[2]，又取鄗、石邑、封龙、东垣[3]。中山献四邑以和[4]。

【注释】 ①即公元前三〇五年。②丹丘：在今河北曲阳西北。爽阳：指恒山一带，在今河北曲阳西北。鸿：在今河北唐县西北。③石邑：在今河北石家庄西南。封龙：山名，在今河北元氏西北。东垣：在今河北石家庄东北。④和：求和。

【简评】

赵武灵王能打破传统观念，果断改变国人服装习惯，训练国人骑马作战，增强了国力。在推行新政时，又能说服贵族，让他们起带头作用，这比用刑法惩罚不愿意服从新政的人，效果更好。

燕、齐之战

周纪三，慎靓王五年[1]，苏秦既死，秦弟代、厉亦以游说显于诸侯[2]。燕相子之与苏代婚[3]，欲得燕权。苏代使于齐而还，燕王哙问曰[4]：“齐王其霸乎[5]？”对曰：“不能。”王曰：“何故？”对曰：“不信其臣。”于是燕王专任子之[6]。鹿毛寿谓燕王曰[7]：“人之谓尧贤者[8]，以其能让天下也[9]。今王以国让子之，是王与尧同名也。”燕王因属国于子之[10]，子之大重[11]。或曰：“禹荐益而以启人为吏[12]，及老，而以启为不足任天下，传之于益[13]。启与交党攻益[14]，夺之，天下谓禹名传天下于益，而实令启自取之[15]。今王言属国于子之，而吏无非太子人者[16]，是名属子之而实太子用事也[17]。”王因收印绶，自三百石吏已上而效之子之[18]。子之南面行王事[19]，而哙老[20]，不听政，顾为臣[21]，国事皆决于子之。

【注释】 ①即公元前三一六年。②代、厉：苏秦的弟弟苏代、苏厉。显：声名显赫。③子之：当时任燕国国相。婚：两家结成姻亲。④燕王哙（音 kuài）：燕易王之子，公元前三二〇年至前三一四年在位。⑤其：表示疑问语气。霸：称霸。⑥专任子之：一切政务全交给子之处理。苏代与子之有姻亲关系，他这样说是假公济私，诱导燕王哙把国家大权交给子之。⑦鹿毛寿：苏代的使者。⑧尧：古代帝王，传说他把帝位禅让给舜，而不是传给儿子。⑨让：禅让。⑩属：嘱托。属国，指把国家大权托给子之。可见鹿毛寿用虚假美名继续引诱燕王放弃大权。⑪大重：地位大大加重。⑫禹：古代帝王，舜把帝位禅让给禹，禹把帝位禅让给益。荐：推荐出来掌管国家政务。益：禹的大臣，又称伯益。启：禹的儿子。人为吏：即为人吏，做别人手下的官吏。⑬及老：是说禹到了晚年。不足任天下：不足以担任治理天下的重任。传之于益：把帝位禅让给益。⑭交党：交结的同党。⑮名：名义上。令启自取之：让启自己来夺取天下。⑯吏无非太子人：官吏没有哪个不是太子的人。⑰用事：掌管事务大权。可见这个人进一步引诱燕王，使太子也没有任命官员的权力了。⑱三百石：三百石的俸禄。石即担，古代计量单位，一石约一百斤。三百石的俸禄，是比较低的官职级别。效：交给。把任命三百石以上官员的权力都交给子之。⑲南面：坐在王位上，背向北，面朝南，所以古代以南面代表帝王。行王事：执行国王的权力。⑳老：告老退休。㉑顾：只。

赧王元年[①]，燕子之为王三年，国内大乱。将军市被与太子平谋攻子之[②]。齐王令人谓燕太子曰："寡人闻太子将饬君臣之义[③]，明父子之位[④]，寡人之国虽小，唯太子所以令之[⑤]。"太子因要党聚众[⑥]，使市被攻子之，不克。市被反攻太子，搆难数月[⑦]，死者数万人，百姓恫恐。齐王令章子将五都之兵[⑧]，因北地之众以伐燕[⑨]。燕士卒不战，城门不闭[⑩]。齐人取子之，醢之[⑪]，遂杀燕王哙。

【注释】 ①即公元前三一四年。②市被：燕国的将军。太子平：燕王哙的长子，名平，后为燕昭王。③饬（音 chì）：整顿。饬君臣之义，是说子之本为臣，却掌管了君主的权力，这就违背了君臣之义，现在要按君臣之义来整顿和改变这种情况。④明父子之位：明确父子各应处在什么地位。燕王让子之掌管国家大权，太子的权力也被剥夺，父与子都不得其位，所以要攻击子之，把燕王父子的地位和权力都夺回来。⑤唯太子所以令之：只听太子用来指挥我们的全部命令。⑥因：于是。要：

同“邀”，邀约。⑦搆（音 gòu）难：制造发动祸难。⑧章子：齐威王时的齐国大将。五都之兵，即前面所说的五家之兵。⑨因：利用。⑩这两句表明燕国士兵根本不想为子之作战。⑪醢（音 hǎi）：本指肉酱，这里指把子之杀死砍成肉酱。

赧王三年[①]，燕人共立太子平，是为昭王，昭王于破燕之后即位，吊死问孤[②]，与百姓同甘苦，卑身厚币以招贤者[③]。谓郭隗曰[④]：“齐因孤之国乱而袭破燕[⑤]，孤极知燕小力少，不足以报[⑥]。然诚得贤士与共国[⑦]，以雪先王之耻，孤之愿也。先生视可者，得身事之[⑧]！”郭隗曰：“古之人君有以千金使涓人求千里马者[⑨]，马已死，买其首五百金而返。君大怒，涓人曰：‘死马且买之，况生者乎[⑩]？马今至矣。’不期年，千里之马至者三。今王必欲致士，先从隗始。况贤于隗者，岂远千里哉[⑪]？”于是昭王为隗改筑宫而师事之，于是士争趣燕[⑫]。乐毅自魏往[⑬]，剧辛自赵往[⑭]。昭王以乐毅为亚卿[⑮]，任以国政。

【注释】 ①即公元前三一二年。②吊死问孤：吊唁死亡者，慰问孤儿。③卑身：谦卑自身。厚币：大量钱币。④郭隗（音 wěi）：燕国隐士。⑤因孤之国乱：利用我的国家的内乱。⑥报：报复。⑦与共国：与他共同治国。⑧得身事之：我能亲自奉事他。⑨涓人：王宫中掌管清扫事务的官员。⑩况生者：何况活着的马。⑪贤于隗：比我郭隗还贤。岂远千里哉：哪里会觉得千里远呢。⑫趣：趋，急着赶来。⑬乐毅：中山国人，从魏国来到燕国，率燕军战胜齐国。⑭剧辛：赵国人，后为燕国大将。⑮亚卿：最高级的官员为卿，上卿最高，亚卿次之。

周纪四，赧王三十年[①]，燕昭王日夜抚循其人[②]，益为富实[③]，乃与乐毅谋伐齐。乐毅曰：“齐，霸国之余业也[④]，地大人众，未易独攻也。王必欲伐之，莫如约赵及楚、魏。”于是使乐毅约赵，别使使者连楚、魏，且令赵啖秦以伐齐之利[⑤]。诸侯害齐王之骄暴[⑥]，皆争合谋与燕伐齐。

【注释】 ①即公元前二八五年。②抚循：安抚慰问。③益：更。④霸国：春秋时齐桓公为五霸之一，故称霸国。余业：霸业的后裔。⑤啖（音dàn）：拿利益引诱。这句是说让赵国用伐齐的好处引诱秦国。⑥害：受害，指齐王的骄暴使诸侯深受其害。

赧王三十一年[①]，燕王悉起兵[②]，以乐毅为上将军[③]。秦尉斯离帅师与三晋之师会之[④]。赵王以相国印授乐毅，乐毅并将秦、魏、韩、赵之兵以伐齐[⑤]。齐湣王悉国中之众以拒之[⑥]，战于济西，齐师大败。乐毅还秦、韩之师[⑦]，分魏师以略宋地[⑧]，部赵师以收河间[⑨]，身率燕师，长驱逐北[⑩]。

【注释】 ①即公元前二八四年。②悉：全部，指出动燕国全部兵力。③上将军：一国最高军事将领。④尉：武官名。斯离：人名。帅：率领。⑤并将：同时率领。⑥湣（音mǐn）王：齐宣王之子，公元前三〇一年至二八四年在位。⑦还：让人回去。⑧分：分派。略：侵占。宋地：宋国领土。⑨部：安排。河间：地名，在今河北沧州。⑩逐北：追赶战败的齐军。

剧辛曰："齐大而燕小，赖诸侯之助以破其军[①]，宜及时攻取其边城以自益[②]，此长久之利也。今过而不攻[③]，以深入为名，无损于齐，无益于燕，而结深怨，后必悔之。"乐毅曰："齐王伐功矜能[④]，谋不逮下[⑤]，废黜贤良，信任谄谀[⑥]，政令戾虐，百姓怨怼[⑦]。今军皆破亡，若因而乘之[⑧]，其民必叛，祸乱内作，则齐可图也[⑨]。若不遂乘之[⑩]，待彼悔前之非[⑪]，改过恤下而抚其民[⑫]，则难虑也[⑬]。"遂进军深入。齐人果大乱失度[⑭]，湣王出走[⑮]。乐毅入临淄，取宝物、祭器，输之于燕。燕王亲至济上劳军，行赏飨士[⑯]，封乐毅为昌国君，遂使留徇齐城之未下者[⑰]。

【注释】 ①赖：依赖、依靠。②自益：增多自身的利益。③过而不攻：路过齐国边境的城邑而不攻克。④伐功：以有功自傲。矜（音 jīn）能：以有能力自傲。⑤逮：及。此句说谋划事情不与在下的人商议。⑥谄谀（音 chǎn yú）：奉承讨好巴结，即谄媚和阿谀。⑦怼（音 duì）：恨。⑧因而乘之：借机把他们彻底消灭。⑨齐可图：可以消灭齐国。⑩遂乘之：最终消灭齐国。⑪悔前之非：悔改此前的错误。⑫恤下：抚恤下属。⑬难虑：难以图谋消灭齐国。⑭失度：失去了国家的制度，不能使国家事务正常运行。⑮出走：出了国都逃跑。⑯飨士：犒劳士兵。⑰留徇齐城之未下者：留在齐国去降服齐国未攻克的城邑。

齐王出亡之卫[①]，卫君辟宫舍之[②]，称臣而共具[③]。齐王不逊[④]，卫人侵之[⑤]。齐王去奔邹、鲁[⑥]，有骄色，邹、鲁弗内[⑦]，遂走莒[⑧]。楚使淖齿将兵救齐[⑨]，因为齐相[⑩]。淖齿欲与燕分齐地，乃执湣王而数之曰[⑪]："千乘、博昌之间[⑫]，方数百里，雨血沾衣[⑬]，王知之乎？"曰："知之。""赢、博之间[⑭]，地坼及泉[⑮]，王知之乎？"曰："知之。""有人当阙而哭者[⑯]，求之不得，去则闻其声[⑰]，王知之乎？"曰："知之。"淖齿曰："天雨血沾衣者，天以告也；地坼及泉者，地以告也；有人当阙而哭者，人以告也。天、地、人皆告矣，而王不知诫焉[⑱]，何得无诛[⑲]！"遂弑王于鼓里[⑳]。

【注释】 ①出亡：出国逃亡。之卫：前往卫国。②辟宫：搬出王宫。舍之：让齐王居住。③称臣：对齐王自称臣。共具：供给各种用具，指尽力招待。齐桓公时，狄人灭了卫国，齐桓公率诸侯曾帮助卫国复国，所以卫君对齐王如此礼遇。④不逊：对卫君没有礼貌，不尊重卫君。⑤侵：侵犯，指卫人也对齐王无礼。⑥去奔：离开卫国，逃到邹国、鲁国。⑦弗内：内即纳，即不让齐王进入国境。⑧遂走莒（音 jǔ）：最终逃到莒国。⑨淖（音 zhuō）齿：人名，楚国的公族。将兵：率军。⑩因为齐相：于是担任了齐国的国相。⑪数：数落，列出罪名斥责。⑫千乘：地名，在今山东博兴西、高苑北。博昌：地名，在今山东博兴西南。

⑬雨血：下血雨。⑭嬴：地名，在今山东莱芜西北。博：地名，在今山东泰安东南。⑮坼（音 chè）：裂开。及泉：地裂深及泉水。⑯当阙：对着官门。⑰求之不得：找他却找不到。去则闻其声：这个人离开了却能听他的哭声。⑱诫：引以为戒而悔改。⑲何得：怎能。无诛：不诛杀。⑳弑：臣下杀在上的人称为弑。鼓里：莒国的地名。

燕师乘胜长驱，齐城皆望风奔溃。乐毅修整燕军，禁止侵掠，求齐之逸民[①]，显而礼之[②]。宽其赋敛[③]，除其暴令，修其旧政[④]，齐民喜悦。祀桓公、管仲于郊[⑤]，表贤者之间[⑥]，封王蠋之墓[⑦]。……六月之间，下齐七十余城，皆为郡县[⑧]。

【注释】 ①逸民：没有任官的贤人。②显而礼之：让他们显赫而加以礼遇。③宽：放宽，即减轻。④旧政：从前的制度，即实行重赋暴令之前的制度与政策。⑤桓公：齐桓公，公元前六八五年至前六四三年在位。继位前，称公子小白，其父僖公死后，他与公子纠争夺君位而获成功。在位期间，齐国强盛，尊王攘夷，成为第一个称霸的诸侯。管仲：名夷吾，齐桓公在位时，他协助桓公，使齐国称霸。⑥表：表彰。间（音 lǘ）：古代百姓编组，五家为比，五比为间，每间都有间门，表贤者之间，在贤者的间门前修建牌坊，以示表彰。⑦王蠋（音 zhú）：齐国退隐的贤大夫。乐毅攻入齐国后，封给王蠋万户封邑。王蠋自杀而不接受，齐人为之感奋，起而拥戴齐湣王以求复国。⑧下：降服。为郡县：把从前封给贵族的封邑改设为国家任命官员的郡县。

赧王三十二年[①]，齐淖齿之乱[②]，湣王子法章变名姓为莒太史敫家佣[③]。于是齐亡臣相与求湣王子[④]，欲立之。法章惧其诛已，久之乃敢自言，遂立以为齐王[⑤]，保莒城以拒燕[⑥]，布告国中曰："王已立在莒矣！"

【注释】 ①即公元前二八三年。②齐淖齿之乱：楚人淖齿任齐相杀死齐湣王之乱。③法章：湣王的儿子。太史敫（音 jiǎo）：姓太史，名敫。④亡臣：逃亡的大臣。⑤齐王：齐襄王，公元前二八三年至前二六五年在位。⑥保：守。

赧王三十六年[①]，初，燕人攻安平[②]，临淄市掾田单在安平[③]，使其宗人皆以铁笼傅车軎[④]。及城溃，人争门而出，皆以軎折车败[⑤]，为燕所擒，独田单宗人以铁笼得免[⑥]，遂奔即墨[⑦]。是时齐地皆属燕，独莒、即墨未下[⑧]，乐毅乃并右军、前军以围莒[⑨]，左军、后军围即墨[⑩]。即墨大夫出战而死[⑪]，即墨人曰："安平之战，田单宗人以铁笼得全，是多智习兵[⑫]。"因共立以为将以拒燕[⑬]。

【注释】 ①即公元前二七九年。②安平：地名，在今山东淄博东北。③市掾（音 yuàn）：管理市场的官员的助手。④宗人：同宗族的人。傅：套住。车軎（音 wèi）：古代车轴两头的铜筒。⑤折：折断。败：毁坏。⑥免：免遭被俘。⑦即墨：地名，在今山东平度东南。⑧未下：未被燕军攻下。⑨并：合并。⑩左军、后军：当时乐毅把部队分成左、右、前、后四支。⑪即墨大夫：即墨的地方官。⑫习兵：熟习用兵。⑬因共立以为将：于是共同推举田单为将领。

乐毅围二邑，期年不克，及令解围，各去城九里而为垒[①]，令曰："城中民出者勿获，困者赈之，使即旧业，以镇新民[②]。"三年而犹未下，或谗之于燕昭王曰[③]："乐毅智谋过人，伐齐，呼吸之间克七十余城[④]，今不下者两城耳[⑤]，非其力不能拔，所以三年不攻者，欲久仗兵威以服齐人[⑥]，南面而王耳[⑦]。今齐人已服，所以未发者[⑧]，以其妻子在燕故也[⑨]。且齐多美女，又将忘其妻子。愿王图之[⑩]！"

【注释】 ①去：离。为垒：筑土为墙，以便防守。②镇：镇抚。新民：刚刚降服的民众。③或：有人。谗：进谗言。④呼吸之间：一呼一吸之间，形容时间很短。⑤耳：而已。⑥服齐人：使齐人服从。⑦南面：

坐北朝南，代称君主。王：称王。⑧发：宣布称王。⑨妻子：妻子与子女。⑩图之：想办法处理他。

昭王于是置酒大会[1]，引言者而让之曰[2]："先王举国以礼贤者[3]，非贪土地以遗子孙也[4]。遭所传德薄[5]，不能堪命[6]，国人不顺[7]。齐为无道，乘孤国之乱以害先王[8]。寡人统位[9]，痛之入骨，故广延群臣[10]，外招宾客[11]，以求报仇。其有成功者，尚欲与之同共燕国[12]。今乐君亲为寡人破齐[13]，夷其宗庙[14]，报塞先仇[15]，齐国固乐君所有[16]，非燕之所得也。乐君若能有齐，与燕并为列国，结欢同好[17]，以抗诸侯之难，燕国之福，寡人之愿也，汝何敢言若此[18]！"乃斩之。赐乐毅妻以后服[19]，赐其子以公子之服，辂车乘马[20]，后属百两[21]，遣国相奉而致之乐毅[22]，立乐毅为齐王。乐毅惶恐不受，拜书[23]，以死自誓。由是齐人服其义，诸侯畏其信[24]，莫敢复有谋者[25]。

【注释】　①会：聚集群臣开宴会。②引：拉出来。言者：进谗言的人。让：斥责。③先王：燕王哙。举国：拿整个国家。礼：礼遇。贤者：指子之。燕王哙以为子之是贤者。④遗：留给。⑤遭：遇。所传：接受传位的人，即子之。德薄：德行不好。⑥堪命：胜任天命，指做国王。⑦顺：顺从，服从。⑧无道：非正义的行为。孤：国王自称。孤国：我国。⑨统位：继位。⑩延：聘请。⑪招宾客：招外国人来任职。⑫同共燕国：共同治理燕国。⑬乐君：乐毅。⑭夷：平，指拆毁。⑮报塞先仇：为先王完成了报仇。⑯固：本来。⑰结欢同好：结成双方高兴而共同友好的关系。⑱言若此：说出像这样的话，指所进的谗言。⑲后：王后。⑳其子：乐毅的儿子。辂（音 lù）车：帝王乘坐的车辆。乘（音 shèng）马：拉一辆车所需的四匹马。㉑后属：在辂车之后随行的车子。两：辆。㉒遣：派。奉而致之乐毅：献上并送到乐毅面前。㉓拜书：以下拜之礼写成回信。㉔信：诚信。㉕莫敢复有：没有再敢。谋者：用阴谋陷害乐毅的人。

顷之[①]，昭王薨，惠王立[②]。惠王自为太子时，尝不快于乐毅[③]。田单闻之，乃纵反间于燕[④]，宣言曰[⑤]："齐王已死，城之不拔者二耳。乐毅与燕新王有隙[⑥]，畏诛而不敢归，以伐齐为名，实欲连兵南面王齐[⑦]。齐人未附[⑧]，故且缓攻即墨以待其事[⑨]。齐人所惧，唯恐他将之来，即墨残矣[⑩]。"燕王固已疑乐毅[⑪]，得齐反间，乃使骑劫代将而召乐毅[⑫]。乐毅知王不善代之[⑬]，遂奔赵[⑭]。燕将士由是愤惋不和[⑮]。

【注释】 ①顷之：不久。②惠王：昭王之子，公元前二七八年至前二七二年在位。③尝：曾。不快于乐毅：与乐毅有不高兴的事。④纵反间：派出执行反间计的人。⑤宣言：散布言论。⑥隙：仇隙。⑦王齐：在齐称王。⑧附：投降服从。⑨待其事：等待时机完成称王的事。⑩他将之来：其他将领前来。残：残破，指被攻克。⑪固：本来。⑫骑劫：燕国大将。代将：代替乐毅统领军队。召：召回。⑬不善：动机不善。代之：派人来代替自己。⑭遂：于是就。奔：逃奔。⑮惋（音 wǎn）：叹惜怨恨。

田单令城中人，食必祭其先祖于庭，飞鸟皆翔舞而下城中。燕人怪之[①]，田单因宣言曰："当有神师下教我[②]。"有一卒曰："臣可以为师乎？"因反走[③]。田单起引还[④]，坐东乡[⑤]，师事之。卒曰："臣欺君。"田单曰："子勿言也。"因师之，每出约束[⑥]，必称"神师"。乃宣言曰："吾唯惧燕军之劓所得齐卒[⑦]，置之前行[⑧]，即墨败矣！"燕人闻之，如其言[⑨]。城中见降者尽劓，皆怒，坚守，唯恐见得[⑩]。单又纵反间言："吾惧燕人掘吾城外冢墓[⑪]，可为寒心！"燕军尽掘冢墓，烧死人[⑫]。齐人从城上望见，皆涕泣，共欲出战，怒自十倍。

【注释】 ①下：降落。怪之：对此觉得奇怪。②神师：神灵之师。

③因反走：于是转身逃跑。④起引还：起身把他拉回来。⑤坐东乡：让他面朝东坐下。⑥师之：以他为师。约束：视察整顿军队。⑦唯惧：只怕。劓（音 yì）：古代的刑法之一，割掉犯人的鼻子。所得齐卒：所俘虏的齐国士兵。⑧置之前行：把齐军俘虏放在燕军前面行走。⑨如其言：按他们所说的那样做了。⑩见得：被俘。⑪冢墓：齐人祖先的坟墓。⑫死人：从墓中挖出来的死人尸体。

田单知士卒之可用，乃身操版锸[①]，与士卒分功[②]，妻妾编于行伍之间[③]，尽散饮食飨士。令甲卒皆伏[④]，使老弱女子乘城[⑤]，遣使约降于燕[⑥]，燕军皆呼“万岁”。田单又收民金得千镒[⑦]，令即墨富豪遗燕将[⑧]，曰：“即降[⑨]，愿无虏掠吾族家[⑩]。”燕将大喜，许之，燕军益懈[⑪]。

【注释】 ①操：拿着。版：筑城墙的木板。锸（音 chā）：挖土的锹。②与士卒分功：与士兵同样分一份筑墙挖土的工作量。③妻妾：田单家族的妻妾家眷。编于行（音 háng）伍：编入军队士兵的行伍之中。④伏：伏身躲藏。⑤乘城：登上城墙。⑥约降：约定投降的时间。⑦收民金：从民间收到黄金。镒（音 yì）：古代的重量单位，二十两为一镒。⑧遗（音 wèi）：送。⑨即降：即将投降。⑩虏掠：抢劫。族家：家族。⑪益：更加。

田单乃收城中[①]，得牛千余，为绛缯衣[②]，画以五采龙文，束兵刃于其角，而灌脂束苇于其尾[③]，烧其端[④]，凿城数十穴[⑤]，夜纵牛[⑥]，壮士五千人随其后。牛尾热，怒而奔燕军。燕军大惊，视牛皆龙文，所触尽死伤[⑦]。城中鼓噪从之，老弱皆击铜器为声，声动天地。燕军大骇，败走。齐人杀骑劫，追亡逐北[⑧]，所过城邑皆叛燕[⑨]，复为齐[⑩]。田单兵日益多[⑪]，乘胜，燕日败亡[⑫]，走至河上[⑬]，而齐七十余城皆复焉。乃迎襄王于莒[⑭]，入临淄，封田单为安平君。

【注释】 ①收城中：在城中收集。②绛（音 jiàng）：火红色。缯（音 zēng）：丝织品。③脂：油脂。束苇：捆束芦苇。④端：绑了灌油芦苇的牛尾巴尖。⑤穴：洞。⑥纵牛：放牛从洞中出城。⑦所触尽死伤：牛角上的兵刃触到的燕兵全都非死即伤。⑧追亡逐北：即追逐亡北，亡、北都是指战败逃跑的燕军。⑨所过：所经过的。⑩复为齐：重新回归齐国。⑪日益多：每天都增多。⑫日败亡：每天都战败逃亡。⑬走：逃跑。河上：黄河边。⑭迎襄王于莒：从莒迎来襄王。

【简评】

燕国和齐国作战，乐毅与田单各在一国，都取得了成功。只是乐毅的成功有国王的支持，国王一旦不再支持，就无法继续下去。田单在形势极度危困之中奋起而取得成功，完全靠自己的能力，打败强敌。相比之下，田单的成功更为难得。

公孙龙之辩

周纪三，慎靓王十七年[①]，赵王封其弟胜为平原君[②]。平原君好士，食客常数千人。有公孙龙者，善为坚白、同异之辩[③]，平原君客之[④]。孔穿自鲁适赵[⑤]，与公孙龙论臧三耳[⑥]，龙甚辩析。子高弗应，俄而辞出[⑦]，明日复见平原君。平原君曰："畴昔公孙之言信辩也[⑧]，先生以为何如？"对曰："然。几能令臧三耳矣[⑨]。虽然，实难[⑩]！仆愿得又问于君：今谓三耳甚难而实非也，谓两耳甚易而实是也[⑪]，不知君将从易而是者乎，其亦从难而非者乎[⑫]？"平原君无以应。明日，谓公孙龙曰："公无复与孔子高辩事也[⑬]！其人理胜于辞，公辞胜于理[⑭]，终必受诎[⑮]。"

【注释】 ①即公元前二九八年。②赵王：赵惠文王。胜：赵胜，惠文王之弟，武灵王之子。平原君：赵胜的封号，因封在平原而得名。平原，地名，在今山东平原南。③公孙龙：人名，古代的名家学派。名家，类似于逻辑学。善为：善于提出和分析。坚白同异之辩：关于坚白、同异的命题。公孙龙提出"离坚白"，惠施提出"合同异"。"离坚白"指"石"有"坚"、"白"两种属性，二者可以分开，石的坚不是石的白，反之亦然。参见《公孙龙子·坚白论》。"合同异"是说"大同而与小同异，此之谓小同异。万物毕同毕异，此之谓大同异"，是根据事物的相同和不同来进行分析辩论。参见《庄子·天下》篇。④客之：把他养为宾客。⑤孔穿：字子高，孔子六世孙。适：前往。⑥臧三耳：历来解释不同，一般认为臧即奴仆，三耳即三只耳朵。具体含义见下文。⑦弗应：不能回答。俄而：不久。辞出：告辞出来。⑧畴昔：从前。信辩：实在很善辩。⑨几能：几乎能。令臧三耳矣：让奴仆有三只耳朵了。⑩虽然：虽是这样。实难：现实中很难做到。⑪仆：我，是一种谦称。谓三耳甚难而实非：说臧有三耳非常难而实际上是错的。谓两耳甚易而实是：说臧有两只耳朵非常容易而实际上是对的。⑫从：相信，听从。易而是：容易而且对的说法。难而非：难说通而且错的说法。⑬无复：不要再。⑭理胜于辞：道理胜过言辞。辞胜于理：言辞胜过道理。这是说公孙龙只是靠言辞来取胜，而不顾现实情况。⑮受绌（音 chù）：绌即屈，受绌即遭到失败，终将理屈词穷。

邹衍过赵[①]，平原君使与公孙龙论白马非马之说[②]。邹子曰："不可。夫辩者，别殊类使不相害，序异端使不相乱[③]。抒意通指，明其所谓，使人与知焉，不务相迷也[④]。故胜者不失其所守，不胜者得其所求[⑤]。若是，故辩可为也[⑥]。及至烦文以相假[⑦]，饰辞以相惇[⑧]，巧譬以相移[⑨]，引人使不得及其意[⑩]，如此害大道[⑪]。夫缴纷争言而竞后息[⑫]，不能无害君子[⑬]，衍不为也[⑭]。"座皆称善。公孙龙由是遂绌[⑮]。

【注释】　①邹衍：当时的学者。过：来访。②白马非马之说：公孙龙提出的命题，大意说白马与马不一样："马者，所以命形也。白者，所以命色也。命色者，非命形也，故曰白马非马。"强调白马比一般意义的马多了白色这一属性，因此二者不是一样的。详见《公孙龙子·白马论》。③别殊类使不相害：分出不同的类别，使它们不相互危害。序异端使不相乱：排比不同的学说，使它们不相互混乱。④抒意通指：抒发和贯通一种学说的本来意旨。与知：懂得某种知识。务相迷：务求让人们相互迷惑。⑤不失其所守：不失去他所坚持的学说。得其所求：获得他所要追求的知识。⑥若是：像这样。故辩可为也：所以辩析论说是可以做的。⑦烦文以相假：繁琐的文辞以相互借用。⑧饰辞以相惇（音dūn）：巧饰言辞以相互推崇。⑨巧譬以相移：用巧妙的譬喻来相互改变看法。⑩不得及其意：不能理解它的本来意旨。⑪大道：根本的道理和学说。⑫缴纷：繁琐杂乱。竞后息：追求最后停息，指辩论的胜方总在对方无话可说后才停止说话，可知辩论双方都是追求最后停止说话，即追求最后的胜利。⑬无害：不害。⑭衍：邹衍自称。⑮由是：从此。

【简评】

公孙龙的辩题，强调了逻辑学的概念具有不同属性的一面，但逻辑学更为科学地分出不同层次的概念，它们包含的属性有相互包括、重叠等各种情况。可知公孙龙只是强调其中一种情况，却没有说明全部情况。人们从难与易、辞与理等角度来看待公孙龙的辩题，也是不能折服公孙龙的。

赵括用兵

周纪五，赧王五十五年[①]，秦左庶长王龁攻上党[②]，拔之。上党民走赵。赵廉颇军于长平[③]，以按据上党民[④]。王龁因伐赵。赵军战数不胜，亡一裨将、四尉[⑤]。秦数败赵兵，廉颇坚壁不出[⑥]。赵王以颇失亡多而更怯不战[⑦]，怒，数让之[⑧]。应侯又使人行千金于赵为反间[⑨]，曰："秦之所畏，独畏马服君之子赵括为将耳[⑩]！廉颇易与[⑪]，且降矣[⑫]！"赵王遂以赵括代颇将[⑬]。蔺相如曰[⑭]："王以名使括[⑮]，若胶柱鼓瑟耳[⑯]。括徒能读其父书传[⑰]，不知合变也[⑱]。"王不听。

【注释】 ①即公元前二六〇年。②左庶长：官名。商鞅变法后，庶长为军功爵位，不再有实权。王龁（音 hé）：秦国将领。上党：位于今山西东南部，古时对长治的雅称。③廉颇：赵国名将。曾不服蔺相如，后负荆请罪。长平：地名，当时属赵，在今山西高平西北。④按据：安抚。⑤裨（音 pí）将：副将。尉：低级军官。⑥坚壁：在壁垒中坚守不出战。⑦失亡：失去和伤亡。⑧数：多次。让：责备。⑨应侯：范雎，魏国人，在秦国任宰相，封在应城，故称应侯。行：用。⑩马服君：赵奢，战国时东方六国名将，封在马服（在今河北邯郸西北），故称马服君。赵括即其子。⑪易与：容易对付。⑫且：即将。⑬遂：于是就。代颇将：代替廉颇率领军队。⑭蔺相如：原为宦者令舍人。赵惠文王时，赴秦国外交，保住了赵国的和氏璧。在渑池之会，使赵王没有受到屈辱。

升为上卿，廉颇不服，要羞辱相如。相如忍让，感动了廉颇，于是廉颇负荆请罪。⑮名：名声。使：用。⑯胶柱鼓瑟：柱是瑟上系弦的短木，用胶把柱粘住就无法调弦。鼓瑟：弹瑟奏乐。比喻拘泥于书本，不知根据实际情况进行变通。⑰徒：只。⑱合变：应变。

初，赵括自少时学兵法，以天下莫能当[①]，尝与其父奢言兵事[②]，奢不能难[③]，然不谓善[④]。括母问其故，奢曰：“兵，死地也，而括易言之[⑤]。使赵不将括则已，若必将之，破赵军者必括也[⑥]。”及括将行，其母上书，言括不可使。王曰：“何以？”对曰：“始妾事其父，时为将，身所奉饭而进食者以十数[⑦]，所友者以百数，王及宗室所赏赐者，尽以与军吏士大夫，受命之日，不问家事。今括一旦为将，东乡而朝[⑧]，军吏无敢仰视之者，王所赐金帛，归藏于家，而日视便利田宅可买者买之[⑨]。王以为如其父，父子异心，愿王勿遣[⑩]！”王曰：“母置之[⑪]，吾已决矣！”母因曰：“即如有不称[⑫]，妾请无随坐[⑬]。”赵王许之。

【注释】 ①当：抵挡。②奢：马服君赵奢。③难：难倒他。④然：但是。善：高明。⑤易言之：把兵事说得很容易。⑥这三句说：假使赵国不任命赵括为将就罢了，如果一定要让他率军作战，让赵军战败的一定是赵括。⑦此句说：赵奢亲身献上饭让进食的人以十数。⑧东乡而朝：面向东让军队的人朝见他。⑨此句说：每日观察哪里有便利田宅可买的就买下来。⑩异心：心思用得不一样。遣：派遣，指任命为将。⑪置之：放下它，是说不要过问这件事。⑫不称：不胜任王命。⑬随坐：连坐治罪。

秦王闻括已为赵将，乃阴使武安君为上将军[①]，而王龁为裨将，令军中：“有敢泄武安君将者斩！”赵括至军，悉更约束[②]，易置军吏[③]，出兵击秦师。武安君佯败而走，张二奇兵以劫之[④]。赵括乘胜追造秦壁[⑤]，壁坚拒不得入[⑥]。奇兵二万五千人绝赵军之后[7]，又五千骑绝赵壁间[8]。赵军分而为二，粮道绝。武安君出轻兵击之，赵战不利，因筑壁坚守以待救至。秦王闻赵食道绝[9]，自如河内发民年十五以上悉诣长平[10]，遮绝赵救兵及粮食[11]。

【注释】 ①武安君：秦将白起，曾在伊阙大破魏、韩军，攻陷楚国都郢城，长平之战重创赵军，与廉颇、李牧、王翦并称战国四大名将。武安君，对有巨大武功、能安定国家的人给予的封号。②悉更约束：全部改变原来将领与部下约定的纪律。③易置：改换。④张：布下、派出。劫：横击。⑤造：逼近。⑥不得入：不能攻进秦军壁垒。⑦绝：截断。⑧绝赵壁间：把出来攻击的赵军与他们的壁垒之间隔断，使赵军不能退回壁垒，也使赵军壁垒中的部队不能增援。⑨食道：粮食输送之路。⑩自如：自己前往。河内：古代以黄河以北为河内，战国时河内为魏国领土。发：征调、发动。悉诣：全部前往。⑪遮绝：隔断。

赵人乏食，请粟于齐[1]，齐王弗许。周子曰[2]：“夫赵之于齐、楚，扞蔽也[3]，犹齿之有唇也，唇亡则齿寒。今日亡赵，明日患及齐、楚矣[4]。救赵之务[5]，宜若奉漏瓮沃焦釜然[6]。且救赵，高义也[7]，却秦师，显名也[8]。义救亡国，威却强秦，不务为此而爱粟[9]，为国计者过矣[10]！”齐王弗听。

【注释】 ①这句说：向齐国请求增援粮食。②周子：齐国谋臣。③扞（音 hàn）蔽：捍卫、遮蔽。④患及：灾难就落到。⑤务：所要做的事。⑥宜若……然：应如……一样。奉：捧。瓮（音 wèng）：装水的大缸。沃：浇。焦釜：烧焦的锅。⑦高义：高尚的道义。⑧却：使之退却。显名：显赫的名声。⑨务为此：努力来做这件事。爱：珍爱、舍不得。⑩为国计：为国家计划。过：错。

九月，赵军食绝四十六日，皆内阴相杀食[1]。急来攻秦垒，欲出为四队，四、五复之[2]，不能出。赵括自出锐卒搏战，秦人射杀之[3]。赵师大败，卒四十万人皆降。武安君曰：“秦已拔上党，上党民不乐为秦而归赵。赵卒反覆[4]，非尽杀之，恐为乱。”乃挟诈而尽坑杀之[5]，遗其小者二百四十人归赵[6]。前后斩首虏四十五万人[7]，赵人大震[8]。

【注释】 ①内阴：内部暗中。相杀食：相互杀人吃。②四、五复之：反复冲了四五次。③射杀之：射死赵括。④反覆：反复，指暂时投降又会反叛。⑤挟诈：用欺诈方法。坑杀：挖坑活埋。⑥遗其小者：留下年幼的人。⑦斩首虏：斩俘虏的头。⑧大震：大为震动。

【简评】

赵括虽是军事家的儿子，却没有真正的军事才能，会说却不会做，其父最知其子。其母知其子不行，向国君报告，这也难能可贵。可惜赵国君主不听。秦人先用反间计，再用周密的军事部署，让赵军战不能战，退不能退，援不得援，数十万大军一夜之间被坑杀，秦人用兵堪称一绝。

毛遂自荐

周纪五，赧王五十七年[①]，正月，王陵攻邯郸[②]，少利，益发卒佐陵[③]，陵亡五校[④]。武安君病愈，王欲使代之[⑤]。武安君曰："邯郸实未易攻也，且诸侯之救日至[⑥]。彼诸侯怨秦之日久矣，秦虽胜于长平，士卒死者过半，国内空，远绝河山而争人国都[⑦]，赵应其内，诸侯攻其外，破秦军必矣。"王自命不行[⑧]，乃使应侯请之。武安君终辞疾[⑨]，不肯行，乃以王龁代王陵。

【注释】 ①即公元前二五八年。②王陵：秦国将领，上一年九月秦命五大夫王陵伐赵。③少利：战绩不大。益发卒佐陵：征发更多的士兵增援王陵。④亡五校：丧失了五座营垒。⑤使代之：让武安君白起代替王陵。⑥日至：不日到来。⑦远绝河山：离国很远，中间还被黄河、华山隔断。⑧自命：自己的命令。不行：不得听从。⑨辞疾：以有疾病推辞。

赵王使平原君求救于楚，平原君约其门下食客文武备具者二十人与之俱，得十九人，余无可取者。毛遂自荐于平原君[①]。平原君曰："夫贤士之处世也，譬若锥之处囊中，其末立见[②]。今先生处胜之门下三年于此矣，左右未有所称诵[③]，胜未有所闻，是先生无所有也[④]。先生不能[⑤]，先生留！"毛遂曰："臣乃今日请处囊中耳！使遂蚤得处囊中，乃脱颖而出[6]，非特其末见而已[7]。”平原君乃与之俱，十九人相与目笑之[8]。

【注释】 ①毛遂：赵国平原君的宾客。②末：锥子的尖端。立见：马上可以看到。见，同“现”。其末立见：指锥子尖马上就从囊中刺出，被人看到。喻人才不会被淹埋。③左右：平原君的亲信。称诵：称赞诵扬。④无所有：没有什么才能。⑤不能：无能。⑥蚤：早。颖：本指禾的长穗，这里是指整个锥身。脱颖而出：锥身摆脱外包的囊而伸出。⑦非特：不仅。⑧目笑之：在眼神中笑话他。

平原君至楚，与楚王言合从之利害[1]，日出而言之，日中不决。毛遂按剑历阶而上[2]，谓平原君曰：“从之利害，两言而决耳[3]！今日出而言，日中不决，何也?”楚王怒叱曰：“胡不下[4]！吾乃与而君言，汝何为者也[5]！”毛遂按剑而前曰：“王之所以叱遂者，以楚国之众也[6]。今十步之内，王不得恃楚国之众也！王之命悬于遂手[7]。吾君在前，叱者何也？且遂闻汤以七十里之地王天下[8]，文王以百里之壤而臣诸侯[9]，岂其士卒多哉？诚能据其势而奋其威也[10]。今楚地方五千里，持戟百万，此霸王之资也。以楚之强，天下弗能当。白起，小竖子耳[11]，率数万之众，兴师以与楚战，一战而举鄢、郢[12]，再战而烧夷陵[13]，三战而辱王之先人[14]，此百世之怨而赵之所羞[15]，而王弗知恶焉[16]。合从者为楚，非为赵也。吾君在前，叱者何也?”

【注释】 ①楚王：楚考烈王，公元前二六二年至前二三八年在位。合从：合纵。利害：利害关系。②历阶：急步跨过台阶。③两言而决：两句话就能决定。④胡：何。⑤而君：你的君主。何为：干什么。⑥众：兵多。⑦悬：挂。此句说楚王的性命掌握在我的手里。⑧此句说：商汤靠方圆七十里的封地而称王于天下。⑨此句说：周文王凭着方圆百里的土地而让诸侯称臣。⑩诚：真。据其势：依靠他的势头。⑪小竖子：无能的小子。⑫举：攻下。鄢：春秋时曾为楚国的别都，在今湖北宜城西南。郢（音 yǐng）：春秋战国时期曾为楚国国都，在今湖北荆沙西北。⑬夷陵：地名，为楚国的西塞重地，在今湖北宜昌。⑭辱王之先人：挖开楚王祖先的坟墓，进行羞辱。⑮百世之怨：一百代的仇恨。羞：羞辱。⑯恶焉：对此感到厌恶。

楚王曰："唯唯[①]，诚若先生之言[②]，谨奉社稷以从[③]。"毛遂曰："从定乎[④]？"楚王曰："定矣。"毛遂谓楚王之左右曰："取鸡、狗、马之血来！"毛遂奉铜盘而跪进之楚王曰[⑤]："王当歃血以定从[⑥]，次者吾君，次者遂。"遂定从于殿上。毛遂左手持盘血，而右手招十九人曰："公相与歃此血于堂下！公等录录[⑦]，所谓因人成事者也[⑧]。"平原君已定从而归，至于赵，曰："胜不敢复相天下士矣[⑨]！"遂以毛遂为上客。于是楚王使春申君将兵救赵[⑩]，魏王亦使将军晋鄙将兵十万救赵[⑪]。

【注释】　①唯唯：是是，满口答应的样子。②诚若先生之言：确实如你说的。③此句是说：谨以楚国全国的力量跟随你们。④从定乎：合纵的事定了吗。⑤奉：捧。跪进之：跪着把铜盘献上。⑥歃（音 shà）血：结盟时饮牲血，或含于口中，或涂于口旁，以示信守誓言。⑦录录：碌碌无为。⑧因人成事：靠别人才能做成事。⑨相：从外表上观察而认定其人的才能。⑩春申君：黄歇，楚国大臣，与魏国信陵君魏无忌、赵国平原君赵胜、齐国孟尝君田文并称"战国四公子"，曾任楚相。将兵：率军。⑪晋鄙：魏国将领。

【简评】

毛遂自荐，是著名的成语，出处来自这个故事。毛遂平时不被人青睐，关键时刻显出过人的胆量与能力，这是真正的人才，与那些因人成事的人有天壤之别。平原君由此也学会了鉴别人才。

荀卿论兵

秦纪一，秦昭襄王五十二年[①]，楚春申君以荀卿为兰陵令[②]。荀卿者，赵人，名况，尝与临武君论兵于赵孝成王之前[③]。王曰："请问兵要[④]。"临武君对曰："上得天时，下得地利，观敌之变动，后之发，先之至[⑤]，此用兵之要术也。"荀卿曰："不然[⑥]。臣所闻古之道，凡用兵攻战之本，在乎一民[⑦]。弓矢不调，则羿不能以中[⑧]。六马不和，则造父不能以致远[⑨]。士民不亲附，则汤、武不能以必胜也。故善附民者，是乃善用兵者也。故兵要在乎附民而已。"

【注释】 ①即公元前二五五年。②荀卿：荀子，战国后期儒家学者。兰陵：地名，在今山东临沂兰陵。令：县令。③临武君：楚考烈王时的封君，通兵法。赵孝成王：惠文王之子，公元前二六六年至前二四五年在位。④兵要：用兵的要点。⑤后之发，先之至：出发晚而到达早。⑥不然：不是这样。⑦一民：使民统一听从命令。⑧羿（音 yì）：尧时善于射箭的人，传说天有十日，他射落九日。中：射中。⑨造父：周穆王时善于驾车的人，传说为穆王驾车西游，见西王母，又为穆王驾车日驰千里，扑灭徐偃王之乱。致远：到达远方。

临武君曰："不然。兵之所贵者势利也[①]，所行者变诈也[②]。

善用兵者感忽悠闇[3]，莫知所从出。孙、吴用之[4]，无敌于天下，岂必待附民哉?”荀卿曰：“不然。臣之所道，仁人之兵，王者之志也。君之所贵，权谋势利也。仁人之兵，不可诈也。彼可诈者，怠慢者也，露袒者也[5]，君臣上下之间滑然有离德者也[6]。故以桀诈桀，犹巧拙有幸焉[7]。以桀诈尧，譬之以卵投石，以指桡沸[8]，若赴水火，入焉焦没耳[9]。故仁人之兵，上下一心，三军同力。臣之于君也，下之于上也，若子之事父，弟之事兄，若手臂之扞头目而覆胸腹也。诈而袭之，与先惊而后击之，一也。且仁人用十里之国，则将有百里之听[10]，用百里之国，则将有千里之听，用千里之国，则将有四海之听，必将聪明警戒，和傅而一[11]。故仁人之兵，聚则成卒，散则成列，延则若莫邪之长刃，婴之者断[12]；兑则若莫邪之利锋，当之者溃[13]；圜居而方止，则若盘石然，触之者角摧而退耳[14]。且夫暴国之君，将谁与至哉[15]？彼其所与至者，必其民也。其民之亲我欢若父母，其好我芬若椒兰[16]。彼反顾其上，则若灼黥，若仇雠[17]。人之情，虽桀、跖[18]，岂有肯为其所恶、贼其所好者哉[19]！是犹使人之子孙自贼其父母也[20]。彼必将来告之，夫又何可诈也[21]！故仁人用，国日明[22]，诸侯先顺者安，后顺者危，敌之者削[23]，反之者亡。《诗》曰：‘武王载发，有虔秉钺，如火烈烈，则莫我敢遏[24]。’此之谓也[25]。”

【注释】　①势利：形势与利益。②变诈：变化与欺诈。③感忽悠闇：闇即暗，感忽悠暗，就是飘忽不定，忽明忽暗，变化无常。④孙、吴：古代军事家孙子与吴起。⑤可诈：可被欺诈。露袒（音 tǎn）：不穿衣服，露出身体，比喻不庄重稳重，不守礼仪。⑥滑然：形容君臣上下没有凝聚力的松散样子。离德：离心离德。⑦此二句说：让类似暴君夏桀这样的恶人相互欺诈，在欺诈的手段上幸而还有巧与拙的差别。⑧以指桡（音 ráo）沸：用手指搅开水。⑨入焉焦没：进入水火之中马上被烧焦和淹没。⑩听：能听到消息。⑪和傅：和谐，傅即附，和傅即和谐团结。一：统一、一致，内部不分裂。⑫延：延伸，伸长。莫邪：古代宝剑名，传说吴王阖闾让干将铸剑，铁汁不流。干将妻子莫邪问："该如何办?"干将说："先师欧冶子铸剑，以女子配炉神，即可铸成。"莫邪即投身炉中，铁汁出，铸成二剑，雄剑名为干将，雌剑名为莫邪。婴：即撄（音 yīng），触犯。⑬兑：聚集起来。当之：碰上它。⑭圜：圆。圆、方，军队扎营或圆或方。居、止，指军队停止驻扎。若盘石然：像磐石一样稳固。触之者角摧而退耳：触碰到这样驻扎的军队，就会像动物折了角一样败退而已。⑮且夫：况且那，在论说中转换所说的对象时常用的转折连接词。将谁与至哉：谁将到来与他一起行动呢。⑯好（音 hào）：喜好、喜欢。椒（音 jiāo）兰：泛指香料和香花。⑰灼黥：墨刑。仇雠（音 chóu）：仇与雠是两个不同的字，都表示仇人、仇敌。这几句说：民对仁义的君主，亲近、喜欢、爱好他，就像父母和香花香料一样，而他们反过来看他们自己的君主，即暴国之君，就像受了墨刑的人、像自己的仇敌一样。⑱跖（音 zhí）：盗跖，传说中的大盗，残暴狠毒。参见《庄子·盗跖》篇。⑲为其所恶：做他厌恶的事。贼其所好：害他所喜好的人。这几句说：按人的本性来说，虽然是桀、跖那样的人，难道肯做自己厌恶的事、肯害自己喜爱的人吗？⑳是犹：这好比。㉑这二句说：他们必将会来向所喜爱的人报告，这又怎可欺诈仁义之君呢？㉒国日明：国家日益开明。㉓敌之：与之为敌。削：衰弱。㉔出自《诗经·商颂·长发》篇，武王指商汤，发即旆，旗帜。虔：虔诚地。秉钺（音 yuè）：手持大斧。秉钺，表示具有用兵征伐的权力。如火烈烈：形容汤的军队威武，如熊烈的大火。遏：害。是说没有谁敢害我。㉕此之谓也：就是说的这种事情。

孝成王、临武君曰："善。请问王者之兵，设何道何行而可[①]?"荀卿曰："凡君贤者其国治，君不能者其国乱[②]。隆礼贵义者其国治[③]，简礼贱义者其国乱[④]。治者强，乱者弱，是强弱之本也。上足印则下可用也[⑤]，上不足印则下不可用也。下可用则强，下不可用则弱，是强弱之常也。好士者强[6]，不好士者弱。爱民者强，不爱民者弱。政令信者强[7]，政令不信者弱。重用兵者强，轻用兵者弱[8]。权出一者强，权出二者弱[9]，是强弱之常也。齐人隆技击，其技也，得一首者则赐赎锱金[10]，无本赏矣[11]。是事小敌毳，则偷可用也[12]；事大敌坚，则涣焉离耳[13]。若飞鸟然，倾侧反覆无日[14]，是亡国之兵也，兵莫弱是矣，是其去赁市佣而战之几矣[15]。魏氏之武卒，以度取之[16]：衣三属之甲[17]，操十二石之弩[18]，负矢五十个，置戈其上，冠胄带剑[19]，赢三日之粮[20]，日中而趋百里[21]；中试则复其户，利其田宅[22]。是其气力数年而衰，而复利未可夺也[23]，改造则不易周也[24]，是故地虽大，其税必寡，是危国之兵也。秦人，其生民也狭隘[25]，其使民也酷烈[26]，劫之以势[27]，隐之以阨[28]，忸之以庆赏[29]，鳕之以刑罚[30]，使民所以要利于上者[31]，非斗无由也[32]。使以功赏相长[33]，五甲首而隶五家[34]，是最为众强长久之道，故四世有胜[35]，非幸也，数也[36]。

【注释】　①设何道：设定什么道理。何行而可：怎样做才可以。②不能：无能，与贤相对。③隆：推重、抬高。贵义：以义为贵。④简：简慢，怠慢。贱义：把义看得轻贱。⑤卬：仰。足仰：值得仰望、崇拜。⑥好士：喜好贤士。⑦信：有信用，说话算话，有令即行，有禁即止。⑧重用兵：把用兵看得很重，不轻易用兵。轻用兵与之相反。⑨权出一：权力出于一，即权力集中而不分散。权出二：即权力分散，谁说话都不算数。⑩这几句是说：齐国人重视兵士的技击能力，能靠技击砍敌人一个脑袋的人，就会得到赏赐或得以赎罪，获得不同数量的赏金。锱：古代重量单位，六铢等于一锱，四锱等于一两。⑪本赏：指只有作战取胜才应得到的奖赏。这是说齐国只看士兵杀人的数量来行赏，不看全军是否作战取胜。⑫事小：战事为小型。毳（音 cuì）：脆，脆弱，不堪一击。偷：苟且。⑬涣：散。离：分崩离析。这几句是说：齐人的部队用于小型战斗中对付脆弱的敌人还苟且可用，用于大战来对付强敌，则齐军就会涣散而分崩离析了。⑭倾侧：歪斜倾倒。无日：不会有多长时间。⑮去……几矣：离……很近了。几：近。赁市佣而战：雇市上的佣人而作战。⑯这两句是说：魏国武装士兵，按每个人携带装备和行军的数量来衡量和选取。度：量，即下面所说的甲、弩、矢等的数量。⑰衣：穿。三属：三层。⑱操：使用。十二石（音 dàn）之弩：要用十二石的力气才能拉开的弩。一石约一百斤。⑲冠：带上。胄（音 zhòu）：头盔。⑳赢：背负。㉑日中：从晨到午。趋：急行军。㉒中试：考试合格。复其户：免除他家的赋税。利其田宅：给他家好田好宅。㉓这两句说：这样的兵，他的气力几年后就衰弱了，而国家免除的赋税和分给的好田好宅却不可夺回。㉔这句是说：要想改变又不易做得周到而无遗漏。㉕生民：让民生活。狭隘：指出路少，限制多。㉖使民：用民作战服役等。酷烈：严酷惨烈。㉗劫：胁迫。势：权势。㉘隐：困苦。阨：灾难。隐之以阨，与下句忸之以庆赏相对而言。㉙忸（音 niǔ）：习惯。与前一句合起来，意为：用灾难使民平时生活困苦，迫使他们习惯于用立下军功获得庆赏。㉚鰌（音 qiú）：逼迫。㉛要利：求利。上：君主和国家。㉜无由：没有路走。㉝使：假使。功赏相长：立军功与获奖赏相互促长。㉞五甲首：作战获取五个敌人的首级。隶：隶属，让五家隶属于这个有军功的人。㉟此二句说：这种方法最是兵力众多而强大的长久之道，所以秦国四代国君都能作战取胜。四世，指秦孝公、秦惠文王、秦武王、秦昭襄王。这是孝公任用商鞅变法以来的长久效果。㊱这二句是说：这不是侥幸，而是必然的。数，表示必然如此，不会任意改变。

“故齐之技击不可以遇魏之武卒，魏之武卒不可以遇秦之锐士，秦之锐士不可以当桓、文之节制[①]，桓、文之节制不可以当汤、武之仁义，有遇之者，若以焦熬投石焉[②]。兼是数国者[③]，皆干赏蹈利之兵也[④]，佣徒鬻卖之道也[⑤]，未有贵上安制綦节之理也[⑥]。诸侯有能微妙之以节[⑦]，则作而兼殆之耳[⑧]。故招延募选[⑨]，隆势诈，上功利[⑩]，是渐之也[⑪]。礼义教化，是齐之也[⑫]。故以诈遇诈，犹有巧拙焉。以诈遇齐，譬之犹以锥刀堕泰山也⑬。故汤、武之诛桀、纣也，拱挹指麾⑭，而强暴之国莫不趋使⑮，诛桀、纣若诛独夫⑯。故《泰誓》曰‘独夫纣⑰’，此之谓也。故兵大齐则制天下，小齐则治邻敌。若夫招延募选，隆势诈，上功利之兵，则胜不胜无常，代翕代张，代存代亡⑱，相为雌雄耳⑲。夫是之谓盗兵⑳，君子不由也㉑。”

【注释】 ①桓、文：齐桓公、晋文公。节制：对外用兵作战有节制。②若以焦熬投石焉：就像投焦熬来碰石头。焦熬，用火烤干了的东西，非常脆，一碰就碎。③兼是数国：兼有这几国做法。④干：求。蹈：踏踩，引申为追求。⑤佣徒：受人雇佣的人。鬻卖：出卖，指受雇的人出卖自己的劳力或生命。⑥贵上：尊重在上的人。安制：安于制度与规矩。綦（音qí）节：綦，古人系鞋的带子，用在祭祀等重典上表示庄重。綦节：有礼节。⑦微妙之以节：用礼义节度使兵士达到完满地步。⑧作：兴起。兼殆之：使各国都处于危险之中。殆：危险。这几句是说：诸侯能用汤、武式的仁义和桓、文式的节制（即下面的礼义教化）来练兵，就能使本国强盛起来而使其他国家全都有危险了。⑨延：请。选：选拔。⑩这两句说：推崇权势与欺诈，崇尚功利。⑪渐之：引诱，指用权势欺诈和功利等引诱他们。⑫齐：整齐。指让民都懂得礼义教化，而不是良莠不齐。⑬堕泰山：让泰山崩塌。⑭拱挹：拱手作揖，有礼从容的样子。指麾：指挥。这句是说：在拱手行礼的从容不迫之中，指挥部队讨伐凶暴之人。⑮趋使：趋进而听吩咐。⑯独夫：孤家寡人，没有任何人帮助的人。⑰泰誓：《尚书》的一篇。⑱胜不胜无常：胜还是不胜，没有定数。代翕代张，代存代亡：翕为合，张为开，合与张、存与亡，相互不断代换。⑲相为雌雄：合张存亡如雌雄一样，这是说二者不可分，总是联系在一起，相互转化，变换不定。⑳夫是之谓：这个就称之为。盗兵：如同盗贼一样的军队。㉑不由：不从，是说君子不按这种办法来练兵和作战。

孝成王、临武君曰："善。请问为将[1]。"荀卿曰："知莫大于弃疑，行莫大于无过，事莫大于无悔[2]。事至无悔而止矣，不可必也[3]。故制号政令，欲严以威[4]；庆赏刑罚，欲必以信[5]；处舍收藏，欲周以固[6]；徙举进退，欲安以重，欲疾以速[7]；窥敌观变，欲潜以深，欲伍以参[8]；遇敌决战，必行吾所明，无行吾所疑，夫是之谓六术[9]。无欲将而恶废[10]，无怠胜而忘败[11]，无威内而轻外[12]，无见其利而不顾其害，凡虑事欲熟而用财欲泰[13]，夫是之谓五权[14]。将所以不受命于主有三[15]，可杀而不可使处不完[16]，可杀而不可使击不胜[17]，可杀而不可使欺百姓[18]，夫是之谓三至[19]。凡受命于主而行三军，三军既定，百官得序，群物皆正，则主不能喜，敌不能怒[20]，夫是之谓至臣[21]。虑必先事而申之以敬[22]，慎终如始，始终如一，夫是之谓大吉。凡百事之成也必在敬之，其败也必在慢之[23]。故敬胜怠则吉，怠胜敬则灭[24]，计胜欲则从，欲胜计则凶[25]。战如守，行如战，有功如幸[26]。敬谋无旷[27]，敬事无旷，敬吏无旷，敬众无旷，敬敌无旷，夫是之谓五无旷。慎行此六术、五权、三至，而处之以恭敬、无旷，夫是之谓天下之将[28]，则通于神明矣。"

【注释】 ①为将：做好将领的事。②这三句说：智以抛弃疑虑为最大，行以没有过失为最大，事以没有后悔为最大。③这句说：事情做到没有后悔就可以了，不能要求必然成功。④制号政令：发号施令。欲严以威：要做到严格执行和有权威。⑤必以信：必定如此且有诚信。⑥处舍：驻军扎营。周以固：各种防范要周密而牢固。⑦徙举：迁徙和有所举动。安以重：安稳而稳重。疾以速：快而迅速。⑧潜以深：潜密而深藏。伍以参：伍即五，参即三，三五指各方面综合观察和分析，避免片面。⑨行吾所明：自己已经明白无疑的，就可采取行动。无行吾所疑：自己还有怀疑的事情就不要去做。夫是之谓六术：这些就称为六术，六种方法。⑩无：不要。欲将：想担任将领。恶废：厌恶被罢职。⑪怠胜：不努力而求胜。忘败：忘了会失败。⑫威内：对内要威风。轻外：

忽视外部的情况。⑬欲熟：要求思考成熟。欲泰：要求财力充足有余。⑭五权：五种衡量标准，要按这五种标准来决定怎么做。⑮将所以不受命于主：将在外，之所以不听从君主命令的准则。⑯不可使处不完：不可让军队处于不完善的状态。⑰不可使击不胜：不可让军队去从事无法取胜的战斗。⑱不可使欺百姓：不可让军队去欺侮老百姓。⑲三至：三条最重要的准则。⑳主不能喜，敌不能怒：君主不能让我喜悦，敌人不能让我发怒。㉑至臣：达到极致的大臣。㉒虑必先事：必须在事前进行思考。申之以敬：用敬的态度进行思考。㉓这二句说：成功必在于恭敬谨慎，失败必在于怠慢大意。慢，即下面的怠。㉔灭：被消灭。㉕计：计谋和思考。欲：欲望，包括感情。从：顺利而成功，相当于吉。㉖战如守：攻击如防守一样谨慎小心，不敢大意。行如战：行军如同作战一样加以重视。有功如幸：有了成功就像侥幸一样，不要骄傲得意。㉗敬谋：对于谋划要恭敬小心。无旷：不要旷废。㉘处之以：以下述的各项来处理和对待各种事务。天下之将：可以率领指挥天下军队的将领。

临武君曰："善。请问王者之军制。"荀卿曰："将死鼓[①]，御死辔[②]，百吏死职[③]，士大夫死行列[④]。闻鼓声而进，闻金声而退。顺命为上[⑤]，有功次之。令不进而进，犹令不退而退也，其罪惟均[⑥]。不杀老弱，不猎禾稼[⑦]，服者不禽[⑧]，格者不赦[⑨]，奔命者不获[⑩]。凡诛，非诛其百姓也，诛其乱百姓者也。百姓有捍其贼，则是亦贼也[⑪]。以故顺刃者生，傃刃者死[⑫]，奔命者贡[⑬]。微子开封于宋[⑭]，曹触龙断于军[⑮]，商之服民[⑯]，所以养生之者无异周人[⑰]，故近者歌讴而乐之，远者竭蹶而趋之[⑱]，无幽闲辟陋之国[⑲]，莫不趋使而安乐之，四海之内若一家，通达之属莫不从服[⑳]，夫是之谓人师[㉑]。《诗》曰：'自西自东，自南自北，无思不服[㉒]。'此之谓也。王者有诛而无战[㉓]，城守不攻，兵格不击[㉔]，敌上下相喜则庆之，不屠城，不潜军[㉕]，不留众[㉖]，师不越时[㉗]，故乱者乐其政，不安其上，欲其至也[㉘]。"临武君曰："善。"

【注释】 ①将死鼓：死在鼓旁。将领的职责就是击鼓，指挥军队进退，所以鼓就是他战斗的位置。②御死辔（音 pèi）：驾车的人死在马的缰绳之旁。③百吏：军队中的各种官吏。死职：死在各自的履行职务之处。④士大夫：古代军队里，士大夫就是各级军官。死行列：死于军队的行列之中。⑤顺命：听从命令。⑥犹：如同。惟均：完全一样。⑦猎禾稼：割取百姓的庄稼。⑧服者：降服的人。禽：擒。⑨格者：抵抗而不肯投降的人。⑩奔命：逃跑求生。不获：不去俘获。⑪捍：捍卫，保护。贼：敌人。是亦贼：他也是敌人。⑫顺刃：顺着刀刃，指背对我军武器，不抵抗我军的武器。即前面的服者不禽，与下面的傃刃相反。傃（音 sù）刃：向着我军武器，与顺刃相反，迎着武器来与我作战。即前面的格者不赦。⑬贲：不去追杀，即前面的奔命者不获。⑭微子开：微子，商王帝乙的庶长子，纣王的庶兄，名启，世称微子、微子启，微是国号，子是尊称。在古代，开与启二字可通用，所以也写作微子开。因不是嫡子，所以不能继位。封于宋：商亡后，周成王把微子封在商人发祥地商丘（即今河南商丘一带），国号为宋，作为周王朝的诸侯之一。⑮曹触龙：纣王之臣，帮着纣王行暴政。断于军：在军中被斩首。⑯服民：商亡之后，向周朝降服的民众。⑰养生之：养他们、让他们活下来。无异周人：养他们、让他们活下去，与周人没有不同。⑱竭蹶：颠仆倾跌。这句说不顾长途跋涉颠仆跌倒。趋：奔着赶来。⑲幽闲：幽静闲远，指人口少和经济文化不发达的地方。辟陋：偏僻、边远的国家。⑳通达之属：有道路相通的地方。属：类，指凡已通道路的这一类国家地区。从服：顺从服从。㉑人师：众人的师表。㉒《诗经·大雅·文王有声》的句子，意谓从西、东、南、北四方，没有哪里的人不服从。无思不服，即无不服，思是句中助词，没有具体的含义。㉓诛：诛讨有罪的人。战：攻击别人的国家和领土。㉔这二句是说：城若是守着，就不攻它，士兵若是格斗，就不攻击它。㉕这几句说：敌人上下相处融洽和睦，就要祝福他们。作战中不要在占领城邑后屠杀城内民众，向敌国宣战要光明正大，不要以偷袭开战。㉖留众：在敌人土地上留下众多军队。㉗师不越时：出师不要超过原定的时间。㉘这几句说：有祸乱的国家就会喜欢这种军队的做法（即不屠城等），对他们的统治者感到不安，而盼望这种军队的到来。

陈嚣问荀卿曰："先生议兵，常以仁义为本。仁者爱人，义者循理[①]，然则又何以兵为[②]？凡所为有兵者，为争夺也。"荀卿曰："非汝所知也。彼仁者爱人，爱人，故恶人之害之也[③]。义者循理，循理，故恶人之乱之也[④]。彼兵者，所以禁暴除害也[⑤]，非争夺也。"

【注释】 ①循理：遵循道理。②然则又何以兵为：这样的话，为什么还要用兵？③故恶人之害之：所以厌恶别人来害人。④故恶人之乱之：所以厌恶别人来制造祸乱。⑤所以禁暴除害：用来禁止暴行、除掉祸害。

【简评】

荀子是大儒，却对治军、用兵、作将有这样全面深入而细致入微的论述，这说明大儒是文武兼通的，而不是毛泽东嘲笑的只会动口不会动手的秀才。从历史上看，确实有不少儒家学者同时也是善于用兵打仗的军事家。毛泽东之所以重视《资治通鉴》，就是看到了这部书中记载了有着这种丰富内容的历史案例。

李牧防匈奴

秦纪一，始皇帝三年[①]，赵王以李牧为将[②]，伐燕，取武遂、方城[③]。李牧者，赵之北边良将也，尝居代、雁门备匈奴[④]，以便宜置吏[⑤]，市租皆输入莫府[⑥]，为士卒费，日击数牛飨士。习骑射，谨烽火，多间谍[⑦]，为约曰[⑧]："匈奴即入盗，急入收保。有敢捕虏者斩[⑨]！"匈奴每入，烽火谨，辄入收保不战[⑩]。如是数岁，亦不亡失。匈奴皆以为怯，虽赵边兵亦以为吾将怯。赵王让之[⑪]，李牧如故。王怒，使他人代之。岁余，屡出战，不利，多失亡，边不得田畜[⑫]。王复请李牧，李牧杜门称病不出。王强起之[⑬]，李牧曰："必欲用臣，如前，乃敢奉令。"王许之。

【注释】 ①即公元前二四四年。②赵王：即赵悼襄王，公元前二四四年至前二三六年在位。李牧：赵国将领，与秦国白起、王翦和赵国廉颇并称战国四大名将。③武遂：在今河北徐水西北。方城：在今河北固安西南。④代：商代、周代时为诸侯国，在今山西大同与河北蔚县一带。春秋末，赵襄子兴兵灭代，设立代郡。雁门：在今山西西北与内蒙古交界处。匈奴：古代北方的少数民族，西周初年以前称鬼方，后称混夷、獯鬻（音 xūn yù）、猃狁（音 xiǎn yǔn）、戎、狄、胡，参见王国维《鬼方昆夷猃狁考》。⑤便宜：根据实际情况灵活处理。置吏：设置官吏。⑥市租：各种租税。莫府：即幕府，将军在外所设的指挥组织及其机构。⑦谨烽火：谨慎把守烽火台。多间谍：多派侦察敌情的人员。⑧为约：与边民约定。⑨保：即堡。虏：指入侵的匈奴。⑩辄：总是。⑪让：责备。⑫边：边民。田畜：种田和放牧。⑬强起之：强行让他任职。

李牧至边，如约。匈奴数岁无所得，终以为怯。边士日得赏赐而不用，皆愿一战。于是乃具选车得千三百乘[①]，选骑得万三千匹，百金之士五万人[②]，彀者十万人[③]，悉勒习战[④]。大纵畜牧、人民满野。匈奴小入，佯北不胜，以数十人委之[⑤]。单于闻之[⑥]，大率众来入。李牧多为奇阵，张左、右翼击之，大破之，杀匈奴十余万骑，灭襜褴[⑦]，破东胡，降林胡。单于奔走，十余岁不敢近赵边。

【注释】 ①具选：备齐后挑选。②百金之士：非常有才能的战士，可以赏给百金。③彀（音 gòu）：拉开满弓。④勒：部署、指挥。⑤北：败。委：丢弃。⑥单（音 chán）于：匈奴人对部落联盟首领的专称。⑦襜褴（音 chān lán）：战国时分布在今山西朔县至内蒙古自治区的游牧民族，擅长骑射。

先是[①]，天下冠带之国七[②]，而三国边于戎狄[③]：秦自陇以西有绵诸、绲戎、翟、獂之戎[④]，岐、梁、泾、漆之北有义渠、大荔、乌氏、朐衍之戎[⑤]，而赵北有林胡、楼烦之戎，燕北有东胡、山戎[⑥]，各分散居溪谷，自有君长，往往而聚者百有余戎[⑦]，然莫能相一[⑧]。其后义渠筑城郭以自守[⑨]，而秦稍蚕食之，至惠王遂拔义渠二十五城[⑩]。昭王之时[⑪]，宣太后诱义渠王[⑫]，杀诸甘泉[⑬]，遂发兵伐义渠，灭之，始于陇西、北地、上郡筑长城以拒胡[⑭]。赵武灵王北破林胡、楼烦，筑长城，自代并阴山下[⑮]，至高阙为塞[⑯]，而置云中、雁门、代郡[⑰]。其后燕将秦开为质于胡[⑱]，胡甚信之，归而袭破东胡，东胡却千余里。燕亦筑长城，自造阳至襄平[19]，置上谷、渔阳、右北平、辽东郡以距胡[20]。及战国之末，而匈奴始大[21]。

【注释】 ①先是：在此之前。②冠带之国：实行礼乐制度的中原国家，与周边少数民族相区别。③三国：秦、赵、燕三国。边于戎狄：边境与戎狄相接。④陇：陇山，在今宁夏和甘肃南部、陕西西部，是陕北高原和陇西高原的分界山，渭河与泾河的分水岭。绵诸、绲（音 gǔn）戎、翟（音 dí）、豲（音 huán）：陇山以西的戎族部落。⑤岐：岐山，在今陕西岐山境内。梁：梁山，在今陕西韩城境内。泾：泾水，渭河的支流。漆：漆水，在今陕西铜川。义渠：戎族部落，在今陕西北部和甘肃东北部。大荔：戎族部落，在今陕西大荔一带。乌氏（音 zhī）：戎族部落，在今甘肃平凉一带。朐（音 qú）衍：戎族部落，在今甘肃东北马莲河流域。⑥楼烦：狄族部落，被周天子封为诸侯，在今山西西北部。西汉卫青率军赶走楼烦王，在其地设朔方郡。山戎：北戎，匈奴的一支，在今河北北部。⑦百有余戎：一百多种戎族。⑧相一：相互统一。⑨郭：外城。古时城外有城，称为郭。⑩惠王：秦惠文王，秦孝公之子，公元前三三七年至前三一一年在位，在位期间把“公”改称为“王”。⑪昭王：秦昭王，又称昭襄王，秦惠文王之子，公元前三〇六年至前二五一年在位。⑫宣太后：秦宣太后。秦惠文王之妾，秦昭襄王之母。秦昭襄王即位之初，宣太后主政，攻灭义渠，消除了秦国的西部大患。⑬杀诸：杀之于。甘泉：山名，在今陕西淳化，秦王在此筑有离宫。⑭陇西：郡名，治所在今甘肃临洮。北地：郡名，治所在今甘肃宁县。上郡：战国时魏文侯设置上郡，治所为肤施，在今陕西榆林南。秦惠王时，魏献给秦，为秦初三十六郡之一。⑮并：沿着。阴山：即今大青山，在内蒙古中部。⑯高阙：山名，在今内蒙古杭锦后旗东北，此山中间断开，望去像帝王宫阙。塞：关塞。⑰云中：郡名，在今内蒙古中部，治所也称云中，在今内蒙古托克托东北。⑱为质：作为人质。⑲造阳：地名，在今河北怀来。襄平：地名，在今辽宁辽阳。⑳上谷：郡名，在今河北张家口东，治所在沮阳，今河北怀来东南。渔阳：郡名，治所渔阳，在今北京密云西南。右北平：郡名，治所无终，在今河北蓟县。辽东：郡名，治所襄平，在今辽宁辽阳。距，即拒。㉑始大：才开始强大。

【简评】

中国的中原王朝，一向与北方的多种少数民族有着密切关系，或战或和，绵延不断，每个王朝都为之头疼，如汉、唐、宋这样的强势王朝，也不能根治这一难题。直到清代康熙时，才把这个问题彻底解决。近代鸦片战争以来，外来威胁则变成东、南两个方向，可说是中国历史的一大变局。

秦始皇统一天下

秦纪二，始皇帝二十六年①，王初并天下②，自以为德兼三皇，功过五帝③，乃更号曰“皇帝④”，命为“制”，令为“诏”，自称曰“朕”⑤。制曰：“死而以行为谥⑥，则是子议父，臣议君也⑦，甚无谓⑧。自今以来，除谥法⑨。朕为始皇帝，后世以计数，二世、三世至于万世，传之无穷。”

【注释】 ①即公元前二二一年。②初：第一次。并天下：统一天下。③德兼三皇：兼具三皇的德行。三皇，一般指燧人氏、伏羲氏、神农氏。功过五帝：功劳超过五帝。五帝，指黄帝、颛顼、帝喾、尧、舜。④皇帝：取三皇的皇与五帝的帝，合成的一个新称号。⑤这几句说：皇帝发布的命叫做“制”，发布的令叫做“诏”，皇帝以“朕”自称。⑥谥(音 shì)：古代帝王和贵族死后要根据生前的为人及行事的好坏，选一个字作为盖棺论定的称号。⑦议：评定。⑧无谓：没有意义。⑨谥法：古代用来作为谥号的用字及其特定含义。

初，齐威、宣之时①，邹衍论著终始五德之运②。及始皇并天下，齐人奏之。始皇采用其说，以为周得火德③，秦代周，从所不胜，为水德④。始改年⑤，朝贺皆自十月朔⑥，衣服、旌旄、节旗皆尚黑⑦，数以六为纪⑧。

【注释】 ①齐威、宣之时：齐威王公元前三五六年至前三二〇年在位，齐宣王公元前三一九年至前三〇一年在位。②邹衍：战国时齐国学者，提倡阴阳与五行学说。论著：论说并著述。终始五德之运：五德指土、木、金、火、水。终始指五行从始到终、终而复始进行循环，运就是行，即历史上各个朝代的相互替换。五德终始即五行相克，水克火，火克金，金克木，木克土，土克水，火又克水，不断循环。按这种说法，虞舜为土，被夏木克，夏木又被殷金克，殷金又被周火克，周火则被秦水克。③周得火德：周朝在商朝之后，商为金，火克金，所以周朝为火德。④从所不胜：按五行所不胜的顺序替换朝代。如周为火，火所不胜的就是水，所以火之后就是水，因此秦认为自己属于水德。⑤始改年：开始改变一年的岁首之月。夏代以建寅之月为岁首，商以建丑之月为岁首，周以建子之月为岁首，秦改为建亥之月为岁首。亥为夏历十月，子为十一月，丑为十二月，寅为正月。岁首，每年第一个月，即正月。⑥十月朔：以夏历十月为一年第一个月。朔：指月亮开始生光，中国古代用太阴历，因此每个月的朔日就是每月初一。⑦旄旌（音 máo）：指军队中用来指挥的旗子，泛指各种旗帜。节旗：节指符节，代表帝王出使时所持的凭证物。节旗，是指作为凭证物的旗帜。尚黑：以黑色为最贵。五行各有其固定的颜色，木为青色，火为赤色，金为白色，水为黑色，土为黄色。⑧数以六为纪：五行说以一、六两个数字属于水，故数以六为纪，即一至六为一周，数到六就又从一数起。所以秦代的符都是方六寸，长度规定六尺为一步等。

丞相绾等言[①]：“燕、齐、荆地远，不为置王，无以镇之，请立诸子[②]。”始皇下其议[③]。廷尉斯曰[④]：“周文、武所封子弟同姓甚众，然后属疏远[⑤]，相攻击如仇雠，周天子弗能禁止。今海内赖陛下神灵一统[⑥]，皆为郡、县，诸子功臣以公赋税重赏赐之[⑦]，甚足易制[⑧]，天下无异意[⑨]，则安宁之术也。置诸侯不便。”始皇曰：“天下共苦战斗不休，以有侯王[⑩]。赖宗庙[⑪]，天下初定，又复立国，是树兵也[12]，而求其宁息[13]，岂不难哉！廷尉议是[14]。”

【注释】 ①丞相绾（音 wǎn）：王绾。②这三句说：不为燕、齐、荆三地设诸侯王就无法镇守，请求把皇帝诸子立为诸侯王，前去镇守。这是沿袭分封诸侯的制度。③下其议：把他们的建议交给大臣们商议。④廷尉：官名，最高司法官。斯：李斯，楚国人，学帝王之术，学成入秦，先后任长史、客卿、廷尉。秦统一后，任丞相。⑤后属疏远：后来的子孙血缘、关系及感情都比周初疏远多了。⑥赖：依靠。⑦这句说：对于皇帝的诸子和功臣，用国家的赋税加以重赏。⑧足易制：足以容易地控制住他们。⑨无异意：没有反叛皇帝的想法。⑩苦战斗不休：对战争不断感到痛苦。以：因为。⑪宗庙：祭祀祖先的地方，这里代指祖先的神灵。⑫树：立。树兵是指为自己树立用兵的敌人。⑬宁息：安宁和休息。⑭议是：意见对。

分天下为三十六郡[1]，郡置守、尉、监[2]。收天下兵聚咸阳[3]，销以为钟鐻、金人十二[4]，重各千石，置宫廷中。一法度、衡、石、丈尺[5]。徙天下豪杰于咸阳十二万户。

【注释】 ①三十六郡：秦统一天下共分三十六郡：河东、太原、上党、三川、东郡、颍川、南阳、南郡、九江、泗水、巨鹿、齐郡、琅邪、会稽、汉中、蜀郡、巴郡、陇西、北地、上郡、九原、云中、雁门、代郡、上谷、渔阳、右北平、辽西、辽东、南海、桂林、象郡、邯郸、砀郡、薛郡、长沙。②置：设置。守、尉、监：守是郡的最高官员，尉是郡的军事长官，监是郡的监察长官。③兵：兵器。聚咸阳：聚焦在咸阳。咸阳：在今陕西咸阳。④销：熔化。以为钟鐻（jù）、金人十二：用兵器销镕后的金属制作钟鐻和十二个大金属人。钟鐻是古代乐器，鐻置钟旁，为猛兽形。⑤一：统一。秦与各国度量衡制度不一致，此时全部定为统一的标准。度：计量长度的器具及其标准。衡：测量轻重的器具及其标准。石：计量重量的器具及其标准。丈尺：即长度单位。

诸庙及章台、上林皆在渭南[①]。每破诸侯，写放其宫室[②]，作之咸阳北阪上[③]，南临渭[④]，自雍门以东至泾、渭[⑤]，殿屋、复道、周阁相属[⑥]，所得诸侯美人钟鼓以充入之[⑦]。

【注释】 ①诸庙：秦国宗庙等祭祀处所。章台：战国时秦宫中台名，蔺相如完璧归赵发生于此。上林：上林苑，秦汉时期皇家园林，在渭水之南，地跨长安、咸阳、周至、户县、蓝田等地。渭南：渭河之南。②写放：模仿。③作之：建造宫室。北阪：渭水北岸高地。④临渭：面向渭水。⑤雍门：地名，在高陵，今属陕西西安。泾：渭河的支流，发源于宁夏。⑥复道：上下两重通道。周阁：四周有窗户与栏杆的楼阁。相属：相连。⑦充入之：把美人和钟鼓安放在里面。

始皇帝二十七年[①]，始皇巡陇西、北地[②]，至鸡头山[③]，过回中焉[④]。作信宫渭南[⑤]，已，更命曰极庙[⑥]。自极庙道通骊山[⑦]，作甘泉前殿[⑧]，筑甬道自咸阳属之[⑨]，治驰道于天下[⑩]。

【注释】 ①即公元前二二〇年。②陇西：郡名，治所狄道，今甘肃临洮。北地：郡名，治所义渠，今甘肃庆阳西南。③鸡头山：今甘肃平凉西的崆峒山。④回中：秦宫殿，在今陕西凤翔。⑤信宫：长信宫，秦的宫殿。⑥已：之后。更命：改名。极庙：极指天极，即天上的北极，象征天极的祖庙。⑦骊山：秦岭北侧的支脉，在今西安与渭南之间。⑧甘泉前殿：甘泉宫在咸阳之北的淳化甘泉山。⑨甬道：两旁建有夹墙的通道。属之：连起来。⑩驰道：专供皇帝外出时行车的大道，宽五十步，中间种树。

始皇帝二十八年[①]，始皇东行郡、县[②]，上邹峄山[③]，立石颂功业[④]。于是召集鲁儒生七十人，至泰山下，议封禅[⑤]。诸儒或曰："古者封禅，为蒲车[⑥]，恶伤山之土石草木[⑦]，扫地而祭，席用菹稭[⑧]。"议各乖异[⑨]。始皇以其难施用，由此绌儒生[⑩]。而遂除车道[⑪]，上自太山阳至颠[⑫]，立石颂德，从阴道下[⑬]，禅于梁父[14]。其礼颇采太祝之祀雍上帝所用[15]，而封藏皆秘之[16]，世不得而记也。于是始皇遂东游海上[17]，行礼祠名山大川及八神[18]。始皇南登琅邪[19]，大乐之，留三月，作琅邪台，立石颂德，明得意[20]。

【注释】 ①即公元前二一九年。②行：巡行、巡视。③邹峄山：峄山，在今山东邹县东南。④石：石碑。颂功业：碑上刻上文字，歌颂始皇统一天下的功业。⑤封禅（音 shàn）：封为祭天，禅为祭地，古代帝王在泰山祭祀天地的典礼。⑥蒲车：用蒲草包住车轮，行驶时减少颠簸，又称安车。⑦恶伤：厌恶会损伤泰山的土石草木。⑧菹稭（音 zū jiē）：用农作物茎秆编成草垫草席。⑨乖异：差别很大。⑩绌（音 chù）：排斥不用。⑪遂：最终。除：开通。⑫太山：泰山。阳：山的南面朝阳，故称阳面。颠：巅。⑬阴道：泰山北面的道路。⑭梁父：山名，在今山东新泰徂徕山。秦始皇在泰山祭天，在梁父祭地。⑮太祝：官名，掌管祭祀时的祝辞。雍：地名，在今陕西凤翔，秦汉时在此祭五方天帝。⑯封藏：封起来加以收藏。秘之：把所封藏的东西当作秘密，不准打开。⑰遂：就。海：渤海。⑱祠：祭祀。八神：指天、地、兵、阴、阳、月、日和四时之神。⑲南登：南行登上。琅邪（音 láng yá）：山名，在今山东胶南西南。⑳明得意：表明实现了愿望。

初，燕人宋毋忌、羡门子高之徒称有仙道、形解销化之术[①]，燕、齐迂怪之士皆争传习之[②]。自齐威王、宣王、燕昭王皆信其言，使人入海求蓬莱、方丈、瀛洲[③]，云此三神山在勃海中[④]，去人不远。患且至，则风引船去[⑤]。尝有至者，诸仙人及不死之药皆在焉[⑥]。及始皇至海上，诸方士齐人徐市等争上书言之[⑦]，请得齐戒与童男女求之[⑧]。于是遣徐市发童男女数千人入海求之。船交海中，皆以风为解[⑨]，曰："未能至，望见之焉。"

【注释】 ①宋毋忌、羡门子高：号称修行得道的人。仙道、形解销化之术：成仙的方法、人死后尸体消失的方法。②迂怪：不切实际为迂，怪诞不经为怪。③蓬莱、方丈、瀛洲：传说东海中的三座神山，上有仙人。④勃海：渤海。⑤此句说：仙人担心人们将要到达神山，就有风把船吹走离开神山。⑥在焉：都在神山上。⑦徐市（音 fú）：即徐福，当时的方士。⑧齐戒：即斋戒。⑨交：入、行。为解：为借口。

始皇还，过彭城[①]，斋戒祷祠，欲出周鼎泗水[②]，使千人没水求之，弗得。乃西南渡淮水[③]，之衡山、南郡[④]。浮江至湘山祠[⑤]，逢大风，几不能渡[⑥]。上问博士曰："湘君何神？"对曰："闻之：尧女，舜之妻，葬此[⑦]。"始皇大怒，使刑徒三千人皆伐湘山树[⑧]，赭其山[⑨]。遂自南郡由武关归[⑩]。

【注释】 ①彭城：地名，今江苏徐州。②鼎：古代盛食物的器皿，后成为礼器。相传夏禹铸九个大鼎，象征九州。后来秦昭襄王向周天子索要九鼎，移置咸阳时有一鼎落入泗水，秦始皇想从泗水中把鼎捞出来。泗水：河名，源出今山东泗水蒙山南麓，经彭城注入淮河。③淮水：淮河。④之：往。南郡：郡名，治所在郢，今湖北黄冈西北。⑤浮江：乘船渡江。湘山：一名君山，又名洞庭山，在今湖南岳阳洞庭湖中。相传尧的女儿娥皇、女英嫁给舜。后舜外出巡视，死在苍梧，她们赶到湘山，闻舜死讯，血泪斑斑，死后葬于湘山。山南有敬奉二妃的庙，即湘山祠。⑥几：几乎。⑦此句是说：听说湘君是尧的女儿，舜的妻，死后葬在这里。⑧刑徒：受刑的犯人。⑨赭（音 zhě）：红褐色。此句说把湘山的树砍光，露出红土。⑩武关：关名，在今陕西丹凤东南。

始皇帝三十二年[①]，始皇之碣石[②]，使燕人卢生求羡门，刻碣石门[③]。卢生使入海还，因奏《录图书》曰："亡秦者胡也。"始皇乃遣将军蒙恬发兵三十万人，北伐匈奴[④]。

【注释】 ①即公元前二一五年。②碣（音 jié）石：山名，在今河北昌黎北。③羡门：传说碣石山上的仙人。刻碣石门：在碣石山口石壁刻碑文。④胡：匈奴。蒙恬：秦代将领，其祖蒙骜、父蒙武均为秦国名将。

始皇帝三十三年[①]，蒙恬斥逐匈奴，收河南地为四十四县[②]。筑长城，因地形，用制险塞[③]。起临洮至辽东[④]，延袤万余里[⑤]。于是渡河，据阳山[⑥]，逶迤而北[⑦]。暴师于外十余年[⑧]。蒙恬常居上郡统治之，威振匈奴。

【注释】 ①即公元前二一四年。②河南地：地名，在今宁夏灵武以北至内蒙古杭锦后旗以南的河套西部。③用制险塞：以建造险要的关塞。④临洮：地名，在今甘肃岷县。辽东：辽河以东，今辽宁东部、南部及吉林东南部。战国、秦、汉至南北朝均设辽东郡。⑤延袤（音mào）：绵延伸展。⑥阳山：阴山最西一段，即今内蒙古乌拉特后旗的狼山。⑦逶迤（音wēi yí）：道路、山脉、河流等蜿蜒曲折。⑧暴（音pù）师：军队驻扎在野外。

始皇帝三十四年[①]，丞相李斯上书曰："异时诸侯并争[②]，厚招游学[③]。今天下已定，法令出一[④]，百姓当家则力农工[⑤]，士则学习法令。今诸生不师今而学古[⑥]，以非当世[⑦]，惑乱黔首[⑧]，相与非法教人[⑨]，闻令下，则各以其学议之，入则心非，出则巷议，夸主以为名[⑩]，异趣以为高[⑪]，率群下以造谤。如此弗禁，则主势降乎上，党与成乎下[⑫]。禁之便！臣请史官非秦记皆烧之[⑬]；非博士官所职，天下有藏《诗》、《书》、百家语者[⑭]，皆诣守、尉杂烧之[⑮]。有敢偶语《诗》、《书》[⑯]，弃市[⑰]；以古非今者，族[⑱]；吏见知不举[⑲]，与同罪。令下三十日，不烧，黥为城旦[⑳]。所不去者[㉑]，医药、卜筮、种树之书。若欲有学法令者，以吏为师。"制曰："可。"

【注释】 ①即公元前二一三年。②异时：往时。③厚：丰厚的利禄。游学：周游列国的学者。④出一：出于一个帝王。⑤当：应当。家则力农工：每家都要努力从事农业与手工业。⑥师今：以今天的学术为师。⑦非：非议。⑧黔首：平民百姓。⑨非法：指不合法的学说。⑩夸主：向君主夸耀。⑪异趣：与官方不同的学说。⑫党与：同党。⑬秦记：秦国的史书。⑭百家语：诸子百家学说。⑮诣：前往。杂烧之：混杂起来一起烧掉。⑯偶语：两人以上谈论为偶语，即私下谈论。⑰弃市：在市场公开处死。⑱族：杀光整个家族。⑲见知不举：看到、知道而不揭发。⑳黥：墨刑。城旦：当时刑罚，罪犯在边境地区，白天守卫，晚上筑长城。㉑不去：不废除和烧毁。

魏人陈余谓孔鲋曰[①]："秦将灭先王之籍，而子为书籍之主，其危哉！"子鱼曰："吾为无用之学，知吾者惟友。秦非吾友，吾何危哉！吾将藏之以待其求[②]；求至，无患矣。"

【注释】 ①陈余：魏灭之后，曾为代王。孔鲋（音 fù）：孔子的八世孙，字子鱼。②待其求：等待需要这些书籍的君主来索求。

始皇帝三十五年[①]，使蒙恬除直道[②]，道九原[③]，抵云阳[④]，堑山堙谷千八百里[⑤]，数年不就[⑥]。始皇以为咸阳人多，先王之宫廷小，乃营作朝宫渭南上林苑中[⑦]。先作前殿阿房[⑧]，东西五百步，南北五十丈，上可以坐万人，下可以建五丈旗[⑨]，周驰为阁道[⑩]，自殿下直抵南山[⑪]，表南山之颠以为阙[⑫]。为复道，自阿房渡渭，属之咸阳，以象天极阁道、绝汉抵营室也[⑬]。隐宫、徒刑者七十余万人[⑭]，乃分作阿房宫，或作骊山[⑮]。发北山石椁[⑯]，写蜀、荆地材[⑰]，皆至。关中计宫三百，关外四百余。于是立石东海上朐界中[⑱]，以为秦东门。因徙三万家骊邑，五万家云阳，皆复不事十岁[⑲]。

【注释】 ①即公元前二一二年。②除：修筑。直道：秦始皇三十五年命蒙恬主持开筑，北起九原，南至云阳，是连接关中平原与河套地区的主要通道。道路较直，故名。③道：经由。九原：郡名，治所在今内蒙古包头西。④云阳：县名，治所在今陕西淳化县西北。⑤堑山堙（音 yīn）谷：开通山路，填平山谷。⑥就：完成。⑦营作：建造。⑧前殿阿房（音 ē páng）：阿房宫，在咸阳宫附近，遗址在今西安赵家堡和大古村之间。⑨建：立。⑩周驰：即周施，四周围绕。阁道：建有楼阁的复道。⑪南山：终南山，在咸阳南。⑫表：宫前的标志柱，又称华表。这是说在终南山的山巅修华表，作为秦王宫的大门。阙：宫殿的大门。⑬象：模拟。天极阁道、绝汉抵营室：把阿房宫模拟为天上的阁道星，渭水比作银河，咸阳比作营室星。由阿房宫渡过渭水与京城咸阳连接起来，就像天空中阁道星横渡银河抵达营室星。阁道星，古人认为是沟通银河两岸的天桥。绝：横渡。汉：天汉，银河。⑭隐宫：宫刑，又称腐刑。阉割男子生殖器的酷刑。受刑后在阴暗屋里养息一百天，故称隐宫。徒刑：徒指服劳役者，刑指受刑后服劳役。⑮作骊山：在骊山修建秦始皇墓。⑯椁：棺材。这句说凿北山的石材来建秦王墓中的棺材。⑰写：即泻，水路输运。材：木材。⑱朐（qú）：东海郡朐县，在今江苏连云港西南。⑲复：免除赋税。不事：不从事劳役。

卢生说始皇曰：“方中[①]：人主时为微行以辟恶鬼[②]。恶鬼辟，真人至。愿上所居宫毋令人知，然后不死之药殆可得也[③]。”始皇曰：“吾慕真人。”自谓“真人”，不称“朕”。乃令咸阳之旁二百里内宫观二百七十，复道、甬道相连，帷帐、钟鼓、美人充之，各案署不移徙[④]。行所幸[⑤]，有言其处者，罪死。始皇幸梁山宫[⑥]，从山上见丞相车骑众，弗善也[⑦]。中人或告丞相[⑧]，丞相后损车骑[⑨]。始皇怒曰：“此中人泄吾语！”案问[⑩]，莫服[⑪]，捕时在旁者尽杀之。自是后，莫知行之所在。群臣受决事者，悉于咸阳宫。

【注释】 ①方中：方术中的说法。②时：时常。为微行：帝王秘密出行。③殆可：几乎就可以了。④各案署不移徙：各按部署，不得迁移。⑤幸：帝王到临称为幸。⑥梁山宫：秦行宫，在今陕西乾县北。⑦弗善：不高兴。⑧中人：宫中宦官和随从。或：有人。⑨损：减少。⑩案问：审问。⑪莫服：没人承认。

侯生、卢生相与讥议始皇[①]，因亡去[②]。始皇闻之，大怒曰："卢生等，吾尊赐之甚厚，今乃诽谤我！诸生在咸阳者，吾使人廉问，或为妖言以乱黔首[③]。"于是使御史悉案问诸生。诸生传相告引[④]，乃自除犯禁者四百六十余人[⑤]，皆坑之咸阳[⑥]，使天下知之，以惩后。益发谪徙边[⑦]。始皇长子扶苏谏曰[⑧]："诸生皆诵法孔子[⑨]。今上皆重法绳之[⑩]，臣恐天下不安。"始皇怒，使扶苏北监蒙恬军于上郡[⑪]。

【注释】 ①侯生：当时的方士。相与：相互。②因亡去：于是逃走。③廉问：暗中查找。这句是说：侯生等人有时散布妖言来惑乱平民百姓。④传相告引：转相告发检举。⑤自除：秦始皇亲自判决。⑥坑：挖坑活埋。⑦益：更多的。发谪徙边：流放发配到边境。⑧扶苏：秦始皇长子，又称公子扶苏。秦始皇死后，赵高、李斯伪造秦始皇诏书，逼他自杀。⑨诵法孔子：读孔子的书，效法孔子。⑩重法：重刑。绳：惩治。⑪这句是说：让扶苏到上郡监督蒙恬的军队。上郡：秦初三十六郡之一，治所肤施，在今陕西榆林南。

始皇帝三十六年[①]，有陨石于东郡[②]，或刻其石曰："始皇死而地分。"始皇使御史逐问[③]，莫服，尽取石旁居人诛之[④]，燔其石[⑤]。

【注释】 ①即公元前二一一年。②陨：落。东郡：郡名，治所濮阳，即今河南濮阳南。③逐问：追查审问。④居人：居民。⑤燔（音fán）：烧。

始皇帝三十七年[①]，冬，十月，癸丑，始皇出游，左丞相斯从，右丞相去疾守[②]。始皇二十余子，少子胡亥最爱，请从，上许之。十一月，行至云梦[③]，望祀虞舜于九疑山[④]。浮江下，观藉柯[⑤]，渡海渚[⑥]，过丹杨[⑦]，至钱唐[⑧]，临浙江[⑨]。水波恶，乃西百二十里，从峡中渡[10]。上会稽[11]，祭大禹，望于南海[12]，立石颂德。还，过吴[13]，从江乘渡[14]。并海上[15]，北至琅邪、之罘[16]。见巨鱼，射杀之。遂并海西，至平原津而病[17]。

【注释】 ①即公元前二一〇年。②斯：李斯。从：跟从出游。去疾：人名，冯去疾。守：留守都城。③云梦：古代湖沼地区，在今湖北江汉平原及其东、西、北部丘陵区，该地湖泊沼泽密布。④望：古代一种祭祀，遥祭。九疑山：又名苍梧山，在今湖南宁远南。⑤藉柯：地名，不详其处。⑥海渚（音 zhǔ）：江渚，即采石矶，在今安徽马鞍山长江东岸，为牛渚山突出江中而成。⑦丹杨：县名，在今安徽当涂东北。⑧钱唐：县名，在今浙江杭州。⑨浙江：古代对今钱塘江及上游地区的总称。⑩峡中：江面狭窄处。⑪上：登上。会稽：山名，在今浙江绍兴东南，传说大禹死于此处。⑫望：遥祭。⑬吴：县名，治所在今江苏苏州。⑭江乘：地名，在今江苏句容东北，是长江重要渡口。⑮并海上：沿海北上。⑯之罘（音 fú）：山名，即芝罘山，在今山东烟台北。⑰并海西：沿海西行。平原：县名，在今山东平原南。津：渡口。

始皇恶言死，群臣莫敢言死事。病益甚[1]，乃令中车府令行符玺事赵高为书赐扶苏曰[2]：“与丧，会咸阳而葬[3]。”书已封，在赵高所[4]，未付使者[5]。秋，七月，丙寅，始皇崩于沙丘平台[6]。丞相斯为上崩在外，恐诸公子及天下有变，乃秘之不发丧，棺载辒凉车中[7]，故幸宦者骖乘[8]。所至，上食、百官奏事如故[9]，宦者辄从车中可其奏事[10]。独胡亥、赵高及幸宦者五六人知之。

【注释】 ①益甚：越来越严重。②中车府令：官名，掌管皇帝的车辆。行符玺事：兼管皇帝印章盖章等事。书：信。③与丧：参与治丧。会咸阳：到咸阳会面。④所：处。⑤未付使者：没有交付送信的使者。⑥沙丘平台：沙丘行宫的平台。沙丘宫在今河北平乡东北。⑦辒（音 wēn）凉车：封闭严密而又通风的车。⑧故幸宦者：原来信任的宦官。

⑨上食：献上食物。⑩可其奏事：冒充秦始皇批准百官的奏事。

初，始皇尊宠蒙氏，信任之。蒙恬任在外将，蒙毅常居中参谋议①，名为忠信，故虽诸将相莫敢与之争。赵高者，生而隐宫，始皇闻其强力，通于狱法，举以为中车府令，使教胡亥决狱②，胡亥幸之③。赵高有罪，始皇使蒙毅治之，毅当高法应死④。始皇以高敏于事⑤，赦之，复其官。赵高既雅得幸于胡亥⑥，又怨蒙氏，乃说胡亥：请诈以始皇命诛扶苏而立胡亥为太子⑦。胡亥然其计⑧。

【注释】 ①蒙毅：蒙恬的弟弟。居中：在朝中。参：参与。②决狱：判决犯罪案件。③幸：宠幸。④当：判处。法：按法律来判。⑤敏于事：做事机敏。⑥雅：一向，素来。⑦诈：欺诈，这里指伪造。⑧然：同意。

赵高曰："不与丞相谋，恐事不能成。"乃见丞相斯曰："上赐长子书及符玺①，皆在胡亥所②。定太子，在君侯与高之口耳③。事将何如?"斯曰："安得亡国之言④！此非人臣所当议也！"高曰："君侯材能、谋虑、功高、无怨、长子信之，此五者皆孰与蒙恬⑤?"斯曰："不及也。"高曰："然则长子即位，必用蒙恬为丞相，君侯终不怀通侯之印归乡里明矣⑥！胡亥慈仁笃厚，可以为嗣⑦。愿君审计而定之⑧！"丞相斯以为然，乃相与谋，诈为受始皇诏，立胡亥为太子。更为书赐扶苏⑨，数以不能辟地立功⑩，士卒多耗，反数上书，直言诽谤，日夜怨望不得罢归为太子，将军恬不矫正⑪，知其谋，皆赐死，以兵属裨将王离⑫。

【注释】 ①上：秦始皇。符玺：始皇的符节及印玺。②所：处。③君侯：对丞相李斯的敬称。④安得：怎能。⑤这二句是说：丞相你在才能、谋略、功劳的大小、人们对你没有怨恨、得到长子扶苏的信任五个方面，与蒙恬相比怎么样？⑥怀：揣着。这句是说：终不能怀揣着通侯的官印回归家乡，这是很明白的事。⑦嗣：始皇帝的继承人。⑧审计：考虑和谋划。⑨更为书：重新写信。⑩数：数落，责备。辟地：开拓疆土。⑪不矫正：对太子扶苏不加纠正。⑫以兵属：把部队交给。

扶苏发书[①]，泣，入内舍，欲自杀。蒙恬曰："陛下居外，未立太子；使臣将三十万众守边，公子为监，此天下重任也。今一使者来，即自杀，安知其非诈！复请而后死，未暮也[②]。"使者数趣之[③]。扶苏谓蒙恬曰："父赐子死，尚安复请[④]！"即自杀。蒙恬不肯死，使者以属吏[⑤]，系诸阳周[⑥]。更置李斯舍人为护军[⑦]，还报。胡亥已闻扶苏死，即欲释蒙恬。会蒙毅为始皇出祷山川，还至。赵高言于胡亥曰："先帝欲举贤立太子久矣，而毅谏以为不可[⑧]，不若诛之！"乃系诸代[⑨]。遂从井陉抵九原[⑩]。会暑，辒车臭，乃诏从官令车载一石鲍鱼以乱之[⑪]。从直道至咸阳，发丧。太子胡亥袭位[⑫]。

【注释】 ①发书：打开信。②这二句说：再次请求后再死，也不晚。③数：多次。趣：催促。④尚安复请：哪里还能再次请求。⑤以属吏：把蒙恬交给官吏，即让官吏把蒙恬逮捕。⑥系：关押。诸：之于。阳周：地名，在今陕西子长西北。⑦更置：重新任命。舍人：官名，高官身边的亲信下属。护军：官名，护军都尉，负责对在外部队的监管。⑧这二句说：先帝在世时想让胡亥为太子已很久了，但蒙毅劝谏，认为不可。⑨系：关押在监狱。代：地名。⑩这一句说：赵高、李斯、胡亥等人的车队于是就从井陉抵达九原。井陉即井陉口，在今河北井陉关。九原：郡名，治所在今内蒙古包头。⑪鲍鱼：古代指鱼死后腌制起来，气味很臭。乱之：用鲍鱼的臭味掩盖始皇尸体的臭味。⑫袭位：继皇帝位。

九月，葬始皇于骊山，下锢三泉[①]，奇器珍怪，徙藏满之[②]。

令匠作机弩[③]，有穿近者辄射之[④]。以水银为百川、江河、大海，机相灌输[⑤]。上具天文，下具地理[⑥]。后宫无子者，皆令从死[⑦]。葬既已下，或言工匠为机藏[⑧]，皆知之，藏重即泄[⑨]。大事尽，闭之墓中[⑩]。

【注释】 ①三泉：地下的三重之泉，指地下极深之处。②徙藏满之：把奇器珍怪之物搬进坟墓中藏起来，这些器物把坟墓中都装满了。③机弩：装有机关的弓弩。④穿近：穿指盗挖坟墓。近：接近始皇棺材。辄：就。⑤机相灌输：用机关控制水银灌输到模仿的江河大海中。⑥这二句说：墓室的穹顶模拟天上的星宿，地面模拟天下的地理情况。⑦从死：随葬。⑧为机藏：建造了机关和摆放了收藏的珍奇器物。⑨藏重：墓中收藏的器物非常多而且珍贵。⑩大事：建墓的工程。闭之：把工匠们全都封在墓中不让出来。

二世[①]欲诛蒙恬兄弟，二世兄子子婴谏曰[②]："赵王迁杀李牧而用颜聚[③]，齐王建杀其故世忠臣而用后胜[④]，卒皆亡国[⑤]。蒙氏，秦之大臣、谋士也，而陛下欲一旦弃去之，诛杀忠臣而立无节行之人[⑥]，是内使群臣不相信[⑦]，而外使斗士之意离也[⑧]。"二世弗听，遂杀蒙毅及内史恬。恬曰："自吾先人及至子孙，积功信于秦三世矣[⑨]。今臣将兵三十余万，身虽囚系[⑩]，其势足以倍畔[⑪]。然自知必死而守义者，不敢辱先人之教[⑫]，以不忘先帝也。"乃吞药自杀[⑬]。

【注释】 ①二世：胡亥，始皇少子，在始皇帝之后继位，按秦始皇的规定，就称为二世皇帝。②兄子子婴：哥哥的儿子，名叫子婴。后赵高杀二世胡亥，立子婴继位，但不久被刘邦俘虏，最后被项羽杀死。③赵王迁，又称赵幽缪王，赵悼襄王之子，战国时赵国最后一位国君，公元前二三五年至前二二八年在位。公元前二二九年，秦攻赵，赵王迁派李牧等率军抵抗。秦收买赵王迁宠臣郭开，诋毁李牧，赵王迁听信谗言，杀害李牧，让赵葱、颜聚代替。公元前二二八年，秦大败赵军，俘虏赵王迁，赵国灭亡。④齐王建：亦称齐废王、齐共王，齐襄王之子，战国时齐国最后一位国君，公元前二六四年至前二二一年在位。公元前二二一年，秦攻齐，齐王建听从国相后胜的建议，投降秦国，齐国灭亡。秦王政将齐王建安置在共地，不供给食物，齐王建活活饿死。后胜：受秦厚贿，劝齐王建朝秦，不修战备，不助其他五国御秦。⑤卒：终。⑥节行：气节和高尚品行。⑦相信：相互信任。⑧斗士：作战的士兵。意离：忠诚之心消散。⑨积功信：积累战功和信任。三世：三代人。⑩囚系：被关押。⑪倍畔：背叛。⑫辱先人之教：羞辱先人的教诲。⑬吞药：服毒药。

【简评】

秦始皇统一天下，对中国的历史发展有巨大功劳。但他统治方法非常残暴，又想长生不老，被方士欺骗，则非常愚蠢。临死也不能安排好继承人，结果秦王朝仅传二世就被天下人推翻了，那种想传到千世万世以至无穷的想法，又是多么可笑。

项羽破釜沉舟

秦纪三，二世皇帝二年[①]，高陵君显在楚[②]，见楚王曰："宋义论武信君之军必败[③]，居数日[④]，军果败。兵未战而先见败征[⑤]，此可谓知兵矣[⑥]。"王召宋义与计事而大说之[⑦]，因置以为上将军[⑧]，项羽为次将，范增为末将[⑨]，以救赵[⑩]。诸别将皆属宋义[⑪]，号为"卿子冠军"。

【注释】 ①即公元前二〇八年。②高陵君显：齐国使者，名显，高陵君是封号。楚，秦末起义军拥立楚怀王之孙为楚王，仍称楚怀王。③宋义：此时为楚怀王大将军。武信君：即项梁，楚将项燕之子，项羽叔父。武信君是楚怀王赐的封号。④居：停止，休息。⑤征：先兆，预兆。⑥知兵：通晓军事。⑦说：悦。⑧置：立，任命。⑨项羽：名籍，字羽，楚将项燕之孙，自号西楚霸王。⑩赵：秦末由张耳、陈余扶立战国时赵贵族赵歇而立。⑪别将：军中别部之统领官。

二世皇帝三年[①]，宋义行至安阳[②]，留四十六日不进。项羽曰："秦围赵急，宜疾引兵渡河[③]。楚击其外，赵应其内，破秦军必矣。"宋义曰："不然。夫搏牛之虻，不可以破虮虱[④]。今秦攻赵，战胜则兵疲，我承其敝[⑤]；不胜，则我引兵鼓行而西[⑥]，必举秦矣[⑦]。故不如先斗秦、赵[⑧]。夫被坚执锐[⑨]，义不如公，坐运筹策，公不如义。”因下令军中曰：“有猛如虎，狠如羊，贪如狼，强不可使者，皆斩之[⑩]！”

【注释】　①即公元前二〇七年。②安阳：今河南安阳。③疾：急速，迅速。④搏：击。虻：牛虻。虮：虱卵。这二句说：用打牛虻的方法不能打虮虱。⑤承：趁，利用。敝：疲惫。⑥鼓：敲着鼓。西：向西攻秦。⑦举：攻取，占领。⑧斗：使秦国和赵国互相争斗。⑨被：披。坚：坚固盔甲。锐：锐利兵器。⑩强（音 jiàng）：执拗。不可使：不能指挥他作战。

乃遣其子宋襄相齐[①]，身送之至无盐[②]，饮酒高会[③]。天寒，大雨，士卒冻饥。项羽曰：“将戮力而攻秦[④]，久留不行。今岁饥民贫[⑤]，士卒食半菽[⑥]，军无见粮[⑦]，乃饮酒高会[⑧]。不引兵渡河，因赵食[⑨]，与赵并力攻秦，乃曰‘承其敝’。夫以秦之强[⑩]，攻新造之赵[⑪]，其势必举。赵举秦强，何敝之承[⑫]！且国兵新破，王坐不安席，扫境内而专属于将军[⑬]，国家安危，在此一举。今不恤士卒而徇其私[⑭]，非社稷之臣也[⑮]！”

【注释】　①相：辅助，辅佐。②身：亲自。无盐：地名，今山东东平。③高会：大会宾客。④戮力：合力，并力。⑤岁饥：年荒，年成不好。⑥半菽：一半掺着豆子的食物。半菜半粮，指粗劣的饭食。菽：豆类。⑦见：现，现成的。⑧乃：却，竟然。⑨因：凭借。⑩夫：提起一件事时用夫字开头。⑪新造：刚刚建立。⑫何敝之承：即承何敝。⑬扫：尽，全部集中。专属（音 zhǔ）于将军：都托付给将军了。⑭恤：体恤。徇：谋求。⑮社稷之臣：能决定国家命运的大臣。社稷：古代祭祀土神和谷神的地方，后指国家。

十一月，项羽晨朝上将军宋义[①]，即其帐中斩宋义头[②]。出令军中曰：“宋义与齐谋反楚，楚王阴令籍诛之！”当是时，诸将皆慑服[③]，莫敢枝梧[④]，皆曰：“首立楚者，将军家也，今将军诛乱[⑤]。”乃相与共立羽为假上将军[⑥]。使人追宋义子，及之齐[⑦]，杀之。使桓楚报命于怀王[⑧]，怀王因使羽为上将军[⑨]。

【注释】　①朝：参见。②即：就在某时某处。③慑服：因恐惧而顺从。④枝梧：架屋的小柱与斜柱，枝梧相抵，引申为抵抗、抗拒。⑤这句意为：大家都说：首先拥立楚王的，是将军，现在又是将军诛杀了乱臣贼子。⑥假：代理。⑦及：追赶上，抓住。⑧使：派遣。报命：复命，回朝报告。⑨因：于是，就。

十二月，章邯筑甬道属河[①]，饷王离[②]。王离兵食多，急攻巨鹿[③]。巨鹿城中食尽、兵少，张耳数使人召前陈余[④]。陈余度兵少[⑤]，不敌秦，不敢前。数月，张耳大怒，怨陈余。当是时，齐师、燕师皆来救赵，张敖亦北收代兵[⑥]，得万余人，来[⑦]，皆壁余旁[⑧]，未敢击秦。

【注释】　①章邯：秦将。甬道：两旁有墙或其他障蔽物的驰道或通道。属：连接，通往。②饷：军粮，这里指给王离军提供补给。王离：秦将王翦之孙，秦朝将领。③巨鹿：今属河北邢台。④张耳：被项羽封为常山王，降汉后封为赵王。陈余：魏国名士。前：进，指向前进军，迎击秦军。⑤度（音 duó）：估计。⑥张敖：张耳之子。⑦来：引兵前来。⑧皆壁余旁：都驻扎在陈余军营旁边。

项羽已杀卿子冠军，威震楚国，乃遣当阳君、蒲将军将卒二万渡河救巨鹿[①]。战少利[②]，绝章邯甬道[③]，王离军乏食。陈余复请兵[④]，项羽乃悉引兵渡河，皆沈船，破釜、甑[⑤]，烧庐舍，持三日粮，以示士卒必死，无一还心。于是至则围王离，与秦军遇，九战[⑥]，大破之，章邯引兵却[⑦]。诸侯兵乃敢进击秦军，遂杀苏角[⑧]，虏王离，涉间不降[⑨]，自烧杀。

【注释】　①当阳君：英布，又称黥布，秦汉之际将领。蒲将军：项羽部将。河：漳河。②战少利：战事取得稍微胜利。③绝：截断，断绝。

④复请兵：又请求援兵。⑤沈：沉，凿沉。釜：锅。甑（音 zèng）：做饭用的瓦器。⑥九战：多次交战。⑦却：退却。⑧苏角：秦将。⑨涉间：秦末将军。

当是时，楚兵冠诸侯军[1]，救巨鹿者十余壁[2]，莫敢纵兵[3]。及楚击秦，诸侯将皆从壁上观。楚战士无不一当十，呼声动天地，诸侯军无不人人惴恐[4]。于是已破秦军，项羽召见诸侯将，诸侯将入辕门[5]，无不膝行而前[6]，莫敢仰视。项羽由是始为诸侯上将军，诸侯皆属焉。

【注释】 ①冠诸侯军：在诸侯军之上。②壁：壁垒，营垒。每部救兵据一座壁垒。③纵兵：出动军队。④惴（音 zhuì）恐：恐惧。⑤辕门：营门。古时军营用两辆兵车竖起车辕相对为门，所以叫辕门。⑥膝行而前：跪着向前走。

【简评】

项羽是打仗的英雄，破釜沉舟一战充分体现了这一点。但他在战略上就不太行，在采纳谋士的意见上，也比不上刘邦。所以他从强到弱，刘邦从弱到强，最后决定了双方的胜负。

鸿门宴

汉纪一，太祖高皇帝元年[①]，冬，十月，沛公至霸上[②]，秦王子婴素车、白马[③]，系颈以组[④]，封皇帝玺、符、节[⑤]，降轵道旁[⑥]。诸将或言诛秦王[⑦]，沛公曰："始怀王遣我，固以能宽容[⑧]。且人已降，杀之不祥。"乃以属吏[⑨]。

【注释】 ①太祖高皇帝：汉高祖刘邦。元年：公元前二〇六年，这时没有年号，按皇帝在位时间计年。②沛公：刘邦，字季，沛丰邑中阳里（今江苏丰县）人。霸上：今属陕西西安。③秦王子婴：秦朝最后一个君主。素车、白马：办丧事用的车马，指投降。④系颈以组：用丝绳系着脖子。是亡国之君投降的举动。组，丝带。⑤玺：印章，指皇帝印。符：虎符，指挥将领部队的凭信。节：使者信物。⑥降：伏。轵（音 zhǐ）道：在今陕西西安东北。⑦或言：有的人认为。⑧固以能宽容：本来认为我能宽大容人。⑨属吏：交给主管官员处理。属（音 zhǔ），交付。

沛公西入咸阳，诸将皆争走金帛财物之府分之[①]，萧何独先入收秦丞相府图籍藏之，以此沛公得具知天下阨塞、户口多少、强弱之处[②]。沛公见秦宫室、帷帐、狗马[③]、重宝、妇女以千数，意欲留居之。樊哙谏曰[④]："沛公欲有天下耶，将为富家翁耶？凡此奢丽之物，皆秦所以亡也，沛公何用焉！愿急还霸上，无留宫中！”沛公不听。张良曰[5]：“秦为无道，故沛公得至此。夫为天下除残贼，宜缟素为资[6]。今始入秦，即安其乐，此所谓‘助桀所虐’。且忠言逆耳利于行，毒药苦口利于病，愿沛公听樊哙言！”沛公乃还军霸上。

【注释】 ①争走：争先奔去。府：国家收藏财物文书之处。②萧何：随刘邦起兵，后为刘邦的宰相。阨塞：险要之地，险阻要塞。③狗马：犬与马，指游畋之物。④樊哙（音 kuài）：沛人，刘邦大将。⑤张良：字子房，韩国贵族后裔，后为刘邦谋臣。⑥残贼：失去群众孤立无援的人。宜缟素为资：应该以崇尚生活俭朴为号召。缟素：丧服，指生活俭朴。资：凭借。

十一月，沛公悉召诸县父老、豪桀[1]，谓曰：“父老苦秦苛法久矣！吾与诸侯约，先入关者王之[2]，吾当王关中[3]。与父老约[4]，法三章耳[5]：杀人者死，伤人及盗抵罪[6]。余悉除去秦法，诸吏民皆案堵如故[7]。凡吾所以来，为父老除害，非有所侵暴，无恐[8]。且吾所以还军霸上，待诸侯至而定约束耳[9]。”乃使人与秦吏行县、乡、邑，告谕之[10]。秦民大喜，争持牛、羊、酒食献飨军士[11]。沛公又让不受，曰：“仓粟多，非乏，不欲费民[12]。”民又益喜，唯恐沛公不为秦王。

【注释】 ①父老：对老人的尊称。豪桀：豪杰，有名望的人。②王（音 wàng）：称王。③关中：今陕西中部。④约：达成协定。⑤法三章：订立三条法令。⑥抵罪：根据不同罪行定刑。抵：当，相应。⑦案堵：安居。安堵如故，指生活一切照常不变。⑧侵暴：侵犯，残害。无：勿，不必。⑨此句意为：况且我所以领兵回驻霸上，不过是为了等各路诸侯到来后订立一个规章罢了。⑩行：巡视。县、乡、邑：社会基层单位。告谕：宣告，宣传。⑪飨（音 xiǎng）：用酒食款待、慰劳。⑫费民：让民众破费。

项羽既定河北，率诸侯兵欲西入关[①]。项羽召黥布、蒲将军计曰："秦吏卒尚众，其心不服，至关不听[②]，事必危，不如击杀之，而独与章邯、长史欣、都尉翳入秦[③]。"于是楚军夜击阬秦卒二十余万人新安城南[④]。

【注释】 ①关：函谷关。②至关不听：到了关中不听从调遣。③长史欣：即司马欣，秦朝长史，后被项羽封塞王。都尉翳：董翳，秦朝都尉，降楚后封为翟王。长史：官名，将军的属官。都尉：官名，次于将军的武官。④夜：趁夜。击阬：坑杀，活埋。阬即坑。新安：今河南渑池东。

或说沛公曰："秦富十倍天下，地形强[①]。闻项羽号章邯为雍王，王关中，今则来[②]，沛公恐不得有此。可急使兵守函谷关，无内诸侯军[③]，稍征关中兵以自益，距之[④]。"沛公然其计，从之[⑤]。

【注释】 ①这二句说：关中地区比天下其他地方富足十倍，而且地势险要。②则：如果。③内（音 nà）：放入。④稍：逐步。益：加强。距：即拒。⑤然：认为是对的。从之：按照他的意思去办。

已而项羽至关[①]，关门闭。闻沛公已定关中，大怒，使黥布等攻破函谷关。十二月，项羽进至戏[②]。沛公左司马曹无伤使人言项羽曰[③]："沛公欲王关中，令子婴为相，珍宝尽有之。"欲以求封[④]。项羽大怒，飨士卒，期旦日击沛公军[⑤]。当是时，项羽兵四十万，号百万，在新丰鸿门[⑥]。沛公兵十万，号二十万，在霸上。

【注释】 ①已而：不久。②戏：地名，在今陕西临潼东。③司马：古代分左右司马，执掌军政。④欲以求封：企图借此求得项羽的封赏。⑤期：约定。旦日：次日。⑥新丰：在今陕西临潼东北。鸿门：在新丰东十六里，今称项王营。

范增说项羽曰："沛公居山东时[①]，贪财好色。今入关，财物无所取，妇女无所幸[②]，此其志不在小。吾令人望其气[③]，皆为龙虎，成五采[④]，此天子气也。急击勿失！"

【注释】 ①山东：崤山以东，泛指六国地区。②幸：亲近。③望其气：古代方术，声称通过观察云气可知吉凶。④这二句说：都显示出龙虎的形状，出现五彩。

楚左尹项伯者[①]，项羽季父也[②]，素善张良，乃夜驰之沛公军[③]，私见张良，具告以事[④]，欲呼与俱去，曰："毋俱死也[⑤]！"张良曰："臣为韩王送沛公[⑥]。沛公今有急，亡去不义，不可不语[⑦]。"良乃入，具告沛公。沛公大惊。良曰："料公士卒足以当项羽乎[⑧]？"沛公默然，曰："固不如也。且为之奈何？"张良曰："请往谓项伯，言沛公之不敢叛也[⑨]。"沛公曰："君安与项伯有故[⑩]？"张良曰："秦时与臣游，尝杀人，臣活之[⑪]。今事有急，故幸来告良[⑫]。"沛公曰："孰与君少长[⑬]？"良曰："长于臣。"沛公曰："君为我呼入，吾得兄事之[⑭]。"张良出，固要项伯[⑮]，项伯即入见沛公。沛公奉卮酒为寿，约为婚姻[⑯]，曰："吾入关，秋毫不敢有所近，籍吏民、封府库而待将军[⑰]。所以遣将守关者，备他盗之出入与非常也[⑱]。日夜望将军至，岂敢反乎！愿伯具言臣之不敢倍德也[⑲]。"项伯许诺，谓沛公曰："旦日不可不蚤自来谢[⑳]。"沛公曰："诺。"于是项伯复夜去，至军中，具以沛公言报项羽，因言曰："沛公不先破关中，公岂敢入乎！今人有大功而击之，不义也。不如因善遇之。"项羽许诺。

【注释】 ①左尹：楚国官名，位次于令尹。项伯：战国末楚国贵族。②季父：最小的叔叔。③驰：车马等奔跑，快跑。之：到。④具告以事：将事情一五一十对他说了。⑤毋俱死也：别跟刘邦一块儿死。⑥这句说：我为韩王所派遣护送沛公。⑦语：告知。⑧当：抵挡。⑨这句意为：请让我去告诉项伯，说您绝不敢背叛项羽。⑩安：怎么。⑪臣活之：我救了他的命。⑫幸：幸亏。⑬孰与君少长：你与他年纪谁大谁小。⑭吾得兄事之：我应当用对待兄长的礼节来对待他。得，当。⑮固：坚决，强。要：即邀。⑯奉：捧，举。卮（音 zhī）：古代盛酒器皿。为寿：举杯敬酒为尊者祝寿。约为婚姻：约定做儿女亲家。⑰秋毫：鸟兽秋天初生的细毛，比喻极其细微的财物。籍吏民：登记官吏与百姓的户籍。籍：登记户籍。⑱备：防备。与：于。非常：意外的事变。⑲伯：对人敬称。倍德：背信弃义。倍，即背。⑳蚤：即早。谢：道歉。

沛公旦日从百余骑来见项羽鸿门[①]，谢曰："臣与将军戮力而攻秦，将军战河北，臣战河南，不自意能先入关破秦[②]，得复见将军于此。今者有小人之言，令将军与臣有隙[③]。"项羽曰："此沛公左司马曹无伤言之，不然，籍何以至此[④]！"项羽因留沛公与饮[⑤]。范增数目项羽[⑥]，举所佩玉玦以示之者三[⑦]，项羽默然不应。范增起，出，召项庄[⑧]，谓曰："君王为人不忍[⑨]，若入前为寿[⑩]，寿毕，请以剑舞，因击沛公于坐，杀之。不者[⑪]，若属皆且为所虏[⑫]！"庄则入为寿，寿毕，曰："军中无以为乐，请以剑舞。"项羽曰："诺。"项庄拔剑起舞，项伯亦拔剑起舞，常以身翼蔽沛公，庄不得击[⑬]。

【注释】 ①从：带领随从。骑（音 jì）：一人一马。②不自意：自己想不到。③隙：隔阂。④何以至此：何至于这样。⑤与饮：参与饮宴。⑥目：用眼色示意。⑦玦（音 jué）：环形而有缺口的佩玉。三：好几次，不是三次。⑧项庄：项羽的堂弟。⑨君王：项羽。不忍：不狠心，心肠软。⑩若：汝，你。⑪不者：不然的话。⑫若属：你们这班人。且：将。为所虏：被他俘虏。⑬翼蔽：遮蔽，掩护。翼：用翼遮盖，保护。

于是张良至军门见樊哙，哙曰：“今日之事何如[①]？”良曰：“今项庄拔剑舞，其意常在沛公也。”哙曰：“此迫矣，臣请入，与之同命[②]！”哙即带剑拥盾入[③]，军门卫士欲止不内，樊哙侧其盾以撞，卫士仆地[④]，遂入，披帷立[⑤]，瞋目视项羽，头发上指，目眦尽裂[⑥]。项羽按剑而跽曰[⑦]：“客何为者[⑧]？”张良曰：“沛公之参乘樊哙也[⑨]。”项羽曰：“壮士！赐之卮酒！”则与斗卮酒。哙拜谢，起，立而饮之。项羽曰：“赐之彘肩[⑩]！”则与一生彘肩。樊哙覆其盾于地，加彘肩其上，拔剑切而啖之。项羽曰：“壮士能复饮乎？”樊哙曰：“臣死且不避，卮酒安足辞！夫秦有虎狼之心，杀人如不能举，刑人如恐不胜[⑪]，天下皆叛之。怀王与诸将约曰：‘先破秦入咸阳者，王之。’今沛公先破秦入咸阳，毫毛不敢有所近，还军霸上以待将军。劳苦而功高如此，未有封爵之赏，而听细人之说[⑫]，欲诛有功之人，此亡秦之续耳，窃为将军不取也[⑬]！”项羽未有以应，曰：“坐！”樊哙从良坐。

【注释】 ①何如：如何。②此迫矣：眼前形势紧急。与之同命：跟刘邦共生死。③拥：抱，持。④仆：倒下。⑤披帷：分开帷幕。⑥瞋（音 chēn）目：睁大眼睛。目眦（音 zì）尽裂：眼眶都睁得快裂开了。⑦跽（音 jì）：挺直上身跪起来，紧张戒备的神情。⑧客何为者：这个人是干什么的。⑨参乘：骖乘，古代战车上居于主将右侧担任护卫的武士。⑩彘（音 zhì）肩：猪腿。⑪举：尽。刑人：给人用刑。胜：尽，极。⑫细人之说：小人的谗言。⑬这句说：这是重蹈秦朝灭亡的覆辙，我私下认为您的这种做法不可取。

坐须臾，沛公起如厕[①]，因招樊哙出。公曰：“今者出，未辞也，为之奈何？”樊哙曰：“如今人方为刀俎[②]，我方为鱼肉，何辞为[③]！”于是遂去。鸿门去霸上四十里，沛公则置车骑，脱身独骑，樊哙、夏侯婴、靳强、纪信等四人持剑盾步走，从骊山下道芷阳，间行趣霸上[4]。留张良使谢项羽，以白璧献羽，玉斗与亚父[5]。沛公谓良曰："从此道至吾军，不过二十里耳。度我至军中，公乃入。"沛公已去，间至军中[6]，张良入谢曰："沛公不胜杯勺[7]，不能辞，谨使臣良奉白璧一双，再拜献将军足下[8]；玉斗一双，再拜奉亚父足下。"项羽曰："沛公安在？"良曰："闻将军有意督过之[9]，脱身独去，已至军矣。"项羽则受璧，置之坐上。亚父受玉斗，置之地，拔剑撞而破之，曰："唉！竖子不足与谋[10]！夺将军天下者，必沛公也，吾属今为之虏矣！"沛公至军，立诛杀曹无伤。

【注释】 ①须臾（xū yú）：一会儿。如厕：上厕所。②俎：切肉的砧板。③何辞为：还告什么辞。④置：放下，丢下。夏侯婴：刘邦得力助手。靳强：刘邦部属。纪信：汉将，后为救刘邦，被项羽烧死。步走：徒步跑。道：经过。芷阳：在今陕西西安东。间行：抄小道走。趣：奔向。⑤玉斗：玉制大酒杯。⑥间至军中：抄小道已经到汉军营。⑦不胜：禁不起。杯勺：酒器，借指酒。⑧再拜：两次下拜。⑨督过：责备。⑩竖子：小子。

居数日，项羽引兵西，屠咸阳，杀秦降王子婴，烧秦宫室，火三月不灭。收其货宝、妇女而东，秦民大失望[1]。

【注释】 ①这段意为：项羽在秦地烧杀抢掠，与刘邦入关后的做法相比，让秦国的民众大为失望。

【简评】

鸿门宴是历史上的著名故事，读司马光的描写，如同见到当时的真实场景，对于项羽、刘邦等人的了解，也可由此获得最具体的认识。

楚汉决战

汉纪二，太祖高皇帝三年[①]，汉王谓陈平曰："天下纷纷，何时定乎[②]？"陈平曰："项王骨鲠之臣，亚父、钟离昧、龙且、周殷之属，不过数人耳[③]。大王诚能捐数万斤金，行反间，间其君臣，以疑其心[④]。项王为人，意忌信谗，必内相诛，汉因举兵而攻之，破楚必矣[⑤]。"汉王曰："善！"乃出黄金四万斤与平，恣所为，不问其出入[⑥]。平多以金纵反间于楚军[⑦]，宣言："诸将钟离昧等为项王将，功多矣，然而终不得裂地而王，欲与汉为一[⑧]，以灭项氏而分王其地。"项王果意不信钟离昧等。

【注释】 ①即公元前二〇四年。②陈平：刘邦谋士，后为西汉宰相。纷纷：混乱。定：安定。③骨鲠：刚直。钟离昧：姓钟离，项羽部将。龙且（音 jū）：项羽部将。周殷：项羽部将。④捐，拿出。反间：通过间谍让敌人内部相互猜疑甚至相杀，削弱敌人力量。疑其心：使其互相猜疑。⑤这句说：项羽为人猜忌多疑，易听信谗言，这样一来，他们内部必然会自相残杀，我们可乘机发兵攻打他们，就定能击败楚军。⑥恣所为：任他使用。不问其出入：不问他开支的情况。⑦纵：大量派出。反间：指进行反间的间谍。⑧欲与汉为一：他们便想与汉军联合起来。

夏，四月，楚围汉王于荥阳[①]，急[②]，汉王请和，割荥阳以西者为汉。亚父劝羽急攻荥阳，汉王患之[③]。项羽使使至汉[④]，陈平使为太牢具[⑤]。举进，见楚使，即佯惊曰："吾以为亚父使，乃项王使[⑥]！"复持去，更以恶草具进楚使[⑦]。楚使归，具以报项王，项王果大疑亚父。亚父欲急攻下荥阳城，项王不信，不肯听。亚父闻项王疑之，乃怒曰："天下事大定矣，君王自为之，愿赐骸骨[⑧]！"归，未至彭城，疽发背而死[⑨]。

【注释】 ①荥阳：今河南郑州西。②急：形势紧急。③患之：为此忧心忡忡。④使使：派遣使者。⑤太牢具：古代祭祀或宴会，牛、羊、豕齐备叫太牢。具：饭食，酒肴。⑥举进：献上。乃：原来是。⑦持去：把太牢具撤去。恶草具：粗劣的饭食。⑧赐骸骨：意思是乞身告老。古人把做官看作委身于君，年老要求退休叫做乞骸骨。⑨彭城：今江苏徐州。疽：毒疮。

五月，将军纪信言于汉王曰："事急矣！臣请诳楚[①]，王可以间出。"于是陈平夜出女子东门二千余人[②]，楚因四面击之。纪信乃乘王车，黄屋左纛[③]，曰："食尽，汉王降。"楚皆呼万岁，之城东观。以故汉王得与数十骑出西门遁去，令韩王信与周苛、魏豹、枞公守荥阳[④]。羽见纪信，问："汉王安在？"曰："已出去矣。"羽烧杀信。

【注释】 ①诳楚：诓骗楚军。诳，即诓。②出：使……出，放出。③黄屋：天子所乘的车，以黄缯为车盖里子。左纛（音 dào）：用毛羽做的旗子装饰物，插于车衡之左。④韩王信：韩王，名信，与韩信不是一个人。周苛：刘邦部下。魏豹：原魏国贵族，后被项羽封为西魏王。枞（音 cōng）公：刘邦的大臣。

汉王出荥阳，至成皋[①]，入关，收兵欲复东。辕生说汉王曰："汉与楚相距荥阳数岁，汉常困。愿君王出武关[②]，项王必引兵南走。王深壁勿战[③]，令荥阳、成皋间且得休息，使韩信等得安辑河北赵地[④]，连燕、齐，君王乃复走荥阳。如此，则楚所备者多，力分；汉得休息，复与之战，破之必矣！”汉王从其计，出军宛、叶间[⑤]，与黥布行收兵[⑥]。羽闻汉王在宛，果引兵南，汉王坚壁不与战。

【注释】 ①成皋：在今河南荥阳。②武关：在今陕西丹凤东武关。③壁：壁垒，筑起壁垒坚守。④安辑：安抚。⑤宛：在今河南南阳。叶：在今河南平顶山。⑥行收兵：沿途征集兵员。

汉王之败彭城，解而西也[①]，彭越皆亡其所下城[②]，独将其兵北居河上，常往来为汉游兵击楚[③]，绝其后粮。是月，彭越渡睢，与项声、薛公战下邳[④]，破，杀薛公。羽乃使终公守成皋，而自东击彭越。汉王引兵北，击破终公，复军成皋。

【注释】 ①解而西：向西溃散。②彭越：刘邦的大将。亡：丢掉。所下城：所攻占的城邑。③为汉游兵：作为汉军的游击部队。④睢：睢水，古代鸿沟支脉之一，流经今河南开封东。项声，项羽部将。下邳：即今江苏睢宁。

六月，羽已破走彭越，闻汉复军成皋，乃引兵西拔荥阳城，生得周苛。羽谓苛：“为我将，以公为上将军，封三万户。”周苛骂曰：“若不趋降汉[①]，今为虏矣，若非汉王敌也！”羽烹周苛，并杀枞公而虏韩王信，遂围成皋。汉王逃，独与滕公共车出成皋玉门[②]，北渡河，宿小脩武传舍[③]。晨，自称汉使，驰入赵壁。张耳、韩信未起[④]，即其卧内，夺其印符以麾召诸将[⑤]，易置之[⑥]。信、耳起，乃知汉王来，大惊。汉王既夺两人军，即令张耳徇行，备守赵地[⑦]。拜韩信为相国[⑧]，收赵兵未发者击齐[⑨]。诸将稍稍得出成皋从汉王。楚遂拔成皋，欲西，汉使兵距之巩[⑩]，令其不得西。

【注释】 ①趋（音 cù）：促，急速。②玉门：成皋北门。③小脩武：在今河南获嘉境内。传舍：古时供行人休息住宿的处所。④韩信：

先在项羽手下，不得重用，后投刘邦，屡立战功，后被刘邦猜忌而杀害。⑤印符：帅印兵符。麾：旌麾，用来召唤将领的旗帜。⑥易置之：调换他们的位置。⑦徇行：即巡行，巡视。备守：防备、守卫。⑧相国：指诸侯赵国相国。⑨未发者：未调往荥阳的。⑩巩：今河南巩县西南。

秋，七月，汉王得韩信军，复大振。八月，引兵临河，南乡[1]，军小脩武，欲复与楚战。郎中郑忠说止汉王[2]，使高垒深堑勿与战[3]。汉王听其计，使将军刘贾、卢绾将卒二万人，骑数百，渡白马津[4]，入楚地，佐彭越，烧楚积聚[5]，以破其业，无以给项王军食而已[6]。楚兵击刘贾，贾辄坚壁不肯与战，而与彭越相保[7]。

【注释】 ①乡：向。②郎中：帝王侍从官。③高垒深堑：高高的堡垒，深深的护城河，形容坚固防卫。垒，军营四周的堡寨。堑，壕沟。④刘贾：刘邦堂兄。卢绾：刘邦的同乡好友。白马津：在今河南滑县北。⑤积聚：军中储备的粮草辎重。⑥这二句说：以破坏楚国的后备基础，使它无法再给前方军队供给粮草。⑦这句说：楚军进攻刘贾，刘贾总是坚守营垒不肯与楚军接战，而与彭越军相互呼应救援。

彭越攻徇梁地，下睢阳、外黄等十七城[1]。九月，项王谓大司马曹咎曰[2]："谨守成皋，即汉王欲挑战，慎勿与战，勿令得东而已[3]。我十五日必定梁地，复从将军[4]。"羽引兵东行，击陈留[5]、外黄、睢阳等城，皆下之。

【注释】 ①徇：掠取。睢阳：今河南商丘南。外黄：今河南杞县东北。②大司马：朝廷专司武职的最高长官。曹咎：项羽大臣。③谨守：小心谨慎地守住。慎：千万。勿令得东：不要让汉军得以东进。④从：会和。⑤陈留：郡名，治所在今河南陈留。

汉王欲捐成皋以东，屯巩、洛以距楚[1]。郦生曰："臣闻'知天之天者，王事可成[2]'。王者以民为天，而民以食为天。夫敖仓，天下转输久矣[③]，臣闻其下乃有藏粟甚多。楚人拔荥阳，不坚守敖仓，乃引而东，令适卒分守成皋[④]，此乃天所以资汉也。方今楚易取而汉反却，自夺其便[⑤]，臣窃以为过矣。且两雄不俱立，楚、汉久相持不决，海内摇荡，农夫释耒，工女下机，天下之心未有所定也[⑥]。愿足下急复进兵，收取荥阳，据敖仓之粟，塞成皋之险，杜太行之道，距蜚狐之口，守白马之津，以示诸侯形制之势，则天下知所归矣[⑦]。”王从之，乃复谋取敖仓。

【注释】 ①捐：放弃。以：而。东：向东撤退。巩：今河南巩县。洛：今河南洛阳。②郦生：郦食其，刘邦的谋士。天之天：事物的关键。③敖仓：古代粮仓，在今河南荥阳东北敖山。转输：转送运输。④适卒：国罪被征来的士兵。适：即谪。⑤自夺其便：指自己贻误有利战机。⑥这句话说：而且两雄不可并立，楚、汉长久相持不下，使海内动荡不定，农夫放下农具停止耕作，织女离开织机不再纺纱织布，普天之下民心惶惶没有归属。耒（音 lěi），农具。⑦这几句说：因此希望您赶快再度进兵，收复荥阳，占有敖仓，扼守成皋的险要，断绝太行通道，在蜚狐隘口设防抵抗，把守白马津，向诸侯显示汉军已占据有利地形能够克敌制胜的态势，这么一来，天下人便都知道自己的归向了。蜚狐之口：蜚狐口，要隘名，在今河北涞源北、蔚县南。

太祖高皇帝四年[①]，冬，十月，楚大司马咎守成皋，汉数挑战，楚军不出。使人辱之数日，咎怒，渡兵汜水[②]。士卒半渡[③]，汉击之，大破楚军，尽得楚国金玉、货赂[④]，咎及司马欣皆自刭汜水上。汉王引兵渡河，复取成皋，军广武[⑤]，就敖仓食。

【注释】 ①即公元前二〇三年。②汜（音 sì）水：源于河南巩县方山，经成皋，东注入黄河。③半渡：渡河渡到一半。④货赂：财物。⑤广武：在今河南荥阳东北。

项羽下梁地十余城，闻成皋破，乃引兵还。汉军方围钟离昧于荥阳东，闻羽至，尽走险阻[①]。羽亦军广武，与汉相守[②]。数月，楚军食少。项王患之，乃为俎，置太公其上[③]，告汉王曰："今不急下[④]，吾烹太公！"汉王曰："吾与羽俱北面受命怀王[⑤]，约为兄弟，吾翁即若翁[⑥]。必欲烹而翁[⑦]，幸分我一杯羹！"项王怒，欲杀之。项伯曰："天下事未可知，且为天下者不顾家，虽杀之，无益，只益祸耳[⑧]！"项王从之。

【注释】 ①险阻：山高路险之地。②相守：各自守住营垒。③太公：刘邦父亲。④急下：赶快投降。⑤北面：古时君主见臣下，南面而坐，臣下北面朝见君主，故北面指称臣。⑥翁：父亲。⑦而：汝，你的。⑧这几句说：天下事情不可预料。况且有志争夺天下的人是不顾及自己家人的，即使杀了太公也没什么好处，不过徒增祸患罢了！

项王谓汉王曰："天下匈匈数岁者[①]，徒以吾两人耳。愿与汉王挑战，决雌雄，毋徒苦天下之民父子为也[②]！"汉王笑谢曰；"吾宁斗智，不能斗力！"项王三令壮士出挑战，汉有善骑射者楼烦辄射杀之[③]。项王大怒，乃自被甲持戟挑战。楼烦欲射之，项王瞋目叱之，楼烦目不敢视，手不敢发[④]，遂走还入壁，不敢复出。汉王使人间问之[⑤]，乃项王也，汉王大惊。

【注释】 ①匈匈：纷扰。②徒：白白地。为：指做这件事，这里指不要白白地让天下民众的父子受苦这件事。③楼烦：北方部族，善骑射，指善于骑射的士卒。辄：每每就。④发：放，射。⑤间问：暗中打听。

于是项王乃即汉王，相与临广武间而语[①]。羽欲与汉王独身挑战。汉王数羽曰[②]："羽负约，王我于蜀、汉，罪一；矫杀卿子冠军，罪二；救赵不还报，而擅劫诸侯兵入关，罪三；烧秦宫室，掘始皇帝冢，收私其财[③]，罪四；杀秦降王子婴，罪五；诈阬秦子弟新安二十万，罪六；王诸将善地而徙逐故主[④]，罪七；

出逐义帝彭城，自都之，夺韩王地，并王梁、楚，多自与，罪八；使人阴杀义帝江南，罪九；为政不平，主约不信，天下所不容，大逆无道，罪十也。吾以义兵从诸侯诛残贼，使刑余罪人击公，何苦乃与公挑战⑤！”羽大怒，伏弩射中汉王⑥。汉王伤胸，乃扪足曰：“虏中吾指⑦。”汉王病创卧⑧，张良强请汉王起行劳军，以安士卒，毋令楚乘胜。汉王出行军，疾甚，因驰入成皋。

【注释】 ①即：靠近，走近。相与：双方。临：面对。间：即涧。②数（音shǔ）：数说，列举罪状。③收私：收取其财以为私有。④这句说：把好的地方封给自己的将领，却迁徙放逐原来的诸侯王。⑤这句说：如今我率领正义的军队随各诸侯一起征讨你这残虐的贼子独夫，只须让那些受过刑罚的罪犯来攻打你就行了，又何苦要与你单独挑战呢！⑥伏弩：指埋伏的弓箭手。弩，带机关的弓。⑦扪：按，捂。指：即趾，脚趾。⑧病创：受伤。

韩信已定临淄，遂东追齐王①。项王使龙且将兵，号二十万，以救齐，与齐王合军高密②。十一月，齐、楚与汉夹潍水而陈③。韩信夜令人为万余囊，满盛沙，壅水上流，引军半渡击龙且，佯不胜，还走④。龙且果喜曰：“固知信怯也！”遂追信。信使人决壅囊，水大至，龙且军太半不得渡⑤。即急击杀龙且，水东军散走，齐王广亡去⑥。信遂追北至成阳⑦，虏齐王广。汉将灌婴追得齐守相田光，进至博阳⑧。田横闻齐王死，自立为齐王，还击婴，婴败横军于嬴下⑨。田横亡走梁，归彭越。婴进击齐将田吸于千乘，曹参击田既于胶东，皆杀之，尽定齐地⑩。

【注释】 ①临淄：今属山东淄博。齐王：田广，故齐宗族。②龙且（音jū）：项羽大将。高密：今山东高密西。③潍水：水名，在今山东。陈：即阵，布阵，列阵。④为：做。囊：口袋。壅：堵塞。还：即旋，回转、掉转。⑤太半：大半。⑥水东军：龙且在潍水东边的部队。散走：四散逃亡。亡去：逃亡。⑦追北：追赶败军。北，败。⑧灌婴：汉朝大臣。守相：诸侯王之相。博阳：今山东泰安东南。⑨田横：原为齐国贵族。嬴：今山东莱芜西北。⑩千乘：今山东博兴东北。曹参（音 cān）：字敬伯，继萧何为汉代第二位相国。胶东：国名，治所即墨，在今山东平度东南。

汉王疾愈，西入关，至栎阳，枭故塞王欣头栎阳市①。留四日，复如军②，军广武。春，二月，遣张良操印立韩信为齐王，征其兵击楚。

【注释】 ①枭：悬头示众。栎（音 yuè）阳：治所在今陕西西安。市：集市。②复如军：又回到军中。如：往。

项王闻龙且死，大惧，使盱台人武涉往说齐王信①，曰："当今二王之事，权在足下②，足下右投则汉王胜，左投则项王胜。项王今日亡，则次取足下。足下与项王有故，何不反汉与楚连和，参分天下王之！"韩信谢曰："臣事项王，官不过郎中，位不过执戟，言不听，画不用，故倍楚而归汉。汉王授我上将军印，予我数万众，解衣衣我，推食食我③，言听计用，故吾得以至于此。夫人深亲信我，我倍之不祥，虽死不易，幸为信谢项王④！"

【注释】 ①武涉：秦末谋士。②权在足下：指韩信处于举足轻重地位。权，秤砣。③解衣衣（音 yì）我：脱下衣服给我穿。推食食（音 sì）我：把自己的食物给我吃。④这句说：人家如此亲近、信任我，我背叛人家是不吉利的。我即使死了也不会改变跟定汉王的主意，望您替我向项王致歉。

武涉已去，蒯彻知天下权在信①，乃以相人之术说信曰："仆相君之面，不过封侯，又危不安；相君之背，贵乃不可言②。"韩信曰："何谓也？"蒯彻曰："当今两主之命县于足下③，足下为汉则汉胜，与楚则楚胜。盖闻'天与弗取，反受其咎④。时至不行，反受其殃[5]’。愿足下熟虑之！”韩信曰：“汉王遇我甚厚，吾岂可乡利而倍义乎[6]！”蒯生曰：“足下必汉王之不危己，亦误矣[7]！大夫种存亡越，霸句践，立功成名而身死亡，野兽尽而猎狗烹[8]。臣闻‘勇略震主者身危[9]，功盖天下者不赏’。今足下戴震主之威，挟不赏之功，归楚，楚人不信；归汉，汉人震恐。足下欲持是安归乎[10]？”韩信谢曰：“先生且休矣，吾将念之[11]。”后数日，蒯彻复说曰：“夫功者难成而易败，时者难得而易失也。时乎时，不再来[12]！”韩信犹豫，不忍倍汉，又自以功多，汉终不夺我齐，遂谢。蒯彻因去，佯狂为巫[13]。

【注释】 ①蒯（音 kuǎi）彻：即蒯通，韩信谋士，后为曹参宾客。②相人：给人看相。相君之面、相君之背，相你的脸、相你的背。③县：悬。足下：对人的尊称。④咎：祸害。⑤这句说：时机到来如不行动，反而会遭受灾祸。⑥遇：对待。乡：向。⑦蒯生的意思是：您坚信汉王绝不会危害您，也是大错特错！⑧大夫种：文种，春秋末期楚国人，后到越国帮助勾践灭吴。存亡越：使灭亡的越国存在下去。霸句践：使勾践称霸。⑨震主：使君主感到威胁。⑩是：指韩信拥有震撼君主的威势，挟持无法封赏的伟绩。⑪且休矣：暂且回去吧。念：考虑。⑫这句说：时机啊时机，失去了就不会再回来！⑬佯狂为巫：假装疯癫，装扮成替人祈福的巫师。

项羽自知少助，食尽，韩信又进兵击楚，羽患之。汉遣侯公说羽请太公，羽乃与汉约，中分天下，割洪沟以西为汉，以东为楚[1]。九月，楚归太公、吕后，引兵解而东归[2]。汉王欲西归，张良、陈平说曰：“汉有天下太半，而诸侯皆附，楚兵疲食尽，此天亡之时也。今释弗击，此所谓养虎自遗患也。”汉王从之。

【注释】 ①洪沟：鸿沟。古代沟通黄河和淮河的人工运河，位于荥阳、成皋一带。②吕后：吕雉，刘邦的皇后。解：撤。

汉纪三，太祖高皇帝五年[①]，冬，十月，汉王追项羽至固陵，与齐王信、魏相国越期会击楚，信、越不至[②]。楚击汉军，大破之。汉王复坚壁自守，谓张良曰：“诸侯不从，奈何？”对曰：“楚兵且破，二人未有分地，其不至固宜[③]。君王能与共天下，可立致也[④]。齐王信之立，非君王意，信亦不自坚。彭越本定梁地，始，君王以魏豹故，拜越为相国，今豹死，越亦望王[⑤]，而君王不早定。今能取睢阳以北至穀城皆以王彭越，从陈以东傅海与齐王信[⑥]。信家在楚，其意欲复得故邑。能出捐此地以许两人，使各自为战[⑦]，则楚易破也。”汉王从之。于是韩信、彭越皆引兵来。

【注释】　①即公元前二〇二年。②固陵：今河南太康南。期：约定日期。③固：本来。宜：应该。④致：使至，招来。⑤望王：希望封王。⑥穀（音 gǔ）城：今山东东阿南。傅：附着，靠近。⑦使各自为战：让他们各自为自己的封地、利益而战。

十二月，项王至垓下[①]，兵少，食尽，与汉战不胜，入壁，汉军及诸侯兵围之数重。项王夜闻汉军四面皆楚歌，乃大惊曰：“汉皆已得楚乎？是何楚人之多也[②]？”则夜起，饮帐中，悲歌慷慨，泣数行下，左右皆泣，莫能仰视。于是项王乘其骏马，名骓[③]，麾下壮士骑从者八百余人，直夜，溃围南出驰走[④]。平明[⑤]，汉军乃觉之，令骑将灌婴以五千骑追之。项王渡淮，骑能属者才百余人[⑥]。至阴陵，迷失道，问一田父，田父绐曰“左[⑦]”。左，乃陷大泽中，以故汉追及之。

【注释】　①垓下：在今安徽宿州南。②何楚人之多：为什么楚人这么多。③骓（音 zhuī）：毛色苍白相杂的马。④麾下：将帅指挥的旗帜之下，引申为部下。直：即值，当，趁。溃围：冲出包围。南出：向南冲出。⑤平明：天刚亮。⑥属：连接，指跟上。⑦阴陵：今安徽定远西北。田父（音 fǔ）：田里的老农。绐（音 dài）：欺骗。

项王乃复引兵而东，至东城[1]，乃有二十八骑。汉骑追者数千人，项王自度不得脱，谓其骑曰："吾起兵至今八岁矣，身七十余战，未尝败北，遂霸有天下。然今卒困于此[2]，此天之亡我，非战之罪也。今日固决死，愿为诸君快战[3]，必溃围斩将刈旗[4]，三胜之，令诸君知天亡我，非战之罪也。"乃分其骑以为四队，四乡[5]。汉军围之数重，项王谓其骑曰："吾为公取彼一将。"令四面骑驰下，期山东为三处。于是项王大呼驰下，汉军皆披靡[6]，遂斩汉一将。是时，郎中骑杨喜追项王[7]，项王瞋目而叱之，喜人马俱惊，辟易数里[8]。项王与其骑会为三处，汉军不知项王所在，乃分军为三，复围之。项王乃驰，复斩汉一都尉，杀数十百人。复聚其骑，亡其两骑耳。乃谓其骑曰："何如？"骑皆伏曰[9]："如大王言！"

【注释】 ①东城：今安徽定远东南。②卒：终于。③快战：痛快地打一仗。④刈（音 yì）：割，砍。⑤四乡：面向四方。⑥披靡：草木随风倒伏，比喻军队溃败。⑦杨喜：刘邦的骑兵将领。⑧辟易：倒退的样子。⑨伏：即服，心服，折服。

于是项王欲东渡乌江，乌江亭长舣船待[1]，谓项王曰："江东虽小[2]，地方千里，众数十万人，亦足王也。愿大王急渡！今独臣有船，汉军至，无以渡。"项王笑曰："天之亡我，我何渡为[3]！且籍与江东子弟八千人渡江而西，今无一人还，纵江东父兄怜而王我，我何面目见之！纵彼不言，籍独不愧于心乎！"乃以所乘骓马赐亭长，令骑皆下马步行，持短兵接战。独籍所杀汉军数百人，身亦被十余创[4]。顾见汉骑司马吕马童，曰："若非吾故人乎[5]？"马童面之[6]，指示中郎骑王翳曰："此项王也！"项王乃曰："吾闻汉购我头千金，邑万户，吾为若德[7]。"乃自刎而死。王翳取其头，余骑相蹂践，争项王，相杀者数十人。最其后，杨喜、吕马童及郎中吕胜、杨武各得其一体，五人共会其体，皆是，故分其户，封五人皆为列侯[8]。

【注释】 ①乌江：今属安徽和县。舣（音 yǐ）：整船靠岸。②江东：指长江下游的江南地区。③何渡为：渡江干什么。④被：遭受。⑤故人：旧友。⑥面之：跟项王面对面。吕马童原在后面追赶项王，项王回过头来看见他，二人于是正面相对。⑦购：悬赏征求。为若德：意思是送给你一点好处。德，恩德。⑧这句说：到最后，杨喜、吕马童和郎中吕胜、杨武各夺得项羽的一部分肢体。五个人把项羽的肢体会合拼凑到一起，因此分割原来悬赏的万户封地，将五人都封为列侯。体，身体的部分，四肢加头合称五体。

太史公曰[1]：羽起陇晦之中[2]，三年，遂将五诸侯灭秦[3]，分裂天下而封王侯，政由羽出，位虽不终[4]，近古以来未尝有也！及羽背关怀楚[5]，放逐义帝而自立，怨王侯叛己，难矣！自矜功伐，奋其私智而不师古，谓霸王之业，欲以力征经营天下[6]。五年，卒亡其国，身死东城，尚不觉寤而不自责[7]，乃引“天亡我，非用兵之罪也[8]，”岂不谬哉！

【注释】 ①太史公：即司马迁，《史记》的作者。②晦（音 mǔ）：即亩。陇晦之中即田野之中，指民间。③五诸侯：指齐、赵、韩、魏、燕五个诸侯国。④位：指王位。不终：指没有维持下来。终：到最后。⑤背关：舍弃关中。背：弃。⑥矜：夸。功伐：功劳。奋：振，极力施展。师古：效法古人。力征：以武力征伐。经营：治理。⑦寤：悟。⑧乃：竟然。引：拿过来，这里有找借口的意思。

【简评】

楚汉决战，项羽与刘邦双方的胜负由此决出，二人在过程中的表现，通过此文可以看得清清楚楚，后人多为此时的项羽所感动，连司马迁也只评说项羽，对刘邦并不置一词。

曹参为相

汉纪四，孝惠皇帝二年[①]，春，正月，酂文终侯萧何病[②]，上亲自临视，因问曰："君即百岁后[③]，谁可代君者？"对曰："知臣莫如主。"帝曰："曹参何如？"何顿首曰[④]："帝得之矣，臣死不恨！"秋，七月，辛未，何薨。何置田宅，必居穷僻处，为家，不治垣屋，曰："后世贤，师吾俭[⑤]；不贤，毋为势家所夺[⑥]。"

【注释】 ①孝惠皇帝：刘盈，公元前一九四年至前一八八年在位。惠帝二年，即公元前一九三年。②酂（音 zàn）：萧何封为酂侯。文终：萧何的谥号。③百岁：死亡的委婉说法。④顿首：九拜之一，头扣地而拜。⑤师：以……为师。⑥势家：有权势的家族。

癸巳，以曹参为相国。参闻何薨，告舍人[①]："趣治行[②]！吾将入相[③]。"居无何[④]，使者果召参。始，参微时[⑤]，与萧何善，及为将相，有隙[⑥]，至何且死，所推贤唯参。参代何为相，举事无所变更[⑦]，一遵何约束[⑧]。择郡国吏木讷于文辞、重厚长者[⑨]，即召除为丞相史[⑩]，吏之言文刻深、欲务声名者[⑪]，辄斥去之[⑫]。日夜饮醇酒，卿、大夫以下吏及宾客见参不事事[⑬]，来者皆欲有言，参辄饮以醇酒[⑭]，间欲有所言[⑮]，复饮之，醉而后去，终莫得开说，以为常。见人有细过[⑯]，专掩匿覆盖之，府中无事。

【注释】 ①舍人：门客。②趣：促，赶快，催促。治行：准备行装。③入相：到朝廷担任相国。④居无何：没多久。⑤微：卑微。⑥隙：

缝隙，两人有隔阂。⑦举：施行，办理。⑧一：所有的事务。约束：指萧何制定的法令与制度。⑨重厚：形容人成熟稳重。⑩除：任命，本义是宫殿台阶，引申登上宫殿台阶，被任命为官。⑪言文：言语和文辞。刻：苛严、刻薄。深：周密，严厉。务：追求。⑫斥：解除职务。去：使离开，辞退。⑬卿：高级官员。大夫：比卿低。不事事：不从事事务，不处理政事。⑭饮（音 yìn）：使他人喝。⑮间：空隙，指时间上的间隔。⑯细：小。

参子窋为中大夫[①]，帝怪相国不治事，以为"岂少朕与[②]"。使窋归，以其私问参[③]。参怒，笞窋二百，曰："趣入侍！天下事非若所当言也[④]！"至朝时，帝让参曰[⑤]："乃者我使谏君也[⑥]。"参免冠谢曰："陛下自察圣武孰与高帝[⑦]？"上曰："朕乃安敢望先帝[⑧]！"又曰："陛下观臣能孰与萧何贤？"上曰："君似不及也。"参曰："陛下言之是也。高帝与萧何定天下，法令既明。今陛下垂拱[⑨]，参等守职，遵而勿失[⑩]，不亦可乎？"帝曰："善！"

【注释】 ①窋：音 zhú。中大夫：郎中令属官，掌议论，备顾问。②少：轻视。③私：私人关系。④若：你。⑤让：责备。⑥乃者：最近。⑦圣武：英明神武。⑧望：比。⑨垂拱：垂衣拱手。⑩失：放弃。

参为相国，出入三年[①]，百姓歌之曰："萧何为法，较若画一[②]。曹参代之，守而勿失。载其清净[③]，民以宁壹[④]。"

【注释】 ①出入：前后，首尾。曹参在任三年。②较：明显。画一：指萧何制定的制度明确一致。画一即划一。③载其清净：是说执行那种清净无为的办法。④宁壹：安宁统一。

【简评】

萧何为相，已把制度制定得很好了，治国已有明显的实效，曹参继任，也不用搞什么改革，照萧何的办法接着做就行，这样，他也不失为历史上一位贤明的宰相。另外，汉初实行无为而治，由此也可见其一斑。

国学经典丛书

118

周亚夫真将军

汉纪七，孝文帝六年[①]，冬，匈奴三万骑入上郡，三万骑入云中，所杀略甚众，烽火通于甘泉、长安[②]。以中大夫令免为车骑将军[③]，屯飞狐[④]，故楚相苏意为将军[⑤]，屯句注[⑥]，将军张武屯北地[⑦]，河内太守周亚夫为将军[⑧]，次细柳[⑨]，宗正刘礼为将军[⑩]，次霸上，祝兹侯徐厉为将军，次棘门[⑪]，以备胡。

【注释】 ①即公元前一五八年。②上郡：郡治肤施（今属陕西榆林）。云中：郡名，郡治云中（今内蒙古托克托东北）。杀略：杀害和掳掠。烽火：古代在边境建造烽火台，放置干柴，有敌情则燃火报警。甘泉：在今陕西淳化西北甘泉山。长安：今陕西西安。③中大夫：官名，掌议论。令免：人名，姓令，名免。车骑将军：高级军官，掌管征伐背叛。④飞狐：飞狐口，在今河北蔚县东南。⑤故楚相：过去楚国国相。苏意：人名。⑥句注：山名，在今山西代县西。⑦北地：郡名，郡治马领（今甘肃庆阳西北）。⑧河内：郡名，位于今河南北部、河北南部和山东西部。太守：郡的最高长官。周亚夫：西汉大将。⑨次：驻扎。细柳：在今陕西咸阳西南渭水北岸。⑩宗正：官名，掌管皇帝亲族有关事务。⑪霸上：在今西安东，因在霸水西高原上得名。棘门：在今陕西咸阳东北。

上自劳军，至霸上及棘门军，直驰入，将以下骑送迎[①]。已而之细柳军[②]，军士吏被甲，锐兵刃，彀弓弩持满[③]，天子先驱至[④]，不得入。先驱曰："天子且至！"军门都尉曰[⑤]："将军令曰：'军中闻将军令，不闻天子之诏！'"居无何[⑥]，上至，又不得入。于是上乃使使持节诏将军："吾欲入营劳军。"亚夫乃传言"开壁门"。壁门士请车骑曰[⑦]："将军约：军中不得驰驱[⑧]。"于是天子乃按辔徐行[⑨]。至营，将军亚夫持兵揖曰[⑩]："介胄之士不拜[⑪]，请以军礼见。"天子为动，改容[⑫]，式车[⑬]，使人称谢："皇帝敬劳将军。"成礼而去。既出军门，群臣皆惊。上曰："嗟乎，此真将军矣！曩者霸上、棘门军若儿戏耳，其将固可袭而虏也。至于亚夫，可得而犯耶[⑭]？"称善者久之。月余，汉兵至边，匈奴亦远塞，汉兵亦罢。乃拜周亚夫为中尉[⑮]。

【注释】　①这句说：文帝亲自犒劳军队，到霸上和棘门的军营时，文帝一行人直接驰马进入营垒，将军和部属都骑马迎送文帝。②已而：随后。③被甲：披着铠甲。锐兵刃：武器锋利。彀（音 gòu）：弓弩上弦。持满：张足了弓。④先驱：先导骑兵队伍。⑤军门都尉：守卫营门的武官。⑥居无何：过了不久。⑦请车骑：对皇帝卫队提出要求。⑧驰驱：策马疾驰。⑨按辔（音 pèi）徐行：拉着缰绳慢行。⑩持兵：带着兵器。揖（音 yī）：拱手行礼。⑪介胄之士：穿戴盔甲的将士。拜：跪下行礼。⑫改容：表情变得严肃。⑬式车：俯身凭轼表示敬意。式即轼。⑭意为：唉！周亚夫才是真正的将军呢！以前霸上和棘门的军队，如同儿戏罢了，那些将军很容易受到袭击而被人俘虏。至于周亚夫，谁能冒犯他呢！⑮中尉：官名，掌京师治安。

【简评】

古代将领如何带兵，这是一种管理学，看周亚夫管理部队，与众不同，所以文帝非常佩服。后面还有李广治军的故事，可以对照着看。

文景之治

汉纪八，孝景皇帝后三年[①]，春，正月，甲子，帝崩于未央宫[②]。

【注释】 ①即公元前一四一年。②崩：皇帝去世。未央宫：西汉皇宫，位于今陕西西安西北。

班固赞曰[①]：孔子称："斯民也，三代之所以直道而行也[②]。"信哉[③]！周、秦之敝，罔密文峻[④]，而奸轨不胜[⑤]。汉兴，扫除烦苛，与民休息。至于孝文，加之以恭俭。孝景遵业，五六十载之间，至于移风易俗，黎民醇厚[⑥]。周云成、康，汉言文、景，美矣！汉兴，接秦之弊，作业剧而财匮，自天子不能具钧驷，而将相或乘牛车，齐民无藏盖[⑦]。天下已平，高祖乃令贾人不得衣丝、乘车，重租税以困辱之[⑧]。孝惠、高后时，为天下初定，复弛商贾之律，然市井之子孙，亦不得仕宦为吏[⑨]。量吏禄，度官用，以赋于民[⑩]。而山川、园池、市井租税之入，自天子以至于封君汤沐邑，皆各为私奉养焉，不领于天子之经费[⑪]。漕转山东粟以给中都官，岁不过数十万石[⑫]。

【注释】 ①班固：字孟坚，东汉史学家，著有《汉书》。赞：史书人物传记之后由作者写的评论。②这两句出自《论语·卫灵公》篇，意思是：我所称赞的这种人，在夏、商、周三代也是能直道而行的。直道而行：沿着正直的道路走。孔子的意思是：我所称赞的人，就是在夏、商、周三代也是最正直的人，最值得称赞的人。因为孔子认为夏、商、周三代是最好的时代，那时的人都不会干坏事，所以在这样的时代还被称赞，可以说是最好的人了。③信哉：确实是这样啊。④罔：网，喻法律。文：法令条文。峻：严峻。罔密文峻：严刑峻法。⑤奸轨：轨即宄(音guǐ)，为非作歹的人。不胜：不能制服。⑥汉兴：汉朝兴起之后。与民休息：与民一起休养生息。孝文：汉文帝刘恒。孝景：汉景帝刘启。移风易俗：改变旧的风俗习惯。黎民：庶民，普通百姓。醇厚：淳朴厚道。⑦弊：凋敝。作业：社会生产。剧：难。财匮：物资缺乏。自：使。钧驷：毛色纯一的驷马。钧，均。驷，四马。齐民：平民。藏盖：积蓄。⑧贾（音gǔ）人：商人。意为：天下平定后，高祖就命令商人不许穿丝织的衣服、不许坐车，并且加重征收他们的租税，用这些办法来控制和羞辱商人。⑨孝惠：汉惠帝刘盈。高后：吕后。复驰商贾之律：又放松了限制商人的律令。市井之子孙：商人的子孙。仕宦为吏：做官为吏。⑩量：估量。吏禄：官吏俸禄。官用：官府的经费。赋：征收赋税。⑪山川、园池、市井租税：指汉代盐铁税、租赁税、商品交易税等。封君：指拥有封地的列侯和公主。汤沐邑：封邑。私奉养：私人生活费用。不领于天子之经费：指上述收入不属于国家的经费。⑫漕转：水路运输。山东：崤山以东。中都官：京都各官府。

继以孝文[1]、孝景，清净恭俭[2]，安养天下[3]，七十余年之间，国家无事，非遇水旱之灾，民则人给家足，都鄙廪庾皆满[4]，而府库余货财，京师之钱累巨万，贯朽而不可校[5]，太仓之粟陈陈相因，充溢露积于外[6]，至腐败不可食。众庶街巷有马[7]，而阡陌之间成群[8]，乘字牝者摈而不得聚会[9]。守闾阎者食粱肉[10]，为吏者长子孙[11]，居官者以为姓号[12]。故人人自爱而重犯法[13]，先行义而后绌辱焉[14]。当此之时，罔疏而民富，役财骄溢，或至兼并

豪党之徒，以武断于乡曲[15]。宗室有土，公、卿、大夫以下，争于奢侈，室庐舆服僭于上，无限度[16]。物盛而衰，固其变也[17]。自是之后，孝武内穷侈靡，外攘夷狄，天下萧然，财力耗矣[18]！

【注释】 ①继以：接下来。②清净恭俭：清静廉正，谨慎俭朴。③安养：安息休养。④都鄙：都城及各地城邑。廪庾（音 lǐn yǔ）：粮仓。⑤贯朽而不可校：串钱的绳子都已朽烂，无法清点数目。⑥太仓：京城的粮仓。陈陈相因：陈旧粟米一层盖一层。充溢露积于外：装满太仓而流出仓外，只好在外面堆积着。⑦众庶：民众。⑧阡陌：田间小路。⑨字牝：母马。⑩闾阎：里巷内外的门。粱肉：指美食。⑪为吏者长子孙：做官的人因无事不轻易调职，在任期内把子孙抚养成人。⑫居官者以为姓号：做官任久，有人把官名作为自己的姓氏。⑬重：不轻易。⑭先行义：以行义为先。后绌辱：以屈辱为末。绌即屈。⑮罔：法网。疏：宽松。役：使用。骄溢：骄恣。兼并：土地兼并。以：则。武断：横行霸道。乡曲：乡里。⑯有土：有封邑的封君。舆服：车舆冠服与各种仪仗。僭：超于本分。⑰物盛而衰：事物达于极盛，便趋向衰落。固其变也：这本是变化的规律。⑱孝武：汉武帝刘彻，西汉第七位皇帝。穷侈靡：极为奢侈浪费。攘：排斥，征伐。夷狄：周边少数民族。萧然：纷乱的样子。

【简评】

文、景之治历来被称为中国历史上最好的时期，好就好在帝王无为而治，让百姓能按自己的意愿做事，国家的赋税也很轻，百姓生产的东西多，国家的仓库自然就充实，国家也不对外用兵和兴建宫室，花费也少。可知无为而治本不复杂，就是帝王少折腾老百姓。

董仲舒对策

汉纪九，孝武皇帝建元元年[①]，冬，十月，诏举贤良方正直言极谏之士[②]，上亲策问以古今治道[③]，对者百余人[④]。广川董仲舒对曰[⑤]：“道者，所繇适于治之路也[⑥]，仁、义、礼、乐，皆其具也[⑦]。故圣王已没，而子孙长久[⑧]，安宁数百岁，此皆礼乐教化之功也。夫人君莫不欲安存，而政乱国危者甚众，所任者非其人，而所繇者非其道，是以政日以仆灭也[⑨]。夫周道衰于幽、厉[⑩]，非道亡也，幽、厉不繇也。至于宣王[⑪]，思昔先王之德，兴滞补敝[⑫]，明文、武之功业[⑬]，周道粲然复兴，此夙夜不懈行善之所致也。

【注释】 ①孝武皇帝：汉武帝刘彻，公元前一四〇年至前八七年在位，第一次使用年号纪年，建元，就是第一个年号。建元元年即公元前一四〇年。②诏：下诏。举：推举。贤良方正直言极谏之士：具备这几种素质和品行的士人，都推举给皇帝，以备任命为官。③亲：亲自。策问：出题向被推举的人提问。治道：道理天下的道理方法等。④对：对策问作出回答。⑤广川：今河北枣强。董仲舒：儒家学者，精通《春秋公羊》学，主张《公羊》学的天下大一统，提出独尊儒术，罢黜百家的主张，相信天人感应及灾异学说。⑥繇：由。适：适用。路：即对道的解释。⑦具：具体工具。⑧圣王：具有圣人品格的帝王，如儒家所说的尧、舜、禹、周文王、武王等。没：去世。⑨日以仆灭：日渐颠仆而灭亡。⑩周道：周王朝实行的王道政治。幽、厉：周幽王、周厉王。幽王为西周第十二任天子，公元前七八二年至前七七一年在位。周厉王，西周第十位天子，公元前八七八年至前八四一年在位。此二王时期，周朝走向衰落。⑪宣王：周宣王，周厉王之子。⑫兴滞补敝：把停滞不振的事情振兴起来，对弊端加以补救。⑬明文、武之功业：重新振兴文王、武王当年的功业。

“孔子曰：‘人能弘道，非道弘人[①]。’故治乱废兴在于己，非天降命，不可得反[②]，其所操持悖谬，失其统也[③]。为人君者，正心以正朝廷，正朝廷以正百官，正百官以正万民，正万民以正四方。四方正，远近莫敢不壹于正[④]，而亡有邪气奸其间者[⑤]，是以阴阳调而风雨时，群生和而万民殖[⑥]，诸福之物，可致之祥[⑦]，莫不毕至[⑧]，而王道终矣[⑨]！

【注释】 ①此句出自《论语·卫灵公》篇。弘：发扬光大。②非天降命：不是靠上天降下天命。不可得反：不能靠自己的行动来扭转形势。③操持：使用的方法以及采取的措施。失其统：丧失了治国的正道。④壹于正：统一于正道。⑤亡：无。奸其间：在中间作奸破坏。⑥群生：众多的生物。殖：生，指延续和发展。⑦诸福之物：可带来福利的事物。可致之祥：祥指吉祥物，帝王对国家治理得好，就会有吉祥物出现，即帝王通过治好国家，而使吉祥物到来。致：使它到来。⑧毕：全部。⑨终：达到极点。

“孔子曰：‘凤鸟不至，河不出图，吾已矣夫[①]！’自悲可致此物，而身卑贱不得致也[②]。今陛下贵为天子，富有四海，居得致之位[③]，操可致之势[④]，又有能致之资[⑤]，行高而恩厚，知明而意美[⑥]，爱民而好士，可谓谊主矣[⑦]。然而天地未应而美祥莫至者[⑧]，何也？凡以教化不立而万民不正也[⑨]。夫万民之从利也[⑩]，如水之走下⑪，不以教化堤防之，不能止也⑫。古之王者明于此，故南面而治天下，莫不以教化为大务⑬。立太学以教于国⑭，设庠序以化于邑⑮，渐民以仁，摩民以谊，节民以礼⑯，故其刑罚甚轻而禁不犯者⑰，教化行而习俗美也。

【注释】 ①此句出自《论语·子罕》篇。凤鸟：就是吉祥物。河图：相传伏羲氏时，黄河中浮出龙马，背负河图。大禹时洛河浮出神龟，背驮洛书。河图洛书都是一至九的数字方位排列图，如图所示，

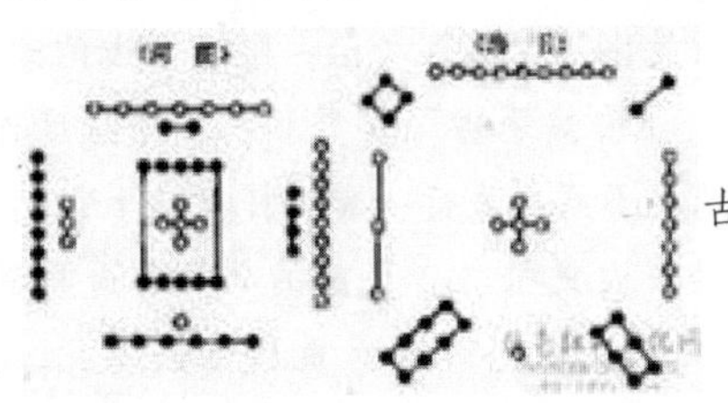

古人相信这样的东西出现于世，是一种祥瑞。孔子的意思是：现在凤鸟不出现，黄河也不再有出图的事情，没有任何吉祥物出现，我的志向得不到实现，就这样完了啊。已：终。②身卑贱：是说孔子认为自己地位卑贱，不能让凤鸟河图一类的吉祥物到来和出现，也就是说自己的志向不得实现，不能让天下大治，而吉祥物因此不得出现到来。③得致之位：天子之位，能让吉祥物到来。④操：掌握着。可致之势：可让吉祥物到来的权势。⑤能致之资：能让吉祥物到来的资本。⑥这二句说武帝品行高尚，恩惠丰厚，智慧高明，用心美好。⑦谊主：谊即义，义主即行使正义的君主。⑧天地未应：天与地对武帝没有感应。美祥莫至：美好的吉祥物都不到来。⑨凡以：都是因为。⑩从利：追随利益。⑪走下：向低处流。⑫这句说：不用教化当作堤坝来防备他们，就不能制止他们。⑬大务：大事。⑭太学：古代国家最高学校。国：国都。⑮庠（音 xiáng）序：古代设立在县以下的学校。⑯这三句说：用仁逐渐感化民、用义磨砺民、用礼来节制民，摩即磨，谊即义。⑰禁不犯：禁令不被违犯。

“圣王之继乱世也，扫除其迹而悉去之①，复修教化而崇起

之[2]，教化已明，习俗已成，子孙循之，行五六百岁尚未败也。秦灭先圣之道，为苟且之治[3]，故立十四年而亡，其遗毒余烈至今未灭[4]，使习俗薄恶[5]，人民嚚顽[6]，抵冒殊扞[7]，熟烂如此之甚者也[8]。窃譬之：琴瑟不调，甚者必解而更张之[9]，乃可鼓也[10]；为政而不行，甚者必变而更化之，乃可理也[11]。故汉得天下以来，常欲治而至今不可善治者，失之于当更化而不更化也。

【注释】 ①其迹：乱世帝王的种种做法与制度。悉：全部。去：废除。②崇起：尊崇、兴起。之：指教化。③苟且之治：眼光短浅的政治。④余烈：剩余的影响。⑤薄恶：人心淡薄恶劣。⑥嚚顽：不守法度而且顽劣。⑦抵冒：触犯冒犯法律。殊：不同，另行一套。扞（音 hàn）：抗拒。⑧熟烂：败坏腐烂。⑨甚者必解而更张之：严重的必须解开重新拉上琴弦。⑩鼓：弹奏琴瑟。⑪变而更化之：改变而重新加以变化。理：治理。

"夫不素养士而欲求贤[1]，譬犹不琢玉而求文采也。故养士之大者，莫大虖太学，太学者，贤士之所关也，教化之本原也[2]。今以一郡一国之众对，亡应书者[3]，是王道往往而绝也。臣愿陛下兴太学，置明师，以养天下之士，数考问以尽其材[4]，则英俊宜可得矣[5]。今之郡守县令，民之师帅[6]，所使承流而宣化也[7]，故师帅不贤，则主德不宣，恩泽不流[8]。今吏既亡教训于下，或不承用主上之法[9]，暴虐百姓，与奸为市[10]，贫穷孤弱，冤苦失职，甚不称陛下之意。是以阴阳错缪，氛气充塞[11]，群生寡遂[12]，黎民未济[13]，皆长吏不明使至于此也[14]！

【注释】 ①素：平时。②虖（音 hū）：乎。关：关系。本原：本源。③对：回答。亡应书：无人用书中的道理来回答。④数：多次。考问：考察、询问。⑤英俊：泛指出众的人才。⑥师帅：老师和率领者。⑦承流而宣化：接受国家的旨意而向民众进行宣传教化。⑧主德不宣：君主的德行不能广被人知。恩泽不流：君主的恩惠散布不到民众之间。

⑨这两句说：官吏既不能在基层进行教化，有时就不能执行帝王的法律。⑩市：交易。指官吏与奸人勾结以交换利益。⑪氛气：邪恶之气、灾异之气。⑫寡：少。遂：完成、成就，指众生物的生命与成长。⑬济：完成，成功。⑭长吏：地方官吏。不明：为官昏庸，不知推行教化。

“臣闻众少成多，积小致巨，故圣人莫不以晻致明，以微致显[①]，是以尧发于诸侯[②]，舜兴虖深山[③]，非一日而显也，盖有渐以致之矣[④]。言出于己，不可塞也[⑤]，行发于身，不可掩也[⑥]。言行，治之大者，君子之所以动天地也。故尽小者大，慎微者著[⑦]，积善在身，犹长日加益而人不知也[⑧]，积恶在身，犹火销膏而人不见也[⑨]，此唐、虞之所以得令名而桀、纣之可为悼惧者也[⑩]。

【注释】　①晻（音 àn）：暗。显：明。这是说从暗发展到明，从微贱发展到显赫。暗指不为人所知，明指广为人知。②尧发于诸侯：尧从诸侯发迹。尧最初被封于唐，是一个诸侯，后来才成为帝王。③舜兴虖深山：舜本是颛顼的后裔，但自五世祖穷蝉起都是平民，曾耕稼于历山，渔猎于雷泽，又曾入于深山大麓，烈风雷雨不迷，尧晚年使舜摄行天子政，尧死后舜继位为帝。故说舜兴乎深山，即舜从深山中兴起。④盖：表示推测和总结的语气。有渐以致之：有逐渐以达到的原因。⑤塞：堵住。⑥掩：遮挡掩盖。⑦这二句说：把小事全都做好了就可以变大，在微处谨慎就可以变得明显、显著。⑧长日：漫长的日子。加益：增加。⑨火销膏：火使油膏融化。⑩唐、虞：即尧、舜。尧封于唐，舜号有虞氏，舜是他死后的谥号。令名：美名。可为悼惧：可悲、可怕。

“夫乐而不乱，复而不厌者，谓之道[①]。道者，万世亡敝[②]，敝者，道之失也。先王之道，必有偏而不起之处[③]，故政有眊而不行[④]，举其偏者以补其敝而已矣。三王之道，所祖不同，非其相反[⑤]，将以捄溢扶衰[⑥]，所遭之变然也[⑦]。故孔子曰：‘无为而治者，其舜乎[⑧]！’改正朔[⑨]，易服色[⑩]，以顺天命而已，其余尽循尧道，何更为哉[11]？故王者有改制之名，亡变道之实[12]。然夏尚忠，殷尚敬，周尚文者[13]，所继之捄当用此也[14]。孔子曰：‘殷因于夏礼，所损益可知也。周因于殷礼，所损益可知也。其或继周者，虽百世可知也[15]。’此言百王之用，以此三者矣[16]。夏因于虞，而独不言所损益者[17]，其道一而所上同也[18]。道之大原出于天[19]，天不变，道亦不变，是以禹继舜，舜继尧，三圣相受而守一道[20]，亡捄敝之政也，故不言其所损益也[21]。繇是观之[22]，继治世者其道同，继乱世者其道变[23]。

【注释】 ①乐：快乐。乱：不合乎礼义的行为都称为乱。复：重复。②亡敝：无敝。③偏而不起：偏失而没有做到。④眊（音 mào）：视力不行，指看不到。⑤祖：尊奉的宗旨。非其相反：不是道相反。⑥捄（音 jiù）：即救。溢：超出。扶：助。⑦遭：遇。变：事势的变化。然：这样。⑧此句出自《论语·卫灵公》篇。是说无为而治的人，大概就是舜吧。⑨正朔：每年的正月及每月的朔（初一）日。夏的正月为夏历正月，商朝为十二月，周为十一月，秦为十月。朔即月亮从生光至全黑的一个周期的第一天，古代以这一天作为每月的开始，称为朔。⑩易：改变。服色：各种器物所尊贵的颜色，如秦尚黑，这由每个朝代属于五德终始中的五德之色来定。如秦属水德，所以尚黑色，周属火德，则尚赤色。每个朝代因所属五德不同，所以都要易服色。⑪尽循尧道：全都遵循尧时的道。何更为哉：哪里要改变做法呢。⑫亡：无。⑬这三句说：夏朝崇尚忠，商朝崇尚敬，周朝崇尚文。⑭捄当用此：后一个王朝为了补救上一王朝崇尚的不足，自然应当用这种改变崇尚的办法。⑮此段引文出自《论语·为政》篇，意思是说：商继承了夏代的制度，它所改变的东西是可以知道的，周继承了商代的制度，它所改变的东西是可以知道的，如果有人在周代之后继续为王，就是过了一百代人，它的制度有哪些改变也是可以知道的。因，继承。⑯这句说：一百个王朝的帝王的制度，都只能用夏、商、周三代的制度。⑰因于虞：继承于虞舜。独不言所损益：独独不说夏对舜的制度有什么损益改变。⑱道一而所上同：

道是一样的而所崇尚的也相同。⑲大原：最大的根源。天：古人认为整个自然界都是天，天是在人之上的客观存在，人要受天的控制，而道不过是受天所控制的万事万物的根本道理而已。所以天不变的话，由天所决定的道也是不会变的。人只能顺着这个道来做事，包括治理天下。⑳三圣：尧、舜、禹。相受：相互继承传受。一道：一个道。㉑这句说：没有救敝的国政，是指其政不需要救敝，这是说夏、商、周三代就需要救敝，而其前的三圣在相继之中不需要救敝，所以三圣时不说有什么损益。㉒繇是观之：由此看来。㉓继治世者：三圣都是治世，他们相继时道相同，不需要救敝而改变制度。继乱世者：夏商周最后都是乱世，后继的王朝就要救敝，改变有关的制度。

“《春秋》大一统者[①]，天地之常经，古今之通谊也[②]。今师异道，人异论，百家殊方，指意不同[③]，是以上无以持一统[④]，法制数变[⑤]，下不知所守。臣愚以为诸不在六艺之科、孔子之术者[⑥]，皆绝其道，勿使并进[⑦]。邪辟之说灭息[⑧]，然后统纪可一而法度可明[⑨]，民知所从矣[⑩]！”

【注释】 ①《春秋》：书名，本是鲁国的编年史，后由孔子加以修订，成为儒家的经书之一。《春秋》记事过于简略，只记发生了什么事，也不记述事情的过程，更没有评述，后来的学者从不同角度加以补充和解说，传到后世的有《春秋公羊传》、《春秋谷梁传》和《春秋左氏传》。大一统：《春秋公羊传》认为孔子修订的《春秋经》的主要宗旨就是强调周王朝对于整个天下的一统，因为是整个天下的一统，所以称为“大一统”。而且这个“大”字还有最大即至高无上的意义。所以不简单地说“一统”，而说“大一统”。《春秋公羊传》：相传作者为子夏弟子战国时齐人公羊高。起初只是口头讲述和流传，到西汉景帝时，由公羊高的玄孙公羊寿与胡母子都写在竹帛上，后也成为儒家经书之一。②常经：常与经都指永远不变，这里指永远不变的道理。通谊：贯通古今的义理。谊即义。③师：师傅。异道：宣扬不同的学说。人异论：每人都提出一种不同的理论。百家殊方：诸子百家的学说、道都不同。指意不同：各家的宗旨意图都不一样。④是以：所以。上：在上的人，指帝王。无以持一统：无法维持一统。⑤法制：制度。数变：多次变化。⑥诸不在六艺之科、孔子之术者：那些不在儒家六经的科目中、不属于孔子学说的学者及其学说。⑦这二句说：都要断绝他们的传播之路，不要让他们与儒家学说同时存在和发展。⑧辟：即僻，与邪同义。⑨统纪：国家的统治与纪纲。法度：制度。⑩所从：遵循什么。

天子善其对[①]，以仲舒为江都相[②]。

【注释】 ①善：以……为善，认为……好。对：回答。②江都相：江都国，当时的一个诸侯国，在今江苏扬州。相是诸侯国王的辅助者兼老师。

【简评】

董仲舒在中国历史上占有重要地位，就在于他向汉武帝提出了独尊儒术，罢黜百家的主张，并得到汉武帝的认可和实施，从此诸子百家的学说都沉寂下去，只有儒家一家的学说成为中国文化的主流。而其用意，则在于让民知所从，由此才可以有力地维护大一统。

汲黯为官

汉纪九，武帝建元六年[①]，东海太守濮阳汲黯为主爵都尉[②]。始，黯为谒者，以严见惮[③]。东越相攻[④]，上使黯往视之。不至，至吴而还[⑤]，报曰："越人相攻，固其俗然，不足以辱天子之使。"河内失火，延烧千余家，上使黯往视之。还，报曰："家人失火[⑥]，屋比延烧[⑦]，不足忧也。臣过河南[⑧]，河南贫人伤水旱万余家，或父子相食，臣谨以便宜，持节发河南仓粟以振贫民[⑨]。臣请归节，伏矫制之罪[⑩]。"上贤而释之。其在东海，治官理民，好清静，择丞、史任之，责大指而已，不苛小[⑪]。黯多病，卧闺阁内不出[⑫]。岁余，东海大治，称之。上闻，召为主爵都尉，列于九卿[⑬]。

【注释】 ①即公元前一三五年。②东海：郡治郯县，今山东郯城西北。濮阳：今属河南。汲黯：字长孺，濮阳人。主爵都尉：汉代官名，掌封爵事。③谒者：官名，掌宫廷传达等事。以严见惮：因他为人严肃而被大家敬畏。④东越：活动于今浙江温州一带，越人的一支。相攻：指东越闽越互相攻打。⑤不至，至吴而还：他没有达到东越，仅走到吴地就回来了。吴：治所在今江苏苏州。⑥家人：庶民人家。⑦屋比延烧：因房屋毗连而火蔓延成灾。比即毗。⑧河南：郡名，治所在今河南洛阳。⑨便宜：相机行事。持节：拿汉朝使者的节杖。发：征发。振：即赈，救济。⑩伏矫制之罪：甘愿领受假托天子命令的罪责。⑪清静：不烦扰。多指为政清简，无为而治。丞、史：小吏，郡守的下属。责：要求。大指：主要意图。指即旨。苛小：苛求琐碎末节。⑫闺阁：内室。⑬列于九卿：地位与九卿相同。

其治务在无为，引大体，不拘文法[①]。黯为人，性倨少礼，面折，不能容人之过[②]。时天子方招文学儒者，上曰："吾欲"云云[③]。黯对曰："陛下内多欲而外施仁义，奈何欲效唐、虞之治乎[④]！"上默然，怒，变色而罢朝，公卿皆为黯惧[⑤]。上退，谓左右曰："甚矣汲黯之戆也[⑥]！"群臣或数黯，黯曰："天子置公卿辅弼之臣，宁令从谀承意[⑦]，陷主于不义乎？且已在其位，纵爱身，奈辱朝廷何[⑧]！"

【注释】 ①务在：力求。无为：顺其自然，不烦扰百姓。引大体，不拘文法：从大的方向引导，不拘泥法令条文。②性：秉性。倨：倨傲。少礼：不讲礼节。面折：顶撞上司。容人之过：宽容别人的过错。③文学：汉武帝时期选拔人才的一种条目，即贤良文学。文学指精通儒术者。云云：如此如此。④这句意为：陛下心中藏着许多欲望，而表面上却做出施行仁义的样子，怎么可能效法唐尧虞舜那样的治绩呢！⑤变色：脸色很难看。罢朝：结束朝会。公卿：指大臣。⑥甚矣：太严重，太厉害了。戆（音 zhuàng）：刚直。⑦宁：难道。从（音 sǒng）谀承意：阿谀奉承。从即怂。⑧奈辱朝廷何：使朝廷蒙羞怎么办。

黯多病，病且满三月，上常赐告者数，终不愈[①]。最后病，庄助为请告[②]。上曰："汲黯何如人哉？"助曰："使黯任职居官，无以逾人，然至其辅少主，守城深坚[③]，招之不来，麾之不去[④]，虽自谓贲、育[⑤]，亦不能夺之矣[⑥]。"上曰："然。古有社稷之臣，至如黯[⑦]，近之矣。"

【注释】 ①满三月：满三个月假期。汉朝官吏病满三个月当免职。

赐告：准予休假。数（音 shuò）：屡次。②庄助：即严助，人名。③逾人：超过别人。守城深坚：遵守原则如守城一样坚固不移。④这二句说：利禄引诱与威吓，都不能让他改变。麾：挥。⑤贲、育：贲指战国时猛士孟贲。育指夏育，周时勇士，能力举千钧。贲、育代指勇猛的人。⑥不能夺之：不能改变他的忠诚正直。⑦至如：至于，像。

【简评】

汲黯做官，就是清净无为，对下属责大指而不苛小事，才能让下属更好地发挥才能。对于皇上的过失，则必定指出，不要容忍，因为这是最大的事。武帝称他为社稷之臣，说得很准确。

张骞通西域

汉纪十，武帝元朔三年[①]，初，匈奴降者言："月氏故居敦煌、祁连间[②]，为强国，匈奴冒顿攻破之[③]。老上单于杀月氏王[④]，以其头为饮器。余众遁逃远去，怨匈奴，无与共击之[⑤]。"上募能通使月氏者，汉中张骞以郎应募[⑥]，出陇西，径匈奴中[⑦]。单于得之，留骞十余岁。骞得间亡[⑧]，乡月氏[⑨]，西走数十日，至大宛[⑩]。大宛闻汉之饶财，欲通不得，见骞，喜，为发导译抵康居，传致大月氏[⑪]。大月氏太子为王，既击大夏[⑫]，分其地而居之，地肥饶，少寇，殊无报胡之心。骞留岁余，竟不能得月氏要领[⑬]，乃还。并南山[⑭]，欲从羌中归[⑮]，复为匈奴所得，留岁余。会伊稚斜逐于单[⑯]，匈奴国内乱，骞乃与堂邑氏奴甘父逃归[⑰]。上拜骞为太中大夫[⑱]，甘父为奉使君[⑲]。骞初行时百余人，去十三岁，唯二人得还。

【注释】 ①即公元前一二六年。②月氏（音 ròu zhī）：西域国名，又名月支，原居敦煌与祁连山之间，后被匈奴逼迫，西迁到新疆伊犁河，又迁至妫水（今阿姆河）流域，征服大夏国。③冒顿（音 mò dú）：汉初匈奴的君主，在位期间，使匈奴空前强大。④老上单于：冒顿单于的儿子，老上是封号。⑤无与：无人与他。⑥汉中：今陕西汉中。张骞：字子文，城固（今陕西省城固）人，开拓通往西域的南北道路，使汉与西域建立了密切联系。⑦陇西：郡名，治所在狄道，今甘肃临洮。径：从中间穿过。⑧得间亡：找空隙逃亡。⑨乡：面向。⑩大宛：西域国名，在今中亚费尔干纳盆地，以产汗血马著称。⑪发导译：派出向导和译员。康居：西域国名，在今巴尔喀什湖与咸海之间。传致大月氏：通过不断翻译，通过若干国家，最后送到大月氏。⑫大夏：中亚西亚古国，在今阿富汗北部。⑬要领：准确的意图。⑭并南山：沿南山而行。南山：今阿尔金山及祁连山北麓。⑮羌：羌族地区，今青海各地。⑯伊稚斜逐于单：匈奴军臣单于的弟弟伊稚斜，把军臣单于的儿子于单赶走，自己立为单于，于单逃到汉朝。⑰堂邑氏：人名。奴：奴隶。甘父：人名。⑱拜：授予官职称为拜。太中大夫：千石级的官职，掌管议论。⑲奉使君：给甘父的封号。

汉纪十一，武帝元狩元年[①]，初，张骞自月氏还，具为天子言西域诸国风俗："大宛在汉正西，可万里[②]。其俗土著[③]，耕田，多善马，马汗血，有城郭室屋，如中国。其东北则乌孙[④]，东则于窴[⑤]。于窴之西，则水皆西流注西海[⑥]，其东，水东流注盐泽[⑦]。盐泽潜行地下，其南则河源出焉[⑧]。盐泽去长安可五千里。匈奴右方居盐泽以东，至陇西长城，南接羌，鬲汉道焉[⑨]。乌孙、康居、奄蔡[⑩]、大月氏，皆行国[⑪]，随畜牧，与匈奴同俗。大夏在大宛西南，与大宛同俗。臣在大夏时，见邛竹杖、蜀布[⑫]，问曰：'安得此?'大夏国人曰：'吾贾人往市之身毒[⑬]。'身毒在大夏东南可数千里，其俗土著，与大夏同。以骞度之，大夏去汉万二千里，居汉西南，今身毒国又居大夏东南数千里，有蜀物，此其去蜀不远矣。今使大夏，从羌中，险，羌人恶之，少北，则为匈奴所得，从蜀，宜径[⑭]，又无寇。"

【注释】 ①即公元前一二二年。②可：大约。③土著：指依土地生活，与游牧民族不同。④乌孙：古西域国名，初在祁连山、敦煌之间，后迁到新疆伊犁河和伊塞克湖一带。⑤于窴（音 tián）：又作于阗，西域国名，位于丝绸之道的南道，今新疆和田一带。⑥西海：今里海，位于欧洲和亚洲的内陆交界处。⑦盐泽：蒲昌海，今新疆罗布泊。⑧河源：黄河源头。出焉：出于此。⑨鬲（音 gé）：隔断。汉道：汉道指从中原通向西域的道路。⑩奄蔡：西域古国名，在今咸海至黑海一带。⑪行国：游牧之国。不定居，逐水草而不断迁移。⑫邛（音 qióng）：在今四川西昌。⑬贾（音 gǔ）人：商人。市：购买。身（音 yuān）毒：印度。⑭宜径：适宜从这里穿行通过。

天子既闻大宛及大夏、安息之属[1]，皆大国，多奇物，土著，颇与中国同业，而兵弱，贵汉财物[2]。其北有大月氏、康居之属，兵强，可以赂遗设利朝也[3]。诚得而以义属之[4]，则广地万里，重九译[5]，致殊俗[6]，威德遍于四海，欣然以骞言为然。乃令骞因蜀、犍为发间使王然于等四道并出[7]，出駹，出冉，出徙，出邛、僰[8]，指求身毒国，各行一二千里，其北方闭氐、筰[9]，南方闭嶲、昆明[10]。昆明之属无君长，善寇盗，辄杀略汉使，终莫得通。于是汉以求身毒道，始通滇国[11]。滇王当羌谓汉使者曰[12]：“汉孰与我大?”及夜郎侯亦然[13]。以道不通，故各自以为一州主，不知汉广大。使者还，因盛言滇大国，足事亲附[14]，天子注意焉[15]，乃复事西南夷[16]。

【注释】 ①安息：伊朗古代国名。②贵：觉得珍贵。③赂遗（音 wèi）：赠送财物以贿赂。设利朝：安排利益，使之来朝。④诚得：真能得到。以义属之：用仁义让他们从属。⑤重：重复。九译：多次转译。由于国家与民族众多，相互语言不通，所以需要多次转译。⑥致：使异域人来汉朝求见。殊俗：不同习俗的民族与国家。⑦因：通过。犍（音 qián）为：郡名，治所在僰（音 bó）道，即今四川宜宾西南。发：派出。间使：利用空隙而出使。王然于：人名。四道并出：同时派出四个间使一起出发。⑧駹（音 máng）、冉：都是古代部族，当时都在今四川松潘一带。徙：古代部族，当时在今四川天全一带。⑨闭：道路被堵住。

氐：古代民族名，在今四川松潘等地区。筰（音 zuó）：古代部族筰都的简称，在今四川汉源东北。⑩嶲（音 xī）：古代部族，在今云南保山一带。昆明：古代部族，分布于今云南下关一带。⑪滇国：在今云南腾冲一带。⑫当羌：滇国国王，名当羌。⑬夜郎侯：夜郎国的国王。夜郎为古国名，当时在今贵州安顺一带。⑭足：值得。事亲附：做让他们亲附汉王朝的事。这里的事字与下句事西南夷的事字义同，都是指做某种事，以达到某种目的。事亲附，就是做事达到让滇国亲附的目的，事西南夷，就是做事达到让西南夷归服的目的。⑮注意焉：对此事用心关注。⑯西南夷：泛指西南地区的诸多少数民族。元朔三年停止与西南夷交往，这时再次派人与西南夷交往，所以说“复事”。

汉纪十二，孝武皇帝元鼎二年①，浑邪王既降汉②，汉兵击逐匈奴于幕北③，自盐泽以东空无匈奴，西域道可通。于是张骞建言：“乌孙王昆莫本为匈奴臣④，后兵稍强，不肯复朝事匈奴，匈奴攻不胜而远之。今单于新困于汉，而故浑邪地空无人，蛮夷俗恋故地，又贪汉财物，今诚以此时厚币赂乌孙，招以益东⑤，居故浑邪之地，与汉结昆弟，其势宜听⑥，听则是断匈奴右臂也。既连乌孙，自其西大夏之属皆可招来而为外臣。”天子以为然，拜骞为中郎将⑦，将三百人，马各二匹，牛羊以万数，赍金币帛直数千巨万⑧，多持节副使，道可便，遣之他旁国⑨。

【注释】　①即公元前一一五年。②浑邪：匈奴的一支，在匈奴西部。③逐：追逐。幕：沙漠。④乌孙：西域国名，当时在今新疆伊犁河和伊塞克湖一带。昆莫：乌孙国王名。⑤招以益东：招徕乌孙以更向东移。⑥结昆弟：结成兄弟之好。其势宜听：他们势必应该听从。⑦中郎将：官名，属光禄勋郎中令，为近侍官。⑧赍（音 jī）：带去送给。直：值。巨万：万万。⑨这三句说：让张骞多选一些人做副使，持汉朝符节，在有道路可通处，派他们到其他邻国。

骞既至乌孙，昆莫见骞，礼节甚倨[①]。骞谕指曰[②]："乌孙能东居故地，则汉遣公主为夫人，结为兄弟，共距匈奴，匈奴不足破也。"乌孙自以远汉，未知其大小，素服属匈奴日久[③]，且又近之，其大臣皆畏匈奴，不欲移徙。骞留久之，不能得其要领，因分遣副使使大宛、康居、大月氏、大夏、安息、身毒、于阗及诸旁国，乌孙发译道送骞还[④]，使数十人，马数十匹，随骞报谢[⑤]，因令窥汉大小。是岁，骞还，到，拜为大行[⑥]。后岁余，骞所遣使通大夏之属者皆颇与其人俱来，于是西域始通于汉矣。

【注释】 ①倨：傲慢。②谕指：向他告谕汉武帝的意旨。③素：一向。服属：服从、从属。④道送：引路送回。⑤报谢：向汉武帝回话和答谢。⑥大行：大行令，官名，秩六百石，掌与外国来往时的交际礼仪。

西域凡三十六国，南北有大山，中央有河，东西六千余里，南北千余里，东则接汉玉门、阳关[①]，西则限以葱岭[②]。河有两源，一出葱岭，一出于阗，合流东注盐泽。盐泽去玉门、阳关三百余里。自玉门、阳关出西域有两道：从鄯善傍南山北[③]，循河西行至莎车[④]，为南道；南道西逾葱岭，则出大月氏、安息。自车师前王廷随北山循河西行至疏勒[⑤]，为北道；北道西逾葱岭，则出大宛、康居、奄蔡焉。故皆役属匈奴[⑥]，匈奴西边日逐王[⑦]，置僮仆都尉[⑧]，使领西域，常居焉耆、危须、尉黎间[⑨]，赋税诸国[⑩]，取富给焉。乌孙王既不肯东还，汉乃于浑邪王故地置酒泉郡[⑪]，稍发徙民以充实之，后又分置武威郡[⑫]，以绝匈奴与羌通之道。

【注释】 ①玉门：关名，在今甘肃敦煌西北。阳关：关名，在今甘肃敦煌西南。②葱岭：山名，指今帕米尔高原及昆仑山、天山西段。③鄯善：古西域国名，原名楼兰，在西域南道，都城为扜泥，在今新疆若羌。南山：即昆仑山，今喀喇昆仑山。傍南山北：沿着南山向北行。

④莎车：古西域国名，都城莎车，在今新疆莎车。⑤车师：古西域国名，初元元年（公元前四八年）汉将车师分成前后两部。前王廷：即车师前部，治所在交河城，即今新疆吐鲁番西的交河遗址。北山：天山。疏勒：古西域国名，都城疏勒，在今新疆喀什。⑥役属：从属匈奴为之服役。⑦日逐王：匈奴西部首领的王号。⑧置：设立。僮仆都尉：匈奴所设官职，掌管西域事务。⑨焉耆（音 qí）：古西域国名，在今新疆焉耆一带。危须：古西域国名，在今新疆焉耆北。尉黎：古西域国名，在今新疆焉耆西南。⑩赋税：征收赋税。⑪酒泉郡：治所禄福，在今甘肃酒泉。⑫武威郡：治所武威，在今甘肃武威。

天子得宛汗血马[①]，爱之，名曰“天马”。使者相望于道以求之[②]。诸使外国，一辈大者数百[③]，少者百余人，人所赍操大放博望侯时[④]，其后益习而衰少焉[⑤]。汉率一岁中使多者十余[⑥]，少者五六辈，远者八九岁，近者数岁而反[⑦]。

【注释】 ①汗血马：以出汗色红如血闻名的良种骏马。②相望于道：来往的使者很多，能在途中遇见而相互看到。③一辈：一批、一伙。大者：人数多的。④赍（音 jī）：带着送去。操：拿着、带着的物品。大放：大体上仿效。博望侯：张骞的封号。⑤益习而衰少：指随着对西域的日益熟悉，每批使者的人数减少了。⑥率：大体上。⑦这句是说：距离远的国家，去一次要八九年，近的国家，去一趟数年就返回。

【简评】

汉王朝为了击败匈奴而与西域各国联系，目的是断匈奴右臂，采取建立友好关系的方法，使广阔的西域与汉王朝建立了广泛的联系，最终则使西域的不少民族及其国家融入了中华大家庭。

昆阳之战

汉纪三十一，淮阳王更始元年，春陵戴侯曾孙玄在平林兵中，号更始将军[①]。时汉兵已十余万，诸将议以兵多而无所统一，欲立刘氏以从人望。南阳豪桀及王常等皆欲立刘缜[②]，而新市[③]、平林将帅乐放纵，惮缜威明，贪玄懦弱，先共定策立之，然后召缜示其议。缜曰："诸将军幸欲尊立宗室，甚厚，然今赤眉起青、徐[④]，众数十万，闻南阳立宗室，恐赤眉复有所立，王莽未灭而宗室相攻，是疑天下而自损权，非所以破莽也。春陵去宛三百里耳，遽自尊立，为天下准的，使后人得承吾敝，非计之善者也[⑤]。不如且称王以号令，王势亦足以斩诸将[⑥]。若赤眉所立者贤，相率而往从之，必不夺吾爵位。若无所立，破莽，降赤眉，然后举尊号，亦未晚也。"诸将多曰："善！"张卬拔剑击地曰："疑事无功，今日之议，不得有二[⑦]！"众皆从之。二月，辛巳朔，设坛场于淯水上沙中[⑧]，玄即皇帝位，南面立，朝群臣，羞愧流汗，举手不能言。于是大赦，改元，以族父良为国三老，王匡为定国上公，王凤为成国上公，朱鲔为大司马，刘缜为大司徒，陈牧为大司空，余皆九卿将军[⑨]。由是豪桀失望，多不服。

【注释】 ①淮阳王：更始帝刘玄。更始元年即公元二三年。春陵戴侯：刘熊渠。②南阳：今河南南阳。王常：字颜卿，东汉初年将领。

③新市：新市兵，首领王匡、王凤是新市（今湖北京山）人，因称新市兵。④赤眉：赤眉军，以樊崇等为首的起义军。以赤色涂眉为标志，故称。青、徐：青州、徐州，今山东、江苏一带。⑤疑天下而自损权：使天下疑心而损害自己的力量。遽：突然。准的：攻击的目标。后人得承吾敝，非计之善者也：让后来人、其他人能攻击我们的弱点，钻我们的空子，不是好的计谋。⑥王势亦足以斩诸将：国王的权力、威势也足以镇压诸将。⑦张卬（音 áng）：绿林军将领。张卬所说意为：对要做的事情抱怀疑态度，一定不能成功。今天的决定，不允许有别的想法。⑧淯水：河南白河，在南阳境内。⑨国三老：由年高望重者担任的荣誉官名。王匡：绿林军首领。王凤：绿林军首领。朱鲔：绿林军首领。大司徒：官名，三公之一。陈牧：平林兵首领。大司空：官名，三公之一。九卿将军：卿职带将军称号。

王莽遣司空王邑驰传，与司徒王寻发兵平定山东[①]。征诸明兵法六十三家以备军吏，以长人巨毋霸为垒尉[②]，又驱诸猛兽虎豹犀象之属以助威武。邑至洛阳，州郡各选精兵，牧守自将，定会者四十三万人[③]，号百万，余在道者，旌旗辎重千里不绝。夏，五月，寻、邑南出颍川，与严尤、陈茂合[④]。

【注释】 ①王邑：新朝大司空，王莽从弟。驰传：驾驭驿站车马疾行。王寻：王莽大臣，大司徒。②长人巨毋霸：身材高大魁梧的人，名巨毋霸。垒尉：官名，掌营垒之事。③定会：定期会集。④颍川：郡名，治所在阳翟（今属河南许昌）。严尤：王莽大将。

诸将见寻、邑兵盛，皆反走，入昆阳，惶怖，忧念妻孥，欲散归诸城[①]。刘秀曰[②]：“今兵谷既少而外寇强大，并力御之，功庶可立[③]，如欲分散，势无俱全[④]。且宛城未拔，不能相救，昆阳即拔，一日之间，诸部亦灭矣。今不同心胆，共举功名，反欲守妻子财物邪！”诸将怒曰：“刘将军何敢如是！”秀笑而起。会候骑还[5]，言："大兵且至城北，军陈数百里，不见其后。"诸将素轻秀[6]，及迫急，乃相谓曰："更请刘将军计之。"秀复为图画成败[7]，诸将皆曰："诺。"时城中唯有八九千人，秀使王凤与廷尉大将军王常守昆阳，夜与五威将军李轶等十三骑出城南门[8]，于外收兵。

【注释】 ①昆阳：今河南叶县。妻孥（音nú）：妻子和子女。②刘秀：东汉开国皇帝。③庶：也许。④这二句说：如果分散，势必不能一一保全。⑤会：恰好等到、恰巧碰上。候骑：侦察的骑兵。⑥轻：轻视。⑦图画：谋划。⑧李轶：刘玄大臣。

时莽兵到城下者且十万[1]，秀等几不得出[2]。寻、邑纵兵围昆阳[3]，严尤说邑曰："昆阳城小而坚，今假号者在宛，亟进大兵，彼必奔走[4]。宛败，昆阳自服。"邑曰："吾昔围翟义，坐不生得，以见责让[5]。今将百万之众，遇城而不能下，非所以示威也。当先屠此城，蹀血而进[6]，前歌后舞，顾不快邪！"遂围之数十重，列营百数，钲鼓之声闻数十里[7]，或为地道、冲棚撞城[8]。积弩乱发，矢下如雨，城中负户而汲[9]。王凤等乞降，不许。寻、邑自以为功在漏刻[10]，不以军事为忧。严尤曰："《兵法》：'围城为之阙'，宜使得逸出以怖宛下[11]。"邑又不听。

【注释】 ①且：将近。②几：几乎。③纵兵：发兵。④假号者：指称帝的刘玄。亟（音jí）：急切。⑤翟义：王莽称摄皇帝，翟义起兵讨伐王莽。坐：因为。见：被。⑥蹀血而进：踏着血泊前进。⑦钲鼓：钲和鼓。古代行军指挥进退的乐器。⑧冲棚（音péng）：冲车和楼车，泛指战车。⑨这句说：用许多弓弩向城内乱射，矢下如雨，城内的人为躲避飞矢，出外打水都得背着门板。⑩漏刻：形容时间短暂。⑪这句意为：《兵法》上写着："围城要留下缺口"，应让被围之敌得以逃出，从而使围攻宛城的绿林军害怕。

棘阳守长岑彭与前队贰严说共守宛城[①]，汉兵攻之数月，城中人相食[②]，乃举城降。更始入都之。诸将欲杀彭，刘縯曰："彭，郡之大吏，执心坚守，是其节也。今举大事，当表义士[③]，不如封之。"更始乃封彭为归德侯。

【注释】 ①棘阳：县名，县治在今河南南阳南。守：暂代。长：一县之长。岑彭：字君然，棘阳人。队贰：副队长。②人相食：人吃人。③表：表彰。

刘秀至郾、定陵，悉发诸营兵[①]。诸将贪惜财物，欲分兵守之。秀曰："今若破敌，珍宝万倍，大功可成，如为所败，首领无余[②]，何财物之有！"乃悉发之。六月，己卯朔，秀与诸营俱进，自将步骑千余为前锋，去大军四五里而陈。寻、邑亦遣兵数千合战，秀奔之，斩首数十级[③]。诸将喜曰："刘将军平生见小敌怯，今见大敌勇，甚可怪也！且复居前，请助将军[④]！"秀复进，寻、邑兵却，诸部共乘之，斩首数百千级。连胜，遂前，诸将胆气益壮，无不一当百，秀乃与敢死者三千人，从城西水上冲其中坚[⑤]。寻、邑易之，自将万余人行陈，敕诸营皆按部毋得动[⑥]，独迎与汉兵战，不利，大军不敢擅相救。寻、邑陈乱，汉兵乘锐崩之[⑦]，遂杀王寻。城中亦鼓噪而出[⑧]，中外合势，震呼动天地。莽兵大溃，走者相腾践[⑨]，伏尸百余里。会大雷风，屋瓦皆飞，雨下如注，滍川盛溢，虎豹皆股战，士卒赴水溺死者以万数，水为不流[⑩]。王邑、严尤、陈茂轻骑乘死人渡水逃去。尽获其军实辎重，不可胜算，举之连月不尽[⑪]，或燔烧其余。士卒奔走，各还其郡，王邑独与所将长安勇敢数千人还洛阳[⑫]，关中闻之震恐。于是海内豪桀翕然响应[⑬]，皆杀其牧守，自称将军，用汉年号以待诏命。旬月之间，遍于天下。

【注释】 ①郾：在今河南漯河。②领：脖子。③合战：交战。奔：

冲杀。④这句意为：还是我们在前面吧，请让我们协助将军。⑤这句意为：刘秀又向前进兵，王寻、王邑部队退却。汉军各部一同冲杀过去，斩数百上千个首级。汉军接连获胜，继续进兵，将领们胆气更壮，没有一个不以一当百。刘秀和三千敢死队从城西水岸边攻击王莽军的主将营垒。⑥易：以……为易，轻视。行陈：布阵。按：止住。⑦锐：锐不可当之势。崩：击溃，摧毁。⑧鼓噪：擂鼓呐喊。⑨腾践：奔跑践踏。⑩滍（音 zhì）川：沙河，又称滍水、泜水。股战：因紧张、害怕而两腿发抖。⑪军实：军中装备。举：运输，搬运。⑫勇敢：勇士。⑬翕然：一致的样子。

【简评】

昆阳之战，展示了刘秀对形势的判断和用兵的果断，是历史上以弱胜强的成功战例。

班超平西域

汉纪三十八，章帝建初五年[①]，夏，五月，班超欲遂平西域，上疏请兵曰："臣窃见先帝欲开西域，故北击匈奴，西使外国，鄯善、于窴即时向化[②]，今拘弥、莎车、疏勒、月氏、乌孙、康居复愿归附[③]，欲共并力，破灭龟兹[④]，平通汉道。若得龟兹，则西域未服者百分之一耳。前世议者皆曰：'取三十六国，号为断匈奴右臂[⑤]。'今西域诸国，自日之所入，莫不向化，大小欣欣，贡奉不绝，唯焉耆、龟兹独未服从[⑥]。臣前与官属三十六人奉使绝域，备遭艰戹[⑦]，自孤守疏勒，于今五载，胡夷情数[⑧]，臣颇识之，问其城郭小大，皆言倚汉与依天等。以是效之，则葱岭可通[⑨]，龟兹可伐。今宜拜龟兹侍子白霸为其国王[⑩]，以步骑数百送之，与诸国连兵，岁月之间，龟兹可禽。以夷狄攻夷狄，计之善者也。臣见莎车、疏勒田地肥广，草牧饶衍，不比敦煌、鄯善间也，兵可不费中国而粮食自足。且姑墨、温宿二王[⑪]，特为龟兹所置，既非其种，更相厌苦，其势必有降者。若二国来降，则龟兹自破。愿下臣章[⑫]，参考行事，诚有万分，死复何恨！臣超区区特蒙神灵[⑬]，窃冀未便僵仆[⑭]，目见西域平定，陛下举万年之觞[⑮]，荐勋祖庙[⑯]，布大喜于天下。"

【注释】 ①章帝：汉章帝刘炟，公元七五年至八八年在位。建初五年即公元八〇年。②鄯善：西域古国，本名楼兰。于窴（tián）：西域古国，地处塔里木盆地。向化：向往归化。③拘弥：西域国家，在今新疆于田。莎车：西域国家，在今新疆莎车。疏勒：西域国家，在今新疆喀什。月氏、乌孙、康居：西域国家，在今中亚地区。④龟（qiū）兹：西域国名，在今新疆库车。⑤三十六国：今新疆地区，汉武帝时有三十六个国家，见本书张骞通西域。断匈奴右臂：汉武帝时联结乌孙，使西域三十六国臣服，相当于折断了匈奴的右臂。⑥焉耆：在今新疆焉耆。⑦绝域：绝远之域。戹（è）：困难、艰苦。⑧情数：风土人情与人口数量。⑨葱岭：即帕米尔高原，古丝绸之路经过此地。⑩侍子：古代属国之王遣子入朝陪侍天子。白霸：班超和司马姚光胁迫龟兹，立白霸为王。⑪姑墨：在今新疆温宿。温宿：在今新疆乌什。⑫愿下臣章：希望能够把臣的奏章付下廷议。⑬区区：自谦之词。⑭冀：希望。僵仆：身体僵硬地倒下，意指死亡。⑮万年之觞：庆祝长久和平的酒杯，意指平定西域是千秋万代的大事。⑯荐勋祖庙：向祖庙报告自己的功绩。

书奏，帝知其功可成，议欲给兵。平陵徐干上疏，愿奋身佐超[①]，帝以干为假司马[②]，将弛刑及义从千人就超[③]。先是莎车以为汉兵不出，遂降于龟兹，而疏勒都尉番辰亦叛[④]。会徐干适至，超遂与干击番辰，大破之，斩首千余级。欲进攻龟兹，以乌孙兵强，宜因其力[⑤]，乃上言："乌孙大国，控弦十万[⑥]。故武帝妻以公主，至孝宣帝卒得其用[⑦]。今可遣使招慰，与共合力。"帝纳之。

【注释】 ①平陵：在今陕西咸阳。佐超：辅佐班超。②假司马：汉官名前加假字，为副、贰之意。③弛刑：从刑中解放出来之人，指从军以赎罪的囚徒。义从：志愿从军的人。④尉：武官之名。⑤因：借助。⑥乌孙大国：乌孙是大国。弦：指代兵力。⑦指汉武帝联合乌孙伐匈奴，以江都王刘建女儿刘细君为公主，远嫁乌孙。汉宣帝时才与乌孙联兵大破匈奴。

章帝建初八年[①]，帝拜班超为将兵长史，以徐干为军司马[②]，别遣卫侯李邑护送乌孙使者[③]。邑到于寘，值龟兹攻疏勒，恐惧不敢前[④]，因上书陈西域之功不可成，又盛毁超[⑤]："拥爱妻，抱爱子，安乐外国，无内顾心。"超闻之叹曰："身非曾参而有三至之谗[⑥]，恐见疑于当时矣！"遂去其妻。帝知超忠，乃切责邑曰[⑦]："纵超拥爱妻，抱爱子，思归之士千余人，何能尽与超同心乎！"令邑诣超受节度，诏："若邑任在外者，便留与从事[⑧]。"超即遣邑将乌孙侍子还京师。徐干谓超曰："邑前亲毁君，欲败西域，今何不缘诏书留之，更遣它吏送侍子乎？"超曰："是何言之陋也！以邑毁超，故今遣之。内省不疚，何恤人言[⑨]！快意留之，非忠臣也。"

【注释】 ①即公元八三年。②将兵长史：为将军僚属，主持日常事务。军司马：将军僚属。③卫侯：警卫官。④恐惧：惶恐、害怕。⑤盛毁：大肆诋毁。⑥曾参：孔子弟子，有仁孝之行，连续三人说曾参杀人，曾母就相信了。⑦切责：严词斥责。⑧这二句说：给予班超留李邑作部属的权力。⑨此句说不怕流言。

章帝元和元年[①]，帝复遣假司马和恭等将兵八百人诣班超。超因发疏勒、于寘兵击莎车。莎车以赂诱疏勒王忠，忠遂反，从之，西保乌即城[②]。超乃更立其府丞成大为疏勒王，悉发其不反者以攻忠。使人说康居王执忠以归其国[③]，乌即城遂降。

【注释】 ①即公元八四年。②乌即城：在今新疆喀什。③康居：西域国家，故地在今哈萨克斯坦东南部。

汉纪三十九，章帝元和三年[①]，疏勒王忠从康居王借兵，还据损中[②]，遣使诈降于班超。超知其奸而伪许之。忠从轻骑诣超，超斩之，因击破其众，南道遂通。

【注释】 ①即公元八六年。②损中：在疏勒西。

章帝章和元年[①]，是岁，班超发于窴诸国兵共二万五千人击莎车，龟兹王发温宿、姑墨、尉头兵合五万人救之[②]。超召将校及于窴王议曰："今兵少不敌，其计莫若各散去。于窴从是而东，长史亦于此西归，可须夜鼓声而发[③]。"阴缓所得生口[④]。龟兹王闻之，大喜，自以万骑于西界遮超，温宿王将八千骑于东界徼于窴[⑤]。超知二虏已出，密召诸部勒兵。鸡鸣，驰赴莎车营。胡大惊乱，奔走，追斩五千余级，莎车遂降，龟兹等因各退散。自是威震西域。

【注释】 ①即公元八七年。②尉头：在今新疆阿合奇县，服饰类乌孙。③须：等待。④阴：暗中。缓：放松。生口：活口，指俘虏。⑤遮：阻击。徼：伏击。

和帝永元二年[①]，月氏求尚公主[②]，班超拒还其使[③]，由是怨恨，遣其副王谢将兵七万攻超。超众少，皆大恐。超譬军士曰[④]："月氏兵虽多，然数千里逾葱岭来，非有运输[⑤]，何足忧邪！但当收谷坚守，彼饥穷自降，不过数十日决矣！"谢遂前攻超，不下，又钞掠无所得。超度其粮将尽，必从龟兹求食，乃遣兵数百于东界要之[⑥]。谢果遣骑赍金银珠玉以赂龟兹[⑦]，超伏兵遮击，尽杀之，持其使首以示谢。谢大惊，即遣使请罪，愿得生归，超纵遣之。月氏由是大震，岁奉贡献[⑧]。

【注释】 ①即公元九〇年。②尚：娶帝王之女为妻。③拒还其使：拒绝放归月氏的使者。④譬：晓谕。⑤运输：指车载。⑥要：拦截，伏击。⑦赍（jī）：携、持。⑧贡献：贡品、所献之物。

和帝永元三年[①]，龟兹、姑墨、温宿诸国皆降。十二月，复置西域都护、骑都尉、戊己校尉官[②]。以班超为都护，徐干为长史。拜龟兹侍子白霸为龟兹王，遣司马姚光送之。超与光共胁龟兹，废其王尤利多而立白霸，使光将尤利多还诣京师。超居龟兹它乾城[③]，徐干屯疏勒，惟焉耆、危须、尉犁以前没都护[④]，犹怀二心，其余悉定。

【注释】 ①即公元九一年。②西域都护：汉代西域最高军政长官。骑都尉：官名，掌兵。戊己校尉：官名，掌屯田。③它乾城：西域都护府治所，在今新疆库车西南。④危须：国名，在博斯腾湖北岸，治所在今焉耆东北。尉犁：国名，在今新疆库尔勒，博斯腾湖西南。没：陷落。明帝永平十八年焉耆等国附从龟兹，攻陷西域都护府。

汉纪四十，和帝永元六年[①]，西域都护班超发龟兹、鄯善等八国兵合七万余人讨焉耆，到其城下，诱焉耆王广、尉犁王汎等于陈睦故城[②]，斩之，传首京师。因纵兵钞掠[③]，斩首五千余级，获生口万五千人，更立焉耆左侯元孟为焉耆王[④]。超留焉耆半岁，慰抚之。于是西域五十余国悉纳质内属，至于海滨[⑤]，四万里外，皆重译贡献[⑥]。

【注释】 ①即公元九四年。②陈睦故城：西域都护陈睦所居故城。③钞掠：抄掠，抢劫、掠夺。④焉耆左侯：焉耆大臣，有左将、右将、左侯、右侯。⑤海：指里海、地中海。⑥重译：多次翻译，泛指异域之人。此句指西域之人皆来进贡。

和帝永元九年[①]，十二月，西域都护定远侯班超遣掾甘英使大秦、条支[②]，穷西海[③]，皆前世所不至，莫不备其风土，传其珍怪焉[④]。及安息西界[⑤]，临大海，欲渡，船人谓英曰："海水广大，往来者逢善风，三月乃得渡，若遇迟风[⑥]，亦有二岁者。故入海，人皆赍三岁粮[⑦]。海中善使人思土恋慕，数有死亡者。”英乃止。

【注释】 ①即公元九七年。②定远侯：班超封为定远侯。大秦：古代中国对罗马帝国的称呼。条支：西域古国，在今伊拉克北。③西海：今里海。④备其风土：详尽记载其地之风土人情。传：取得，带回。⑤安息：西域古国，在今伊朗北。⑥迟风：缓慢的风。⑦赍（jī）：携、持。三岁粮：够吃三年的粮食。

和帝永元十四年[①]，班超久在绝域，年老思土，上书乞归曰："臣不敢望到酒泉郡，但愿生入玉门关[②]。谨遣子勇随安息献物入塞，及臣生在，令勇目见中土。”朝廷久之未报，超妹曹大家上书曰[③]："蛮夷之性，悖逆侮老，而超旦暮入地，久不见代，恐开奸宄之源[④]，生逆乱之心。而卿大夫咸怀一切[⑤]，莫肯远虑，如有卒暴[⑥]，超之气力不能从心，便为上损国家累世之功，下弃忠臣竭力之用，诚可痛也！故超万里归诚，自陈苦急，延颈逾望[⑦]，三年于今，未蒙省录[⑧]。妾窃闻古者十五受兵，六十还之[⑨]，亦有休息，不任职也。故妾敢触死为超求哀，匄超余年[⑩]，一得生还，复见阙庭，使国家无劳远之虑[⑪]，西域无仓卒之忧[⑫]，超得长蒙文王葬骨之恩[⑬]，子方哀老之惠[⑭]。”帝感其言，乃征超还。

【注释】 ①即公元一〇二年。②酒泉郡：今甘肃酒泉。玉门关：属敦煌郡，在今甘肃玉门西北。③曹大家：班昭，嫁曹寿，多次入宫讲学，号曰大家。④入地：死亡。代：接替者。宄（音 guǐ）：奸。奸宄：奸险之人。⑤一切：种种私心。⑥卒暴：突发事件。⑦延：伸长。逾：远。⑧省录：提上议事日程。⑨这是说：十五岁征兵，六十岁退伍。⑩匄（音 gài）：求。⑪劳远：受累于旅途。⑫仓卒：突发事件。⑬文王葬骨：周文王作灵台，掘地得人骨，即命人埋葬之。⑭子方哀老：战国田子方见魏文侯弃置老马，认为少尽其力，老而弃之，非仁也，于是收养老马。

八月，超至洛阳，拜为射声校尉[①]，九月，卒。超之被征，以戊己校尉任尚代为都护。尚谓超曰：“君侯在外国三十余年，而小人猥承君后[②]，任重虑浅，宜有以诲之!”超曰：“年老失智。君数当大位，岂班超所能及哉！必不得已，愿进愚言：塞外吏士，本非孝子顺孙，皆以罪过徙补边屯[③]，而蛮夷怀鸟兽之心，难养易败。今君性严急，水清无大鱼，察政不得下和[④]，宜荡佚简易[⑤]，宽小过，总大纲而已。”超去，尚私谓所亲曰：“我以班君当有奇策，今所言，平平耳。”尚后竟失边和，如超所言。

【注释】 ①射声校尉：属北军中侯，领宿卫兵。②小人：任尚自谦之词。这句说：我将接替您的职务。猥：指自己做得不如你好。③这句说：都因为犯过罪而被发配到边疆屯田。④这句说：过于明察秋毫就得不到在下之人的拥护。⑤荡佚：放松管理。简易：简便易行。

【简评】

班超之所以成功，在于他对西域的深入了解。从文中关于战斗的描写，也可看出班超的军事才能。对西域的了解加上出众的军事才能，使之取得了千古称颂的伟大业绩。

曹操崛起

汉纪五十，灵帝中平元年[①]，操父嵩[②]，为中常侍曹腾养子[③]，不能审其生出本末，或云夏侯氏子也。操少机警，有权数[④]，而任侠放荡[⑤]，不治行业[⑥]，世人未之奇也，唯太尉桥玄及南阳何颙异焉[⑦]。玄谓操曰："天下将乱，非命世之才[⑧]，不能济也[⑨]。能安之者，其在君乎！"颙见操，叹曰："汉家将亡，安天下者，必此人也。"玄谓操曰："君未有名，可交许子将。"子将者，训之从子劭也[⑩]，好人伦，多所赏识，与从兄靖俱有高名[⑪]，好共覈论乡党人物[⑫]，每月辄更其品题[⑬]，故汝南俗有月旦评焉。尝为郡功曹[⑭]，府中闻之，莫不改操饰行。曹操往造劭而问之曰："我何如人？"劭鄙其为人[⑮]，不答。操乃劫之[⑯]，劭曰："子，治世之能臣，乱世之奸雄[⑰]。"操大喜而去。

【注释】 ①灵帝：汉灵帝刘宏，公元一六八年至一八九年在位。中平元年即公元一八四年。②操：曹操。嵩：曹嵩，曹操之父，官至司隶校尉、大司农、太尉。③中常侍：宦官名，督责侍从左右。曹腾：东汉宦官，官至中常侍、大长秋。④权数：权谋智数。⑤任侠：以抑强扶弱为己任。放荡：放纵不羁，行为不检。⑥行业：操行学业。⑦太尉：官名，负责综理全国军政，与司徒、司空并为三公。桥玄：东汉官员。南阳：今河南南阳。何颙（音 yóng）：东汉名士。⑧命世之才：不是每个时代都会出现的人才。⑨济：拯救。⑩许子将：许劭（音 shào）。训：许训，东汉末年朝廷高官。⑪人伦：各类人物。靖：许靖，官至司徒。⑫覈（音 hé）论：深刻评论。乡党：乡里。⑬品题：评论人物，定其高下。⑭功曹：功曹使，郡守之佐吏。⑮鄙其为人：看不起他的为人。⑯劫：强迫。⑰这两句说：天下治则成为治国之能臣，天下乱则成为乱世的奸雄。

汉纪五十一，灵帝中平五年[①]，八月，初置西园八校尉[②]，以小黄门蹇硕为上军校尉[③]，虎贲中郎将袁绍为中军校尉[④]，屯骑校尉鲍鸿为下军校尉[⑤]，议郎曹操为典军校尉[⑥]，赵融为助军左校尉[⑦]，冯芳为助军右校尉[⑧]，谏议大夫夏牟为左校尉[⑨]，淳于琼为右校尉[⑩]，皆统于蹇硕。

【注释】 ①即公元一八八年。②西园：上林苑，在洛阳城西。西园八校尉：汉灵帝在西园新设八校尉：上军校尉、中军校尉、下军校尉、典军校尉、助军左校尉、助军右校尉、左校尉、右校尉。③小黄门：宦官，侍从皇帝左右。蹇硕：东汉宦官，官至上军校尉。④虎贲（音 bēn）中郎将：官名，统领虎贲禁军。袁绍：汉末官至大将军、冀州牧。⑤屯骑校尉：官名，负责领骑士戍卫京师。鲍鸿：东汉末年官至屯骑校尉、下军校尉。⑥议郎：官名，负责侍从皇帝左右，顾问应对。⑦赵融：东汉末年官至荡寇将军、光禄大夫。⑧冯芳：东汉末年官至助军右校尉。⑨谏议大夫：官名，负责周旋侍从、参相讽议。夏牟：东汉末年官至左校尉。⑩淳于琼：东汉末年官至右校尉。

汉纪五十二，献帝初平三年[①]，曹操追黄巾至济北[②]，悉降之，得戎卒三十余万，男女百余万口，收其精锐者，号青州兵[③]。操辟陈留毛玠为治中从事[④]，玠言于操曰："今天下分崩，乘舆播荡[⑤]，生民废业，饥馑流亡，公家无经岁之储[⑥]，百姓无安固之志，难以持久。夫兵，义者胜，守位以财[⑦]，宜奉天子以令不臣[8]，修耕植以畜军资[9]，如此则霸王之业可成也。”操纳其言。

【注释】 ①献帝：汉献帝刘协，东汉最后一任皇帝，公元一八九年至二二〇年在位。建安元年，曹操把献帝迁到许，即挟天子以令诸侯。初平三年即公元一九二年。②黄巾：东汉末年张角领导的农民军，因头包黄巾而得名。济北：地名，在今山东泰安东南。③青州兵：曹操收降青州黄巾兵编成的精兵。④陈留：地名，在今河南开封。毛玠：曹操属下官员，官至尚书仆射。治中从事：官名，州之佐吏，掌管众曹文书。⑤乘舆：指皇帝。播荡：流亡无定所。⑥意思是：官府没有一年存粮。⑦守位以财：凭借财富才能守住地位。⑧这句说：应该依赖天子来号令不守臣节的臣子。⑨修耕植：发展农桑。畜：即蓄，储备。

汉纪五十四，献帝建安元年[1]，夏，五月，丙寅[2]，帝遣使至杨奉、李乐、韩暹营[3]，求送至雒阳[4]，奉等从诏。六月，乙未[5]，车驾幸闻喜[6]。庚子[7]，杨奉、韩暹奉帝东还，张杨以粮迎道路[8]。秋，七月，甲子[9]，车驾至雒阳，幸故中常侍赵忠宅[10]。八月，辛丑[11]，幸南宫杨安殿。张杨遂还野王[12]，杨奉亦出屯梁[13]，韩暹、董承并留宿卫。是时，宫室烧尽，百官披荆棘，依墙壁间，州郡各拥强兵，委输不至[14]，群僚饥乏，尚书郎以下自出采稆[15]，或饥死墙壁间，或为兵士所杀。

【注释】 ①即公元一九六年。②丙寅：五月初二。③杨奉：东汉末官至车骑将军。韩暹（音 xiān）：东汉末官至征东大将军。④雒（音 luò）阳：洛阳。⑤乙未：六月初一。⑥车驾：帝王乘的车。幸：帝王到达某地。闻喜：今山西闻喜。⑦庚子：六月初六。⑧张杨：东汉末官至大司马。⑨甲子：七月初一。⑩赵忠：东汉末官至中常侍、大长秋、车骑将军。⑪辛丑：八月初八。⑫野王：在今河南沁阳。⑬梁：梁县，今河南汝州。⑭委输不至：各地不肯进贡。⑮尚书郎：官名，掌管出纳文书章奏等。稆（音 lǚ）：野生稻。

曹操在许[①]，谋迎天子。众以为“山东未定[②]，韩暹、杨奉负功恣睢[③]，未可卒制[④]”。荀彧曰[⑤]：“昔晋文公纳周襄王而诸侯景从[⑥]，汉高祖为义帝缟素而天下归心[⑦]。自天子蒙尘，将军首唱义兵[⑧]，徒以山东扰乱[⑨]，未遑远赴[⑩]。今銮驾旋轸[⑪]，东京榛芜[⑫]，义士有存本之思，兆民怀感旧之哀。诚因此时，奉主上以从人望，大顺也；秉至公以服天下，大略也；扶弘义以致英俊[⑬]，大德也。四方虽有逆节[⑭]，其何能为？韩暹、杨奉，安足恤哉[⑮]！若不时定，使豪杰生心[⑯]，后虽为虑，亦无及矣。”

【注释】　①许：今河南许昌。②山东：崤山、华山以东地区。③负功恣（音 zì）睢（音 suī）：依仗功劳而凶暴蛮横。④未可卒（音 cù）制：不能很快制服。⑤荀彧（音 yù）：曹操属官，官至尚书令。⑥晋文公：公子重耳，春秋五霸之一。周襄王：公元前六五二年至公元前六一九年在位。景从：影从，像影子一样跟随。⑦义帝：战国楚怀王之孙，为项羽拥立。缟（音 gǎo）素：丧服，刘邦为义帝发丧。⑧唱：倡，倡导。⑨徒以：仅仅由于。⑩未遑：没有工夫。⑪銮（音 luán）驾：皇帝车驾。旋轸（音 zhěn）：车子转动行驶。轸，车后横木。⑫东京：洛阳。榛（音 zhēn）芜：荒芜。⑬英俊：英才俊杰。⑭逆节：反抗朝廷的人。⑮恤：忧虑。⑯生心：指有迎驾之心。

操乃遣扬武中郎将曹洪将兵西迎天子[①]，董承等据险拒之，洪不得进。议郎董昭[②]，以杨奉兵马最强而少党援[③]，作操书与奉曰：“吾与将军闻名慕义，便推赤心。今将军拔万乘之艰难[④]，反之旧都，翼佐之功，超世无畴[⑤]，何其休哉[⑥]！方今群凶猾夏[⑦]，四海未宁，神器至重[⑧]，事在维辅[⑨]，必须众贤以清王轨[⑩]，诚非一人所能独建。心腹四支[⑪]，实相恃赖，一物不备，则有阙焉。将军当为内主，吾为外援。今吾有粮，将军有兵，有无相通，足以相济，死生契阔[⑫]，相与共之。”奉得书喜悦，语诸将军曰：

“兖州诸军近在许耳[13]，有兵有粮，国家所当依仰也。”遂共表操为镇东将军，袭父爵费亭侯[14]。

【注释】 ①扬武：中郎将名号。中郎将：官名，地位次于将军。曹洪：曹操堂弟。②议郎：官名，负责顾问应对。董昭：汉末官至司徒。③党援：党羽外援。④万乘（音 shèng）：指皇帝。⑤畴：同类。⑥休：美善。⑦猾夏：扰乱中华。⑧神器：指帝位。⑨意思是：事事在于大臣的辅佐。⑩清王轨：扫清君王路上的障碍。⑪四支：四肢。⑫契阔：相约。⑬兖州：地名，今山东济宁兖州。许：许昌。⑭镇东将军：官名，负责出镇地方。费：地名，今山东费县。亭侯：爵位名。

韩暹矜功专恣，董承患之[1]，因潜召操，操乃将兵诣雒阳[2]。既至，奏韩暹、张杨之罪。暹惧诛，单骑奔杨奉。帝以暹、杨有翼车驾之功[3]，诏一切勿问[4]。辛亥[5]，以曹操领司隶校尉、录尚书事[6]。操于是诛尚书冯硕等三人[7]，讨有罪也；封卫将军董承等十三人为列侯[8]，赏有功也；赠射声校尉沮儁为弘农太守，矜死节也[9]。

【注释】 ①矜功专恣：自夸其功而专擅放肆。董承：东汉末官至车骑将军。②潜：秘密地。诣（音 yì）：到。③翼：辅助，蔽护。④一切勿问：所有行为都不追究。⑤辛亥：八月十八日。⑥司隶校尉：监察官廷内外、京师百官。录尚书事：总领尚书台政务。⑦尚书：与尚书令、仆射共同裁决政务，纳奏出令。冯硕：东汉末官至尚书。⑧卫将军：掌管禁军。列侯：爵位名。⑨射声校尉：掌管宿卫军。沮儁（音 jùn）：东汉末官至射声校尉。弘农：在今河南灵宝东北。太守：官名，一郡的最高行政长官。矜：怜悯。

操引董昭并坐，问曰：“今孤为此，当施何计[1]？”昭曰：“将军兴义兵以诛暴乱，入朝天子[2]，辅翼王室[3]，此五霸之功也[4]。此下诸将，人殊意异，未必服从，今留匡弼[5]，事势不便，惟有移驾幸许耳。然朝廷播越[6]，新还旧京，远近跂望[7]，冀一朝获安[8]，今复徙驾，不厌众心[9]。夫行非常之事，乃有非常之功，愿将军算其多者[10]。”操曰：“此孤本志也[11]。杨奉近在梁耳，闻其兵精，得无为孤累乎[12]？”昭曰：“奉少党援，心相凭结[13]，镇东、费亭之事，皆奉所定，宜进遣使厚遗答谢[14]，以安其意。说‘京都无粮，欲车驾暂幸鲁阳[15]，鲁阳近许，转运稍易，可无县乏之忧[16]’。奉为人勇而寡虑，必不见疑，比使往来[17]，足以定计，奉何能为累！”操曰：“善！”即遣使诣奉。庚申[18]，车驾出轘辕而东[19]，遂迁都许。己巳[20]，幸曹操营，以操为大将军，封武平侯[21]。始立宗庙社稷于许[22]。

【注释】 ①孤：古代帝王自称。②入朝：入京朝见。③辅翼：辅佐、羽翼。④五霸：春秋五大诸侯国：齐桓公、晋文公、秦穆公、宋襄公、楚庄王。⑤匡弼：辅佐。⑥播越：流亡。⑦跂（音 qí）望：抬起脚后跟远望。⑧冀：希望。⑨厌：满足。⑩多者：获利大的。⑪意思是：这是我本来的心意。⑫累：累赘。⑬这句说：杨奉少有党羽援助，所以心想与我们结交。⑭厚遗（音 wèi）：丰厚的馈赠。⑮鲁阳：地名，在今河南鲁山。⑯县：即悬，空，缺。⑰比：等待。⑱庚申：八月二十七日。⑲轘（音 huàn）辕：关名，在今河南偃师东南。⑳己巳：九月初七。㉑大将军：官名，负责统兵征战。武平：地名，在今河南鹿邑西。㉒社：土地神。稷：谷神。古代帝王必立社稷祭祀。

【简评】

曹操能在东汉末扫平诸强，统一北方，在于他在政治上有高远眼光，不满足于占据一地称王。还由于他能广纳人才，仔细听取他们的意见，兼具众善，再用皇帝的名义号令天下，自然就能成功。

官渡之战

汉纪五十四，献帝建安元年[①]，冬，十月，丙戌，以操为司空[②]，行车骑将军事[③]。操以荀彧为侍中，守尚书令[④]。操问彧以策谋之士[⑤]，彧荐其从子蜀郡太守攸及颍川郭嘉[⑥]。操征攸为尚书[⑦]，与语，大悦，曰："公达，非常人也[⑧]。吾得与之计事，天下当何忧哉!"以为军师。

【注释】①即公元一九六年。②操：曹操。司空：监察百官，代表皇帝接受百官奏事等。③行：暂行，代理。车骑将军：位次于大将军及骠骑将军，掌管京师和皇宫兵力与警卫以及出军征伐反叛。④荀彧（音yù）：曹操首席谋臣。侍中：正规官职外的加官，侍从皇帝左右。守：非正式任命，兼任，代管。尚书令：尚书台的长官，总揽朝政。⑤这句说：曹操问荀彧谁是有高超计谋的人。⑥从子：父亲的亲兄弟称为从兄弟，即今堂兄弟，从兄弟的儿子，即从子，即今侄子。蜀郡：在今四川盆地。太守：郡的长官。攸：荀攸，字公达，曹操谋士。颍川：郡名，治所阳翟（今河南禹州）。郭嘉：原为袁绍部下，后投曹操。⑦征：召来。尚书：尚书台内设六曹尚书，协助皇帝处理政务，尚书令为长官。⑧非常人：不是普通人。

初，郭嘉往见袁绍，绍甚敬礼之，居数十日，谓绍谋臣辛评、郭图曰[①]："夫智者审于量主[②]，故百全而功名可立。袁公徒欲效周公之下士[3]，而不知用人之机，多端寡要[4]，好谋无决，欲与共济天下大难[5]，定霸王之业，难矣。吾将更举以求主，子盍去乎[6]？”二人曰：“袁氏有恩德于天下，人多归之，且今最强，去将何之[7]？”嘉知其不寤[8]，不复言，遂去之[9]。操召见，与论天下事，喜曰：“使孤成大业者[10]，必此人也!”嘉出，亦喜曰：“真吾主也!”操表嘉为司空祭酒[11]。

【注释】 ①辛评：本为韩馥部下，后为袁绍谋士。郭图：袁绍谋士。②审：明察，对事情看得清楚。量主：评价自己的君主。③徒欲：只想。效：仿效。周公：周文王、武王之弟，协助武王战胜殷纣王，建立周朝。下士：礼贤下士。④机：诀窍。多端：想得太多，用心不一。寡要：很少掌握住要点。⑤欲与：想和他。济：挽救。⑥子：你们。盍(hé)：何不。去：离开。⑦何之：到哪里去。⑧寤：醒悟。⑨遂去之：结果就离开了袁绍。⑩孤：曹操自称。⑪表：向皇帝上奏书而封某人官职。祭酒：司空的属官，负责参谋军事。

中平以来[1]，天下乱离，民弃农业，诸军并起，率乏粮谷[2]，无终岁之计[3]，饥则寇掠[4]，饱则弃余，瓦解流离[5]，无敌自破者，不可胜数。袁绍在河北[6]，军人仰食桑椹[7]。袁术在江淮，取给蒲蠃[8]，民多相食[9]，州里萧条[10]。羽林监枣祗请建置屯田[11]，曹操从之，以祗为屯田都尉[12]，以骑都尉任峻为典农中郎将[13]。募民屯田许下[14]，得谷百万斛[15]。于是州郡例置田官[16]，所在积谷，仓廪皆满。故操征伐四方，无运粮之劳，遂能兼并群雄。军国之饶，起于祗而成于峻[17]。

【注释】 ①中平：汉灵帝年号，自公元一八四年至一八九年。②率：大都。③终岁之计：一整年的计划。④寇掠：抢劫掠夺。⑤瓦解流离：因缺粮而瓦解流窜。⑥河北：黄河以北，今河北地区。⑦仰食：抬头摘树上的桑椹来吃。桑椹（音 shèn）：桑树的果实。⑧取给蒲蠃（音 luǒ）：拾取蚌蛤作为食物。⑨相食：人吃人。⑩州里：州郡与里巷。

⑪羽林监：羽林军有左监、右监，率领羽林左、右骑。枣祗（音 zhī）：曾任羽林监、屯田都尉等。屯田：发给百姓土地让他们耕种，收成按一定比例交给国家。⑫屯田都尉：负责管理屯田事务。⑬骑都尉：掌管羽林骑兵。任峻：在曹操手下任骑都尉。典农中郎将：在朝廷主管屯田事务的长官。⑭许：即今河南许昌，建安元年八月，曹操从洛阳把汉献帝迁到许，作为帝都。下：城下、城的周围。⑮斛（音 hú）：石的俗称，斛即一石，一石为十斗。⑯例置：照这个办法设置。田官：负责屯田的官吏。⑰起：开始。成：完成、成功。

献帝建安二年[①]，袁绍与操书，辞语骄慢。操谓荀彧、郭嘉曰："今将讨不义而力不敌[②]，何如？"对曰："刘、项之不敌，公所知也。汉祖唯智胜项羽，故羽虽强，终为所禽[③]。今绍有十败，公有十胜，绍虽强，无能为也[④]。

【注释】 ①即公元一九七年。②不义：指袁绍。③禽：擒。④无能为：不能做什么事。

"绍繁礼多仪，公体任自然，此道胜也[①]；绍以逆动，公奉顺以率天下，此义胜也[②]；桓、灵以来，政失于宽，绍以宽济宽，故不摄，公纠之以猛，上下知制，此治胜也[③]；绍外宽内忌，用人而疑之，所任唯亲戚子弟，公外易简而内机明，用人无疑，唯才所宜，不问远近，此度胜也[④]；绍多谋少决，失在后事，公得策辄行，应变无穷，此谋胜也[⑤]；绍高议揖让以收名誉，士之好言饰外者多归之，公以至心待人，不为虚美，士之忠正远见而有实者皆愿为用，此德胜也[⑥]；绍见人饥寒，恤念之，形于颜色，其所不见，虑或不及，公于目前小事，时有所忽，至于大事，与四海接，恩之所加，皆过其望，虽所不见，虑无不周，此仁胜也[⑦]；绍大臣争权，谗言惑乱，公御下以道，浸润不行，此明胜也[8]；绍是非不可知，公所是进之以礼，所不是正之以法，此文胜也[9]；绍好为虚势，不知兵要，公以少克众，用兵如神，军人恃之，敌人畏之，此武胜也[10]。”操笑曰：“如卿所言，孤何德以堪之[11]！”

【注释】　①这三句说：袁绍礼仪繁多，而您待人接物出于自然，这是在处世之道上胜过他。②这三句说：袁绍身为臣子，如果起兵来攻献帝所在的许，便是叛逆，而您尊奉天子以统率天下，这是在正义上胜过他。③这几句说：自从桓帝、灵帝以来，政令失于松弛，袁绍却用松弛补救松弛，故不能掌控局面，而您用严刑来纠正政治松弛，上下都知道遵守制度，这是在治国上胜过他。④这几句说：袁绍外表宽厚而内心猜忌，用人而多有猜疑，只任用亲戚子弟，而您外表平易近人而内心机敏明察，用人不疑，唯才是用，不问远近亲疏，这是在器度上胜过他。⑤这几句说：袁绍计谋多而决断少，过失就在于落在事情变化的后面，而您得到了谋略就立即施行，应付变化有无穷的办法，这是在谋略上胜过他。⑥这几句说：袁绍喜欢高谈阔论，对人谦恭揖让，以此沽名钓誉，那些喜欢谈论而重视修饰外表的人多投奔他，而您以至诚待人，不搞虚假的善举，士人忠诚正直有远见而有真才实学的人都愿为您效力，这是在德行上胜过他。⑦这几句说：袁绍看到他人饥寒交迫，就怜悯地想着这件事，并在脸色上显露出来，他没有看到的情况，考虑时经常想不到，而您对于眼前小事，经常有所忽略，但对于大事，与各地人士交往，施加的恩惠，都超过他们的期望，虽然有些事没有看到，也会考虑得十分周全，这是在仁义上胜过他。⑧这几句说：袁绍的大臣争权夺利，互进谗言以惑乱人心，而您驾驭属下有方，谗言诬陷行不通，这是在明智上胜过他。⑨这几句说：袁绍对事情的是非标准，别人不能知晓，而您认为对的就用礼节进用他，认为不对的就用法规纠正他，这是在文治上胜过他。⑩这几句说：袁绍喜欢虚张声势，而不知用兵的要诀，而您善于以寡克众，用兵如神，部下都信赖您，敌人则害怕您，这是在武功上胜过他。⑪何德以堪之：有什么德行能受得了这些称赞。

嘉又曰："绍方北击公孙瓒[1]，可因其远征[2]，东取吕布[3]。若绍为寇，布为之援，此深害也[4]。"或曰："不先取吕布，河北未易图也[5]。"操曰："然。吾所惑者，又恐绍侵扰关中，西乱羌、胡，南诱蜀、汉，是我独以兖、豫抗天下六分之五也[6]。为将奈何？"或曰："关中将帅以十数，莫能相一，唯韩遂、马腾最强[7]。彼见山东方争，必各拥众自保[8]，今若抚以恩德，遣使连和[9]，虽不能久安，比公安定山东，足以不动[10]。侍中、尚书仆射钟繇有智谋[11]，若属以西事[12]，公无忧矣。"操乃表繇以侍中守司隶校尉[13]，持节督关中诸军[14]，特使不拘科制[15]。繇至长安，移书腾、遂等[16]，为陈祸福[17]，腾、遂各遣子入侍[18]。

【注释】 ①公孙瓒：为北方强大诸侯，后被袁绍击败而死。②因：利用。③吕布：先后为丁原、董卓、袁绍部将，后被曹操击败处死。④为寇：指侵扰许昌。深害：大害。⑤未易图：不易夺取。⑥兖：兖州，古九州之一，汉代全国分为十四州，设十四州刺史部，兖州为其中之一，治所在昌邑（今山东金乡）。豫：豫州，古九州之一，今河南大部都属豫州。⑦莫能相一：没有人能统一他们。韩遂、马腾：韩遂，东汉末年起兵，拥兵三十余年，后被曹操击败，逃奔凉州。马腾：东汉末年占据凉州，马超之父，后被曹操攻灭。⑧山东：华山以东。拥众：拥兵。⑨抚以恩德：用恩德安抚。连和：相互讲和。⑩比：等到。不动：指关中众将不出兵。⑪尚书仆射（音 yè）：尚书省副官，尚书令为虚职后，尚书仆射为尚书省的长官。钟繇（音 yáo）：助汉献帝东归有功，被曹操委以重任，镇守关中。⑫属：托付。西事：关中的连和之事。⑬司隶校尉：监督京师和地方的监察官。以率领一千二百名中都官徒隶组成的军队，故名。⑭持节：手持皇帝的符节。督：督管。⑮特使：特命。科制：名目与制度。⑯移书：送去快文。⑰陈：陈说。⑱遣子入侍：派儿子入京侍奉皇帝，这是以儿子作人质，向皇帝表示忠诚。

献帝建安三年[1]，初，袁绍每得诏书，患其有不便于己者，欲移天子自近[②]，使说曹操以许下埤湿，雒阳残破[③]，宜徙都鄄城以就全实[④]，操拒之。田丰说绍曰[⑤]："徙都之计，既不克从[⑥]，宜早图许[⑦]，奉迎天子，动托诏书，号令海内，此算之上者[⑧]。不尔[⑨]，终为人所禽，虽悔无益也。"绍不从。

【注释】 ①即公元一九八年。②患：担心。移天子自近：迁移天子靠近自己。③使说：派人对曹操说。埤（音pí）：地势低下。雒阳：洛阳，东汉都城。④鄄城：在今山东菏泽。就：前来利用。全实：城墙完整而储藏充足。⑤田丰：袁绍的谋臣，多次向袁绍进言而不被采纳。⑥克：能。⑦图许：谋划攻许。⑧动托诏书：动辄就托名皇帝的诏书。算：计谋。⑨尔：这样。

汉纪五十五，献帝建安四年[①]，袁绍既克公孙瓒，心益骄，贡御稀简[②]。主簿耿包密白绍[③]，宜应天人，称尊号[④]。绍以包白事示军府[⑤]，僚属皆言包妖妄，绍不得已，杀包以自解[⑥]。绍简精兵十万、骑万匹[⑦]，欲以攻许。沮授谏曰[⑧]："近讨公孙瓒，师出历年，百姓疲敝，仓库无积，未可动也。宜务农息民，先遣使献捷天子[⑨]，若不得通[⑩]，乃表曹操隔我王路[⑪]，然后进屯黎阳[⑫]，渐营河南[⑬]，益作舟船[⑭]，缮修器械，分遣精骑抄其边鄙[⑮]，令彼不得安，我取其逸[⑯]。如此，可坐定也。"

【注释】 ①即公元一九九年。②贡御：向皇帝上贡和进献。稀简：稀少和简薄。③主簿：主官属下掌管文书的佐史。密白：秘密地述说。④应天人：顺天应人，一般指称帝。称尊号：称帝，当时袁绍弟弟袁术已经在他占领的九江称帝。⑤包白事：耿包所说的事情。军府：幕府中的谋士。⑥自解：为自己解脱。⑦简：选。⑧沮授：袁绍谋士。经常对袁绍提出良策，但袁绍并不听从。⑨献捷：打胜仗之后，向皇帝献上俘虏。⑩通：答复。⑪表：上奏疏说明。隔我王路：阻隔我与皇帝的联系之路。⑫屯：驻军。黎阳：即今河南浚县。⑬营：经营，指扩展势力。河南：黄河以南。⑭益作：多造。⑮边鄙：边境。⑯取：收取。逸：兵不疲惫。

郭图、审配曰："以明公之神武，引河朔之强众①，以伐曹操，易如覆手，何必乃尔②！"授曰："夫救乱诛暴，谓之义兵，恃众凭强，谓之骄兵。义者无敌，骄者先灭。曹操奉天子以令天下，今举师南向，于义则违③。且庙胜之策④，不在强弱。曹操法令既行，士卒精练，非公孙瓒坐而受攻者也⑤。今弃万安之术而兴无名之师⑥，窃为公惧之⑦！"图、配曰："武王伐纣，不为不义。况兵加曹操，而云无名⑧？且以公今日之强，将士思奋⑨，不及时以定大业⑩，所谓天与不取，反受其咎⑪，此越之所以霸，吴之所以灭也⑫。监军之计在于持牢⑬，而非见时知几之变也⑭。"绍纳图言⑮。骑都尉清河崔琰谏曰⑯："天子在许，民望助顺⑰，不可攻也！"绍不从。

【注释】 ①河朔：河北。②乃尔：像这样。③违：违背。④庙胜：庙堂胜算。⑤坐：等着。⑥万安：万全。⑦为公惧之：替公担心这样做。⑧兵加曹操：对曹操用兵。⑨思奋：想奋勇作战。⑩大业：统一天下的大业。⑪与：给。咎：灾害。⑫越：越王勾践被吴国打败，被迫求和。后卧薪尝胆，把吴王夫差打败。吴：吴王夫差，春秋时吴国末代国君，先在夫椒大败越国，又在艾陵打败齐国，后被勾践打败而自杀。⑬监军：指沮授。持牢：牢靠守持。⑭见：看出。知：懂得。几（音jī）：事物的苗头或先兆。见时知几之变：看到时运的推移而预知事情变化的先兆。⑮纳：采纳。⑯清河：郡名，治所甘陵（今山东临清东）。崔琰（音yǎn）：东汉大臣，后被曹操赐死。⑰民望：民心。

许下诸将闻绍将攻许，皆惧，曹操曰："吾知绍之为人，志大而智小，色厉而胆薄，忌克而少威①，兵多而分画不明②，将骄而政令不一，土地虽广，粮食虽丰，适足以为吾奉也③。"孔融谓荀彧曰④："绍地广兵强，田丰、许攸⑤，智士也，为之谋，审配、逢纪[6]，忠臣也，任其事，颜良、文丑[7]，勇将也，统其兵，殆难克乎[8]！”或曰：“绍兵虽多而法不整[9]，田丰刚而犯上[10]，许攸贪而不治[11]，审配专而无谋[12]，逢纪果而自用[13]，此数人者，势不相容，必生内变。颜良、文丑，一夫之勇耳，可一战而禽也。”

【注释】 ①忌克：对人猜忌而刻薄。②分画：部署调配。③适足以为吾奉：正好足够让这些粮食送给我们。④孔融：孔子第十九世孙，汉献帝时任北海相、太中大夫等，后被曹操杀死。⑤许攸：本为袁绍谋士，后投曹操，因触怒曹操而被杀。⑥逢（音 páng）纪：袁绍谋士，后被袁绍之子袁谭杀死。⑦颜良、文丑：袁绍手下的将领，在与曹操作战中被杀。⑧殆：大概。克：战胜。⑨法不整：法纪不完备且不能严格执行。⑩刚而犯上：刚烈而触犯袁绍。⑪贪而不治：贪婪而不能约束自己。⑫专：专横。⑬果而自用：刚愎自用。

秋，八月，操进军黎阳，使臧霸等将精兵入青州以扞东方[1]，留于禁屯河上[2]。九月，操还许，分兵守官渡[3]。

【注释】 ①臧霸：先在陶谦麾下，终归曹操。青州：东汉十三州之一，治所临淄，在今山东临淄北。扞：捍卫，防守。②于禁：本为鲍信部将，后归曹操。河上：黄河边。③官渡：地名，今河南中牟东北的官渡镇，黄河之南，距许二百里，是河北进军河南的要地。

袁绍遣人招张绣[1]，并与贾诩书结好[2]。绣欲许之，诩于绣坐上，显谓绍使曰[3]：“归谢袁本初[4]，兄弟不能相容[5]，而能容天下国士乎！”绣惊惧曰：“何至于此！”窃谓诩曰[6]：“若此，当何归[7]？”诩曰：“不如从曹公。”绣曰：“袁强曹弱，又先与曹为仇[8]，从之如何？”诩曰：“此乃所以宜从也[9]。夫曹公奉天子以令天下，其宜从一也；绍强盛，我以少众从之，必不以我为重，曹公众弱，其得我必喜，其宜从二也；夫有霸王之志者，固将释私怨以明德于四海[10]，其宜从三也。愿将军无疑！”冬，十一月，绣率众降曹操。

【注释】　①张绣：东汉末割据宛城（今河南南阳），后降曹操，又突袭曹操，官渡之战前，再降曹操。②贾诩：原为董卓部将，后为张绣谋士，助张绣两次打败曹操，官渡之战前劝张绣降曹操。③显：公开，当着袁绍使者的面。④袁本初：袁绍字本初。⑤兄弟不能相容：袁绍与其弟袁术不能相合。袁术与袁绍、曹操等同时起兵讨伐董卓，后被袁绍、曹操击败，奔九江。建安二年（公元一九七）称帝，后为吕布、曹操所破，建安四年病死。⑥窃谓诩：私下对贾诩说。⑦当何归：应当归顺谁。⑧先与曹为仇：张绣此前与曹操作战。⑨所以宜从：应该归顺曹操的原因。⑩释：放弃不计较。私怨：私人间的恩怨。明德于四海：向天下表明自己的恩德。

关中诸将以袁、曹方争[①]，皆中立顾望[②]。凉州牧韦端使从事天水杨阜诣许[③]，阜还，关右诸将问[④]：“袁、曹胜败孰在[⑤]？”阜曰：“袁公宽而不断，好谋而少决[⑥]，不断则无威，少决则后事[⑦]，今虽强，终不能成大业。曹公有雄才远略，决机无疑[⑧]，法一而兵精[⑨]，能用度外之人[⑩]，所任各尽其力[⑪]，必能济大事者也[⑫]。”

【注释】　①关中诸将：关中地区的诸位割据的将领，如韩遂、马腾等人。②顾望：观望。③凉州：原为雍州，东汉十三州之一，治所陇县，在今甘肃张家川，后移治姑臧，即今甘肃武威。牧：州牧，东汉分天下十三州，各州的长官称为州牧。韦端：京兆（今陕西西安西北）人。从事：官名，有刺史属吏之称，分为别驾从事史、治中从事史等，后改为参军。天水：在今甘肃天水。杨阜：先为凉州从事，后归曹操。④关右：关中。⑤孰在：在谁。⑥宽：统治上宽松。断：断案。决：决断。⑦后事：落在事情发展变化的后面。⑧决机无疑：对事机的变化加以决断而没有疑虑。⑨法一：法度统一。⑩度外之人：超出人们想象的人才。⑪所任：任用的人。⑫济：成功。

曹操使治书侍御史河东卫觊镇抚关中[1]，时四方大有还民[2]，关中诸将多引为部曲[3]。觊书与荀彧："关中膏腴之地，顷遭荒乱[4]，人民流入荆州者十万余家[5]，闻本土安宁，皆企望思归[6]。而归者无以自业[7]，诸将各竞招怀以为部曲[8]，郡县贫弱，不能与争，兵家遂强，一旦变动，必有后忧。夫盐，国之大宝也，乱来放散[9]，宜如旧置使者监卖[10]，以其直益市犁牛[11]，若有归民[12]，以供给之，勤耕积粟以丰殖关中[13]，远民闻之[14]，必日夜竞还[15]。又使司隶校尉留治关中以为之主，则诸将日削，官民日盛，此强本弱敌之利也[16]。"彧以白操，操从之。始遣谒者仆射监盐官[17]，司隶校尉治弘农[18]，关中由是服从。

【注释】 ①治书侍御史：官名，掌管执法和判定案件。河东：秦汉时河东郡在今山西运城、临汾一带。卫觊（音jì）：曹操下属，后为尚书。②大有：多有。还民：流民返回家乡。③部曲：在汉代本是军队编制的名称，大将军营有五部，部下有曲，后泛指某个军阀统率的私人军队。④顷：最近。⑤荆州：东汉十三州之一，治所汉寿，在今湖南汉寿北，后移治襄阳，在今湖北襄阳。⑥本土：家乡。⑦自业：自己谋生。⑧招：招来。怀：纳入自己管辖。⑨乱来放散：东汉末战乱以来松散废弛。⑩如旧：像以前那样。置使者监卖：设置专门官吏监管盐的专卖。⑪直：值，指卖盐所得的钱。益：多。市：买。⑫归民：返回家乡的农民。⑬丰殖：增多和发展。⑭远民：流落到远方的百姓。⑮竞还：竞相回乡。⑯强本：加强我方的实力。⑰谒者仆射：官名，谒者台的长官，主管谒者。谒者掌管接待宾客并接受他们的上书奏章。监盐官：监督专卖盐的官吏。⑱司隶校尉：此前派到关中的钟繇。治：治所，即官员施政机构所在地。弘农：治所在今河南灵宝北。

袁绍使人求助于刘表[1]，表许之而竟不至[2]，亦不援曹操。从事中郎南阳韩嵩、别驾零陵刘先说表曰[3]："今两雄相持，天下之重在于将军。若欲有为，起乘其敝可也[④]，如其不然，固将择所宜从[⑤]，岂可拥甲十万，坐观成败，求援而不能助，见贤而不肯归？此两怨必集于将军，恐不得中立矣。曹操善用兵，贤俊多归之，其势必举袁绍[⑥]，然后移兵以向江、汉[⑦]，恐将军不能御也[⑧]。今之胜计[⑨]，莫若举荆州以附曹操[⑩]，操必重德将军[⑪]，长享福祚，垂之后嗣[⑫]，此万全之策也。”

【注释】 ①刘表：字景升，汉鲁恭王刘余的后裔，当时任荆州刺史，死后，其子刘琮投降曹操。②许之：答应他。竟：最终。③从事中郎：郎官的一种，即省中之郎，帝王的近侍官。南阳：郡名，治所在今河南南阳。韩嵩：字德高，在刘表手下任别驾、从事中郎。汉献帝拜为侍中、零陵太守。别驾：即别驾从事史，州牧刺史的主要辅佐官吏。零陵：郡名，治所在泉陵（今湖南永州零陵）。刘先：字始宗，初为刘表别驾，汉献帝授武陵太守。④起：行动起来。乘其敝：利用他们的弱点。⑤固将择：本来就要选择。所宜从：所应顺从的一方。⑥举：战胜。⑦江、汉：长江、汉水一带。⑧御：抵抗。⑨胜计：良计。⑩举荆州以附曹操：拿整个荆州来附顺曹操。⑪德：感谢、感激。⑫垂：传。

蒯越亦劝之[①]，表狐疑不断[②]，乃遣嵩诣许[③]，曰：“今天下未知所定[④]，而曹操拥天子都许，君为我观其衅[⑤]。”嵩曰：“圣达节，次守节[⑥]。嵩，守节者也。夫君臣名定，以死守之[⑦]。今策名委质[⑧]，唯将军所命[⑨]，虽赴汤蹈火，死无辞也。以嵩观之，曹公必得志于天下。将军能上顺天子，下归曹公，使嵩可也[⑩]，如其犹豫[⑪]，嵩至京师，天子假嵩一职[⑫]，不获辞命[⑬]，则成天子之臣，将军之故吏耳[⑭]。在君为君[⑮]，则嵩守天子之命，义不得复为将军死也[⑯]。惟加重思[⑰]，无为负嵩[⑱]！”表以为惮使，强之[⑲]。

【注释】 ①蒯越：原为刘表部下，后与刘琮投降曹操。②不断：不能决断。③遣嵩诣许：派韩嵩前往许。④未知所定：不知由谁平定下来。⑤衅（音 xìn）：裂痕、缝隙。⑥圣达节：二句出自《春秋左传》成公十五年，是说：圣人能达到节义，让人懂得什么是节义，其次的人只奉守圣人说明的节义。⑦这二句说：君与臣的名分定了，臣就会以死来遵守臣节。⑧策名：名字写在朝廷的官职名簿上，即出任官职。委质：献上贽礼，即向君主表示尽忠。⑨这句说：只听将军的命令。⑩这三句说：将军如能顺天子，归曹公，那么派我去是可以的。⑪犹豫：犹豫不定，指不能决定是顺天子、归曹操，还是帮助袁绍。⑫假：这是谦称，指天子任命我一个官职。⑬不获辞命：不允许我推辞任命。⑭这二句说：那样的话，我就成了天子的大臣，只是将军您原来的官吏，归属关系就不一样了。⑮在君为君：在君手下为臣，就要为君效劳，不会再为将军您效劳了。⑯这句说：在道义上我不能再为将军您献身了。⑰惟加重思：只希望您再加慎重考虑。⑱负：辜负，对不起。⑲惮使：害怕出使。强：强行派出。

至许，诏拜嵩侍中、零陵太守[①]。及还，盛称朝廷、曹公之德，劝表遣子入侍。表大怒，以为怀贰[②]，大会寮属，陈兵，持节[③]，将斩之，数曰[④]：“韩嵩敢怀贰邪!”众皆恐，欲令嵩谢[⑤]。嵩不为动容，徐谓表曰[⑥]：“将军负嵩，嵩不负将军[⑦]!”且陈前言[⑧]。表妻蔡氏谏曰：“韩嵩，楚国之望也[⑨]，且其言直，诛之无辞[⑩]。”表犹怒，考杀从行者[⑪]，知无它意，乃弗诛而囚之[⑫]。

【注释】 ①侍中：西汉时为正规官职外的加官，大臣加上侍中名号，可入禁中受事。太守：郡的长官。②怀贰：怀有反叛之心。③寮属：下属官员。陈兵：摆出士兵及兵器。持节：拿着朝廷的符节。④数：责备。⑤谢：道歉。⑥徐：从容不迫。⑦负：辜负，对不起。⑧陈其言：陈述当时对刘表说的话。⑨望：望族，也指有声望的人。⑩无辞：没有理由。⑪考：拷打审问。⑫无它意：没有反叛的意思。囚：囚禁。

曹操复屯官渡。初，车骑将军董承称受帝衣带中密诏[①]，与刘备谋诛曹操[②]。操从容谓备曰：“今天下英雄，惟使君与操耳[3]，本初之徒，不足数也!”备方食，失匕箸[4]，值天雷震，备因曰：“圣人云，‘迅雷风烈必变[5]’，良有以也[6]。”遂与承及长水校尉种辑、将军吴子兰、王服等同谋[7]。会操遣备与朱灵邀袁术[8]，程昱、郭嘉、董昭皆谏曰[9]：“备不可遣也!”操悔，追之不及。

【注释】 ①车骑将军：官名，位次于大将军及骠骑将军。董承：汉献帝妃嫔董贵人之父，护卫汉献帝从长安东归洛阳。衣带中密诏：皇帝衣服和佩带中夹着的密诏，不是正式发布的诏书。②刘备：字玄德，西汉中山靖王刘胜的后代，赤壁之战与孙权联盟击败曹操，夺取荆州。③惟：只有。使君：汉代称呼太守刺史一类的官员。耳：而已。④匕箸(音 zhù)：羹匙和筷子。⑤迅雷风烈必变：出自《论语·乡党》篇，本是说孔子遇到迅雷和烈风，一定要改变脸色和容态，以示敬畏。⑥良有以也：实在是有原因的。⑦长水校尉：东汉五军五校尉之一，掌管皇帝宿卫部队。种辑：董卓当政时为侍中，与荀攸、郑泰等谋诛董卓，董卓死后，与董承、王子服、吴硕、王义郎接汉献帝密诏除曹操。谋泄被曹操杀死。吴子兰：时为昭信将军，与董承谋划暗杀曹操。王服：时为越骑校尉、偏将军，与董承、种辑、吴硕受衣带诏谋杀曹操。⑧会：正好此时。遣：派。朱灵：初为袁绍部将，曹操征陶谦，袁绍使朱灵助曹操，于是留而不返。邀：截击。⑨程昱(音 yù)：曹操谋士。董昭：原属袁绍，因受谗而离开，后迎汉献帝，拜议郎。建议曹操将汉献帝迁往许，成为曹操的谋士。

献帝建安五年[1]，春，正月，董承谋泄，壬子，曹操杀承及王服、种辑，皆夷三族。操欲自讨刘备，诸将皆曰：“与公争天下者，袁绍也。今绍方来而弃之东，绍乘人后，若何[2]?”操曰：“刘备，人杰也，今不击，必为后患。”郭嘉曰：“绍性迟而多疑[3]，来必不速。备新起，众心未附，急击之，必败。”操师遂东[4]。冀州别驾田丰说袁绍曰[5]：“曹操与刘备连兵[6]，未可卒解[7]。公举军而袭其后，可一往而定。”绍辞以子疾[8]，未得行。丰举杖击地曰：“嗟乎！遭难遇之时，而以婴儿病失其会[9]，惜哉，事去矣！”

【注释】 ①即公元二〇〇年。②三句说：袁绍正要前来，而我军放下他却向东进军，袁绍乘机偷袭我军背后，怎么办？③性迟：性子迟缓。④遂东：于是向东进军。⑤冀州：东汉十三州之一，治所高邑（今属河北石家庄）。⑥连兵：交兵。⑦卒解：马上解除，指作战不能马上结束。⑧辞以子疾：以儿子生病推辞掉。⑨以婴儿病失其会：因婴儿生病而丧失战机。

曹操击刘备，破之，获其妻子，进拔下邳[1]，禽关羽，又击昌豨[2]，破之。备奔青州，因袁谭以归袁绍[3]。绍闻备至，去邺二百里迎之[4]，驻月余，所亡士卒稍稍归之[5]。曹操还军官渡。绍乃议攻许，田丰曰：“曹操既破刘备，则许下非复空虚。且操善用兵，变化无方，众虽少，未可轻也，今不如以久持之[6]。将军据山河之固，拥四州之众[7]，外结英雄，内修农战，然后简其精锐[8]，分为奇兵，乘虚迭出以扰河南[9]，救右则击其左，救左则击其右，使敌疲于奔命，民不得安业，我未劳而彼已困，不及三年，可坐克也。今释庙胜之策而决成败于一战[10]，若不如志[11]，悔无及也。”绍不从。丰强谏忤绍[12]，绍以为沮众[13]，械系之[14]。

【注释】 ①妻子：妻与子女。下邳（音 pī）：在今江苏睢宁古邳。②昌豨（音 xī）：东海郡太守，反复无常，后被曹军击破。③袁谭：袁绍的长子，青州刺史。袁绍去世后，袁谭联合曹操攻打袁尚，后被曹操攻杀。④邺：地名，当时为袁绍的都城。去邺二百里迎之：离开邺城二百里迎接刘备，表示特别敬重。⑤稍稍：逐渐、陆续。⑥以久持之：以长久对峙来对待曹操。⑦四州：冀、青、幽、并四州。⑧简：挑选。⑨迭出：不断出兵。⑩释：放弃。⑪不如志：不得志，达不到目的。⑫忤（音 wǔ）：触犯、冒犯。⑬沮（音 jǔ）众：打击众人的士气。⑭械系之：用枷锁囚禁他。

于是移檄州郡[①]，数操罪恶[②]。二月，进军黎阳。沮授临行，会其宗族[③]，散资财以与之曰[④]：“势存则威无不加，势亡则不保一身[⑤]，哀哉！”其弟宗曰[⑥]：“曹操士马不敌，君何惧焉？”授曰：“以曹操之明略，又挟天子以为资[⑦]，我虽克伯珪[⑧]，众实疲敝，而主骄将忲[⑨]，军之破败，在此举矣。扬雄有言[⑩]：‘六国蚩蚩，为嬴弱姬[⑪]。’其今之谓乎[⑫]！”

【注释】 ①移檄州郡：向各州郡发布讨伐曹操的公文。②数：列出并谴责。③会其宗族：与他的宗族会面。④这句说：把自己的资产钱财分散送给他宗族的人。⑤这二句说：势力在就能威风到处施展，势力丧失了就连自己一身也保不住。⑥宗：沮授的弟弟沮宗。⑦资：帮助。⑧伯珪：公孙瓒。⑨忲（音 tài）：奢侈。⑩扬雄：字子云，西汉成帝时任给事黄门郎，王莽时任大夫，著有《法言》与《太玄》。⑪这二句出自扬雄的《法言·重黎》篇，意为：战国时的六国都很愚昧无知，相互攻击，最终不过是为嬴秦削弱了姬姓的周王朝而已。⑫这句说：这说的就是今天这种情况吧。

振威将军程昱以七百兵守鄄城[①]，曹操欲益昱兵二千，昱不肯，曰：“袁绍拥十万众，自以所向无前[②]，今见昱少兵，必轻易[③]，不来攻。若益昱兵，过则不可不攻，攻之必克，徒两损其势[④]，愿公无疑。”绍闻昱兵少，果不往。操谓贾诩曰：“程昱之胆，过于贲、育矣[⑤]！”

【注释】 ①振威将军：在将军中属于第四级。大将军为第一级，镇军大将军、车骑将军、卫将军、辅国大将军、征（或镇）东西北南将军为第三级，左右前后将军、护、安、平将军为第三级，武卫、奋武、奋威、建威、振威将军为第四级。②自以：自以为。③轻易：轻视。④徒：白白地。两损其势：两方都损害了形势。两方指程昱和曹操主力。⑤贲（音 bēn）、育：孟贲、夏育，古代有名的猛士，此指勇士。

袁绍遣其将颜良攻东郡太守刘延于白马①，沮授曰："良性促狭②，虽骁勇，不可独任。"绍不听。夏，四月，曹操北救刘延。荀攸曰："今兵少不敌，必分其势乃可③。公到延津④，若将渡兵向其后者⑤，绍必西应之，然后轻兵袭白马⑥，掩其不备，颜良可禽也。"操从之。绍闻兵渡，即分兵西邀之⑦。操乃引军兼行趣白马⑧，未至十余里⑨，良大惊，来逆战⑩。操使张辽、关羽先登击之⑪。羽望见良麾盖⑫，策马刺良于万众之中，斩其首而还，绍军莫能当者⑬。遂解白马之围，徙其民，循河而西。

【注释】 ①刘延：人名。白马：地名，在今河南境内。②促狭：急躁狭隘。③分其势：引诱敌人分兵而削弱其势头。④延津：古代黄河渡口，在今河南新乡。⑤若将：就像将要。⑥轻兵：轻装部队。袭：偷袭。⑦西邀之：向西去截击他们。⑧兼行：日夜不停地行军。趣：奔向。⑨未至：还未到达目的地，还差若干里。⑩逆战：迎战。⑪张辽：字文远，曾从属丁原、董卓、吕布，后归顺曹操。关羽：字云长，先随刘备，后被曹操生擒，又回归刘备，后被东吴吕蒙击败杀死。先登：先去接战。⑫麾盖：将军在阵中使用的旌旗伞盖，表示这是部队的指挥员所在地。⑬当：抵挡。

绍渡河追之，沮授谏曰："胜负变化，不可不详。今宜留屯延津，分兵官渡，若其克获①，还迎不晚。设其有难，众弗可还。"绍弗从。授临济叹曰②："上盈其志③，下务其功④，悠悠黄河，吾其济乎⑤！"遂以疾辞⑥。绍不许而意恨之⑦，复省其所部并属郭图⑧。绍军至延津南，操勒兵驻营南阪下⑨，使登垒望之，曰："可五六百骑⑩。"有顷，复白⑪："骑稍多，步兵不可胜数。"操曰："勿复白。"令骑解鞍放马。

【注释】 ①克获：取胜、获胜。②临济：临到渡河时。③盈：骄满。④务：力求。⑤吾其济乎：我还能渡河回来吗。⑥以疾辞：以有病推辞不渡河。⑦意：心。⑧这句说：又削减他的部队一并交给郭图。⑨勒兵：指挥部署部队。南阪：南面的山坡。⑩可：将近。⑪复白：又说。

是时，白马辎重就道，诸将以为敌骑多，不如还保营[①]。荀攸曰："此所以饵敌[②]，如何去之！"操顾攸而笑[③]。绍骑将文丑与刘备将五六千骑前后至。诸将复白："可上马。"操曰："未也。"有顷，骑至稍多，或分趣辎重[④]。操曰："可矣！"乃皆上马。时骑不满六百，遂纵兵击[⑤]，大破之，斩丑。丑与颜良，皆绍名将也，再战，悉禽之，绍军夺气[⑥]。操还军官渡。

【注释】 ①还保营：撤退守住营垒。②饵敌：用诱饵引诱敌人。③顾攸而笑：回头看着荀攸而笑，表示荀攸才是明白我意图的人。④这句说：敌人中有一部分分头奔向曹军停放辎重的地方。⑤这句说：于是就派出部队攻击。⑥夺气：士气被夺掉了。

袁绍军阳武[①]，沮授说绍曰："北兵虽众而劲果不及南[②]，南军谷少而资储不如北，南幸于急战[③]，北利在缓师[④]。宜徐持久，旷以日月[⑤]。"绍不从。八月，绍进营稍前，依沙埵为屯[⑥]，东西数十里。操亦分营与相当[⑦]。

【注释】 ①阳武：在今河南原阳东南，后与原武合并，名原阳。②北兵：袁绍的部队，在河北，故称北兵。相对而言，曹操在河南，故称南或南兵。劲果：强劲勇敢。③幸：希望。④缓师：不急于开战。⑤旷以日月：旷日持久。⑥沙埵：埵即堆，沙丘。⑦分营与相当：分开扎营与袁绍军一一相对。

曹操出兵与袁绍战，不胜，复还，坚壁。绍为高橹[①]，起土山，射营中，营中皆蒙楯而行[②]。操乃为霹雳车[③]，发石以击绍楼，皆破。绍复为地道攻操，操辄于内为长堑以拒之[④]。操众少粮尽，士卒疲乏，百姓困于征赋，多叛归绍者。操患之，与荀彧书，议欲还许，以致绍师[⑤]。

【注释】 ①橹：有防护的楼车。②蒙楯：楯即盾，蒙盾，把盾牌顶在头上。③霹雳车：可以发射大石块的战车。④这句说：曹操总是在营内挖长沟来破坏对方挖进来的地道。⑤致绍师：使袁绍的军队来到许。

彧报曰："绍悉众聚官渡[①]，欲与公决胜败。公以至弱当至强，若不能制，必为所乘[②]，是天下之大机也[③]。且绍，布衣之雄耳[④]，能聚人而不能用。以公之神武明哲而辅以大顺[⑤]，何向而不济[⑥]！今谷食虽少，未若楚、汉在荥阳、成皋间也[⑦]。是时刘、项莫肯先退者[⑧]，以为先退则势屈也。公以十分居一之众[⑨]，画地而守之[⑩]，搤其喉而不得进[⑪]，已半年矣。情见势竭[⑫]，必将有变[⑬]。此用奇之时[⑭]，不可失也。"操从之，乃坚壁持之[⑮]。

【注释】 ①悉众：集中全部军队。②为所乘：被他乘胜击溃。③大机：重大转折点。④布衣之雄：在普通人中间称雄的人。⑤辅以大顺：用帝王的名义号令天下，这是大顺。辅以，是说用这样有利条件作为最大帮助。⑥何向而不济：朝哪里进军而能不成功呢。⑦楚、汉在荥阳、成皋间：楚指项羽，汉指刘邦，在荥阳、成皋间，指刘、项在此地对峙，详见本书楚汉决战部分。⑧莫肯先退者：莫肯先退，没有人肯首先后撤。者，表示说之所以这样做的原因是。⑨十分居一之众：只有相当于对方十分之一的兵力。⑩画地：占据一块地区。⑪搤（音è）：扼。不得进：使袁绍不能前进。⑫情见：用心已经显现出来。势竭：势头已经竭尽。⑬变：意料之外的变化。⑭用奇：施展奇计奇兵。⑮持之：与之相持，不先退让。

操见运者[①]，抚之曰："却十五日为汝破绍[②]，不复劳汝矣[③]。"绍运谷车数千乘至官渡。荀攸言于操曰："绍运车旦暮至[④]，其将韩猛锐而轻敌[⑤]。击，可破也!"操曰："谁可使者?"

攸曰："徐晃可。"乃遣偏将军河东徐晃与史涣邀击猛[6]，破走之，烧其辎重。

【注释】 ①运者：运送粮草的人。②却十五日：后十五日。③不复：不再。劳：辛苦。④旦暮至：早晚就会到达。⑤韩猛：又名韩若、韩荀，袁绍部将。锐：作战勇猛。⑥偏将军：将军的辅佐。徐晃：字公明，本为杨奉的骑都尉，后投曹操，被曹操称有周亚夫之风。史涣：字公刘，曹操起兵后以客军身份加入，后任中军校尉、监军、中领军。

冬，十月，绍复遣车运谷，使其将淳于琼等将兵万余人送之[1]，宿绍营北四十里。沮授说绍："可遣蒋奇别为支军于表[2]，以绝曹操之钞[3]。"绍不从。许攸曰："曹操兵少而悉师拒我，许下余守[4]，势必空弱。若分遣轻军，星行掩袭[5]，许可拔也。许拔，则奉迎天子以讨操，操成禽矣。如其未溃，可令首尾奔命，破之必也。"绍不从，曰："吾要当先取操[6]。"会攸家犯法，审配收系之[7]，攸怒，遂奔操[8]。

【注释】 ①淳于琼：字仲简，汉灵帝时为西园八校尉的右校尉，与蹇硕、袁绍、鲍鸿、曹操、赵融、冯芳、夏牟同列。后为袁绍大将。②蒋奇：字义汉，袁绍战将。表：外。③绝：断绝曹军偷袭的来路。钞：偷袭。④余守：剩余的守军。⑤星行：连夜行军。掩袭：偷袭。⑥要当先取操：最重要的是应当先战胜曹操，而不是攻许。⑦收系：逮捕囚禁。⑧奔：投奔。

操闻攸来，跣出迎之[1]，抚掌笑曰："子卿远来[2]，吾事济矣！"既入坐，谓操曰："袁氏军盛，何以待之？今有几粮乎？"操曰："尚可支一岁[3]。"攸曰："无是，更言之[4]！"又曰："可支半岁。"攸曰："足下不欲破袁氏邪[5]？何言之不实也[6]！"操曰："向言戏之耳[7]。其实可一月，为之奈何？"攸曰："公孤军独守，外无救援而粮谷已尽，此危急之日也。袁氏辎重万余乘，在故市、乌巢[⑧]，屯军无严备，若以轻兵袭之，不意而至，燔其积聚，不过三日，袁氏自败也。”

【注释】 ①跣（音 xiǎn）：光着脚，来不及穿上鞋。②子卿：许攸的字。③支：支撑。④这二句说：不是这样，重说。⑤不欲破：不想战胜。⑥这句说：为什么说的都不是实话。⑦向言：刚才的话。戏之耳：不过是开玩笑而已。⑧故市：地名，在今河南荥阳东北。乌巢：地名，因南临乌巢泽而得名，在今河南延津境内。

操大喜，乃留曹洪、荀攸守营[①]，自将步骑五千人，皆用袁军旗帜，衔枚缚马口[②]，夜从间道出[③]，人抱束薪，所历道有问者[④]，语之曰：“袁公恐曹操钞略后军，遣军以益备。”闻者信以为然，皆自若[⑤]。既至，围屯[⑥]，大放火，营中惊乱。会明[⑦]，琼等望见操兵少，出陈门外[⑧]，操急击之，琼退保营，操遂攻之。绍闻操击琼，谓其子谭曰：“就操破琼[⑨]，吾拔其营，彼固无所归矣！”乃使其将高览、张郃等攻操营[⑩]。郃曰：“曹公精兵往，必破琼等，琼等破，则事去矣，请先往救之。”郭图固请攻操营。郃曰：“曹公营固，攻之必不拔。若琼等见禽，吾属尽为虏矣。”绍但遣轻骑救琼，而以重兵攻操营，不能下。

【注释】 ①曹洪：曹操从弟。曹操追袭董卓，在荥阳为徐荣所败，曹洪舍命献马救护曹操。②衔枚：士兵夜间行军时，为了防止发出声音被敌人听到，都在嘴中咬着一枚木棒，以免发出声音。缚：绑住。③间道：小路。④这句说：所经过的道路上有人问。⑤自若：仍如原来一样，指不生疑心。⑥屯：袁绍部队的营寨。⑦会明：正好此时天亮了。⑧陈：阵，指出兵在营门外摆开阵势。⑨就操破琼：就算曹操击败淳于琼。⑩高览：袁绍将领，与颜良、文丑、张郃并称河间四将，后与张郃投曹操。张郃（音 hé）：字儁乂，先为冀州牧韩馥的军司马，后归袁绍，又投曹操。

绍骑至乌巢，操左右或言：“贼骑稍近，请分兵拒之。”操怒曰：“贼在背后，乃白[①]！”士卒皆殊死战，遂大破之，斩琼等，尽燔其粮谷，杀士卒千余人，皆取其鼻，牛马割唇舌，以示绍军，绍军将士皆恟惧[②]。郭图惭其计之失，复谮张郃于绍曰[③]：“郃快军败[④]。”郃忿惧，遂与高览焚攻具，诣操营降[⑤]。曹洪疑不敢受，荀攸曰：“郃计画不用，怒而来奔，君有何疑！”乃受之。于是绍军惊扰，大溃，绍及谭等幅巾乘马[⑥]，与八百骑渡河。操追之不及，尽收其辎重、图书、珍宝。余众降者，操尽坑之，前后所杀七万余人。

【注释】 ①乃白：再告诉我。②恟（音 xiōng）：因惊慌而乱喊叫。③谮（音 zèn）：背后说别人的坏话。④快军败：为军败而高兴。⑤诣：前往。⑥幅巾乘马：一幅头巾一匹马，指逃得非常匆忙，什么都来不及带上。

沮授不及绍渡，为操军所执，乃大呼曰：“授不降也，为所执耳[①]！”操与之有旧，迎谓曰：“分野殊异，遂用圮绝[②]，不图今日乃相禽也[③]！”授曰：“冀州失策，自取奔北[④]。授知力俱困，宜其见禽[⑤]。”操曰：“本初无谋，不相用计，今丧乱未定，方当与君图之[⑥]。”授曰：“叔父、母弟，县命袁氏[⑦]，若蒙公灵[⑧]，速死为福[⑨]。”操叹曰：“孤早相得，天下不足虑也[⑩]。”遂赦而厚遇焉[⑪]。授寻谋归袁氏，操乃杀之。操收绍书中，得许下及军中人书[⑫]，皆焚之，曰：“当绍之强，孤犹不能自保，况众人乎[⑬]！”

【注释】 ①这二句说：我不是投降的，是被他们捉住的。因他没有来得及跟上袁绍等人渡河，所以大声喊给人听，让袁绍对自己不怀疑。②分野：本指地理区域与天上星宿一一对应，引申指我们两人所属的阵营。殊异：完全不一样。遂用圮绝：于是就被隔开断绝了联系。圮（音 pǐ），塌坏，倒塌。③不图：不料。④冀州：指袁绍。自取奔北：自取败亡。⑤知力：智谋与力量。宜：应该。见禽：被擒。⑥方当：正应当。图之：谋划如何平定战乱。⑦县命袁氏：命悬在袁绍手中。⑧蒙公灵：承受到公的神灵保佑。⑨速死为福：马上死了才是福气。⑩天下不足虑：天下的事都不足发愁了。⑪厚遇：给予优厚待遇。⑫许下及军中人书：许昌及军中人写给袁绍的信。⑬这二句说：我都不能自保，何况众人呢。

冀州城邑多降于操。袁绍走至黎阳北岸，入其将军蒋义渠营[①]，把其手曰[②]："孤以首领相付矣[③]！"义渠避帐而处之[④]，使宣号令[⑤]。众闻绍在，稍复归之。或谓田丰曰："君必见重矣。"丰曰："公貌宽而内忌[⑥]，不亮吾忠[⑦]，而吾数以至言迕之[⑧]，若胜而喜，犹能赦我，今战败而恚[⑨]，内忌将发[⑩]，吾不望生[⑪]。"绍军士皆拊膺泣曰[⑫]："向令田丰在此，必不至于败。"绍谓逢纪曰："冀州诸人闻吾军败，皆当念吾，惟田别驾前谏止吾，与众不同，吾亦惭之。"纪曰："丰闻将军之退，拊手大笑，喜其言之中也[⑬]。"绍于是谓僚属曰："吾不用田丰言，果为所笑。"遂杀之。

【注释】 ①蒋义渠：即蒋奇，字义渠。袁绍的将军。②把：握着。③以首领相付：以我的脑袋交给你了。④避帐：让出自己的帐篷。处之：把袁绍安顿下来。⑤这句说：让袁绍发布号令。⑥貌宽：表面宽容。内忌：内心忌恨别人。⑦亮：懂得。⑧至言：直率而很有道理的言辞。迕（音 wǔ）：抵触、冒犯。⑨恚（音 huì）：发怒。⑩内忌：心中的忌恨。发：发作。⑪望生：希望能活。⑫拊膺（音 fǔ yīng）：拍或捶胸口，是极为悔恨的行为。⑬这句说：为自己此前的话说中了而高兴。

初，曹操闻丰不从戎[①]，喜曰："绍必败矣。"及绍奔遁，复曰："向使绍用其别驾计[②]，尚未可知也。"审配二子为操所禽，绍将孟岱言于绍曰[③]："配在位专政，族大兵强[④]，且二子在南，必怀反计[⑤]。"郭图、辛评亦以为然。绍遂以岱为监军，代配守邺[⑥]。护军逢纪素与配不睦，绍以问之，纪曰：“配天性烈直，每慕古人之节，必不以二子在南为不义也，愿公勿疑。”绍曰：“君不恶之邪[⑦]？”纪曰：“先所争者，私情也[⑧]；今所陈者，国事也[⑨]。”绍曰：“善！”乃不废配[⑩]，配由是更与纪亲。冀州城邑叛绍者，绍稍复击定之。绍为人宽雅[⑪]，有局度[⑫]，喜怒不形于色，而性矜愎自高[⑬]，短于从善[⑭]，故至于败。

【注释】 ①从戎：跟随军队前来。②别驾：指田丰。③孟岱：袁绍部将。④专政：一手掌握大权。族大：家族人多。⑤二子在南：指审配的两个儿子被俘在南方曹操的手中。怀反计：心怀反叛的计划。⑥代配守邺：代替审配守邺城。⑦不恶之邪：不讨厌他吗。⑧私情：私人怨恨。⑨陈：说。国事：国家公事。⑩废：废黜，罢官。⑪宽雅：宽容，优雅。⑫局度：气度。⑬矜：自矜、自傲。愎：刚愎自用。自高：自视甚高，觉得自己特别优越。⑭从善：听从有益的建议与劝谏。

汉纪五十六，献帝建安六年[①]，曹操就谷于安民[②]。以袁绍新破，欲以其间击刘表[③]。荀彧曰：“绍既新败，其众离心，宜乘其困，遂定之[④]。而欲远师江、汉，若绍收其余烬[⑤]，乘虚以出人后[⑥]，则公事去矣。”操乃止。夏，四月，操扬兵河上[⑦]，击袁绍仓亭军[⑧]，破之。秋，九月，操还许。

【注释】 ①即公元二〇一年。②就谷：到有粮食的地方驻军。安民：地名，在今山东东平西南。③间：间隙，空闲。④宜乘其困，遂定之：应利用他的困难，最终平定他。⑤收其余烬：收拾他的残余人马。⑥乘虚：趁我后方空虚。⑦扬兵：向对方显示兵力。河上：黄河边。⑧仓亭：仓亭津，古黄河渡口，在今山东范县东北。

献帝建安七年[①]，袁绍自军败，惭愤，发病呕血，夏，五月，薨。建安九年[②]，秋，八月，操乃临祀绍墓[③]，哭之流涕，慰劳绍妻，还其家人宝物，赐杂缯絮，禀食之[④]。初，袁绍与操共起兵，绍问操曰："若事不辑[⑤]，则方面何所可据[⑥]？"操曰："足下意以为何如[⑦]？"绍曰："吾南据河，北阻燕、代，兼戎狄之众[⑧]，南向以争天下[⑨]，庶可以济乎[⑩]！"操曰："吾任天下之智力[⑪]，以道御之[⑫]，无所不可[⑬]。"

【注释】 ①即公元二〇二年。②即公元二〇四年。③临祀：吊唁时为死去的人哭称为临。祀：向死者表示哀悼。绍墓：袁绍坟墓。此时袁绍已死，他的都城邺也被曹操攻克，故能来袁绍墓前凭吊。且曹操与袁绍早年共同起兵灭黄巾、诛董卓，也是老战友了，所以这时来凭吊袁绍，也是对老朋友的一份礼意。④这二句说：曹操赐给袁绍家人缯帛丝绸衣服，并由官府对其家人供给粮食。缯（音 zēng）：丝织品的总称。⑤辑：成功。⑥方面：四方。何所：何处。可据：可以依靠。⑦足下：对对方的尊称。⑧这三句说：我南面占据黄河，北面利用燕、代阻隔北方敌人，加上又统率着戎狄的人马。⑨这句说：我南下用兵来争天下。⑩庶：差不多。济：成功。⑪任：用。⑫道：道义，也指方法。御：驾驭。⑬无所不可：到哪里都没有不行的。

【简评】

司马光叙事有法，整个官渡之战前的各方相互周旋，才是这场战役的重点，作战过程中如何避实就虚，牵着对方的鼻子走，发挥自己的优势，也值得注意。袁绍方面的上下不和，互相猜忌，是他战败的根本原因。在官渡之战结束后，又把袁绍与曹操当年的对话写出，二人用兵的高下，对大势的掌握，由此可一目了然。谁胜谁败，岂非必然？

赤壁之战

汉纪五十六，献帝建安七年[①]，曹操下书责孙权任子[②]，权召群僚会议，张昭、秦松等犹豫不决[③]。权引周瑜诣吴夫人前定议[④]，瑜曰："昔楚国初封，不满百里之地[⑤]。继嗣贤能，广土开境[⑥]，遂据荆、扬[⑦]，至于南海，传业延祚[⑧]，九百余年。今将军承父兄余资[⑨]，兼六郡之众[⑩]，兵精粮多，将士用命，铸山为铜，煮海为盐，境内富饶，人不思乱，有何逼迫而欲送质[⑪]！质一人，不得不与曹氏相首尾[⑫]，与相首尾，则命召不得不往[⑬]，如此，便见制于人也[⑭]。极不过一侯印[⑮]，仆从十余人，车数乘，马数匹，岂与南面称孤同哉[⑯]！不如勿遣，徐观其变[⑰]。若曹氏能率义以正天下，将军事之未晚[⑱]；若图为暴乱[⑲]，彼自亡之不暇[⑳]，焉能害人！"吴夫人曰："公瑾议是也。公瑾与伯符同年[㉑]，小一月耳，我视之如子也，汝其兄事之[㉒]。"遂不送质[㉓]。

【注释】 ①即公元二〇二年。②任子：送子进京为人质。③张昭：字子布，孙策时为长史、抚军中郎将，孙策临死，张昭率群僚辅立孙权。秦松：字文表，侍奉孙策、孙权的谋士。④周瑜：字公瑾，早年随孙策平定江东，孙策身亡，孙权继任，以中护军与长史张昭共掌众事。吴夫人：孙坚之妻，孙策、孙权生母。⑤楚国初封：楚最初在河南新郑的祝融之墟，即有熊之墟，逐渐南迁。商朝末年，楚人首领鬻熊助周文王灭商，周成王封鬻熊曾孙熊绎为子爵，楚始建国。⑥继嗣：后代继承。广土开境：开拓扩大领土。⑦扬：扬州，古九州之一，在今江苏和安徽淮水以南。⑧业：作为诸侯传续下来。祚（音 zuò）：指王位。⑨将军：指孙权。父兄：孙权的父亲孙坚、哥哥孙策。余资：留下来的基业。⑩六郡：江东六郡，即会稽、吴、丹阳、豫章、庐陵、庐江。⑪这句说：有什么理由受曹操的逼迫而要送儿子去做人质。⑫相首尾：相互为首尾，指曹操为首，是主人，我们是尾，要听命于他。⑬命召不得不往：下命召见，我们就不得不前往。⑭见制于人：被人家控制住。⑮极：到极点。一侯印：一颗地方诸侯的印。意为只能做一个听命于朝廷的诸侯。⑯这句说：怎能与不受人控制而南面称王同日而语呢。⑰徐：慢慢地。⑱率义以正天下：顺着道义来使天下恢复正道。事之：尊奉他为主。⑲图为暴乱：谋划做暴乱的事。⑳自亡之不暇：自己灭亡还来不及。㉑公瑾：周瑜的字。伯符：孙策的字。㉒汝其兄事之：你像哥哥一样事奉他。㉓遂不送质：最终不送人质。

汉纪五十七，献帝建安十三年[①]，秋七月，曹操南击刘表。初，刘表二子琦、琮，表为琮娶其后妻蔡氏之侄，蔡氏遂爱琮而恶琦。表妻弟蔡瑁、外甥张允并得幸于表[②]，日相与毁琦而誉琮[③]。琦不自宁[④]，与诸葛亮谋自安之术，亮不对[⑤]。后乃共升高楼，因令去梯，谓亮曰："今日上不至天，下不至地，言出子口，而入吾耳，可以言未？"亮曰："君不见申生在内而危[⑥]，重耳居外而安乎[⑦]？"琦意感悟，阴规出计[⑧]。会黄祖死[⑨]，琦求代其任，表乃以琦为江夏太守[⑩]。表病甚，琦归省疾[⑪]。瑁、允恐其见表而父子相感，更有托后之意[⑫]，乃谓琦曰："将军命君抚临江夏，其任至重，今释众擅来[⑬]，必见谴怒[⑭]。伤亲之欢，重增其疾[⑮]，非孝敬之道也。"遂遏于户外[⑯]，使不得见。琦流涕而去。表卒，瑁、允等遂以琮为嗣[⑰]。琮以侯印授琦[⑱]。琦怒，投之地，将因奔丧作难[⑲]。会曹操军至，琦奔江南[⑳]。

【注释】 ①即公元二〇八年。②得幸：受到宠幸。③日：每日。相与：相互。毁：诋毁。誉：称赞。④宁：安。⑤对：回答。⑥申生：晋献公与夫人齐姜所生之子。齐姜死后，晋献公宠爱骊姬及其儿子奚齐，骊姬陷害申生，逼他在新城曲沃自杀。⑦重（音 chóng）耳：晋献公的公子，母亲为狐姬。受到骊姬迫害，逃亡国外十九年，回国继位为晋文公。⑧阴：暗中。规：谋划。出计：逃出的计划。⑨黄祖：刘表的部下，任江夏太守，其部下将孙坚射死，后被孙权打败杀死。⑩江夏：郡名，治所在西陵（今武汉新洲）。⑪归省疾：返回探望病情。⑫托后：委托后事。⑬释众擅来：放弃江夏的众人擅自前来。⑭见谴怒：被谴责和发怒。⑮这二句说：伤害父亲的欢心，增重他的病情。⑯遏：制止、阻挡。⑰表卒：刘表死。以琮为嗣：以刘琮为继承人。⑱侯印：指太守的印。⑲因奔丧作难：利用奔丧的机会起兵发难。⑳会：遇上。

章陵太守蒯越及东曹掾傅巽等劝刘琮降操[①]，琮从之。九月，操至新野[②]，琮遂举州降，以节迎操[③]。诸将皆疑其诈，娄圭曰[④]：“天下扰扰，各贪王命以自重[⑤]，今以节来，是必至诚[⑥]。”操遂进兵。时刘备屯樊[⑦]，琮不敢告备。备久之乃觉，遣所亲问琮，琮令其官属宋忠诣备宣旨[⑧]。时曹操已在宛[⑨]，备乃大惊骇，谓忠曰：“卿诸人作事如此，不早相语，今祸至方告我，不亦太剧乎[⑩]！”引刀向忠曰：“今断卿头，不足以解忿，亦耻丈夫临别复杀卿辈。”遣忠去。乃呼部曲共议，或劝备攻琮，荆州可得。备曰：“刘荆州临亡托我以孤遗[⑪]，背信自济[⑫]，吾所不为，死何面目以见刘荆州乎[⑬]！”备将其众去[⑭]，过襄阳[⑮]，驻马呼琮，琮惧，不能起。琮左右及荆州人多归备。

【注释】 ①章陵：郡名，治所在湖北枣阳东。东曹掾（音 yuàn）：汉代丞相事务分成三公曹、吏部曹、民曹、南北两主客曹、二千石曹、中都官曹。掾：佐助，后为副官或官署属员的通称。傅巽：字公悌，刘表的属官。②新野：地名，治所在今河南新野。③节：皇帝赐予的符节，是任命官职的凭信。④娄圭：字子伯，年轻时与曹操有交情，随曹操平冀州、征刘表等，后被曹操杀死。⑤王命：皇帝的任命。⑥是：此。⑦樊：樊城，与襄阳隔汉水相对，今属湖北襄阳。⑧宋忠：字仲子，为当时荆州著名学者，有《周易注》、《太玄经注》、《法言注》等著作。诣备宣旨：到刘备处宣布刘琮的旨意。⑨宛：地名，治所在今河南南阳。⑩剧：过分。⑪刘荆州：刘表。托我以孤遗：把他的遗孤托付给我。⑫自济：自救。⑬死：死后。⑭将：率。⑮襄阳：郡名，治所在今湖北襄阳。

备过辞表墓，涕泣而去。比到当阳[①]，众十余万人，辎重数千两，日行十余里，别遣关羽乘船数百艘，使会江陵[②]。或谓备曰："宜速行保江陵，今虽拥大众，被甲者少[③]，若曹公兵至，何以拒之？"备曰："夫济大事[④]，必以人为本，今人归吾，吾何忍弃去！"刘琮将王威说琮曰[⑤]："曹操闻将军既降，刘备已走，必懈弛无备，轻行单进[⑥]。若给威奇兵数千，徼之于险[⑦]，操可获也。获操，即威震四海，非徒保守今日而已[⑧]。"琮不纳。

【注释】 ①比：等。当阳：县名，治所在今湖北当阳东。②会：会面。江陵：地名，是当时南郡的治所，即今湖北江陵。③被甲：披甲，指军队士兵。④济：成。⑤王威：刘琮的部将。⑥轻行单进：率轻兵单独进军。⑦徼（音 yāo）：即邀，半路拦截伏击。⑧非徒：不只。保守今日：保住今天的地位。

操以江陵有军实[①]，恐刘备据之，乃释辎重，轻军到襄阳。闻备已过，操将精骑五千急追之，一日一夜行三百余里，及于当阳之长坂[②]。备弃妻子，与诸葛亮、张飞、赵云等数十骑走[③]，操大获其人众辎重。徐庶母为操所获[④]，庶辞备，指其心曰："本欲与将军共图王霸之业者，以此方寸之地也[⑤]。今已失老母，方寸乱矣，无益于事，请从此别。"遂诣操。张飞将二十骑拒后，飞据水断桥，瞋目横矛曰："身是张益德也，可来共决死！"操兵无敢近者。或谓备："赵云已北走。"备以手戟擿之[⑥]，曰："子龙不弃我走也。"顷之，云身抱备子禅[⑦]，与关羽船会，得济沔[⑧]，遇刘琦众万余人，与俱到夏口[⑨]。曹操进军江陵，以刘琮为青州刺史，封列侯，并蒯越等，侯者凡十五人。释韩嵩之囚，待以交友之礼，使条品州人优劣[⑩]，皆擢而用之[⑪]。

【注释】 ①军实：粮储器械。②长坂：地名，在今湖北当阳东北。③张飞：字益德，刘备部将。赵云：字子龙，初为公孙瓒部将，后归刘备。④徐庶：字元直，避难荆州，后归刘备，因母亲落入曹操之手，辞备投操。⑤图：谋求。方寸之地：指心。⑥手戟：一手可持的短戟。擿（音 zhì）：掷。⑦备子禅：刘备的儿子刘禅。⑧济：渡过。沔（音 miǎn）：即汉水，在湖北汉口流入长江。⑨夏口：即今湖北汉口，汉水入长江处，古时汉水自襄阳以下称夏水，故名。⑩条品：品评并分出等级。州人：荆州的人才。⑪擢（音 zhuó）：提升。

冬，十月，初，鲁肃闻刘表卒[①]，言于孙权曰："荆州与国邻接，江山险固，沃野万里，士民殷富，若据而有之，此帝王之资也。今刘表新亡，二子不协[②]，军中诸将，各有彼此[③]。刘备天下枭雄[④]，与操有隙[⑤]，寄寓于表[⑥]，表恶其能而不能用也[⑦]。若备与彼协心，上下齐同，则宜抚安，与结盟好，如有离违，宜别图之[⑧]，以济大事。肃请得奉命吊表二子[⑨]，并慰劳其军中用事者[⑩]，及说备使抚表众[⑪]，同心一意，共治曹操[⑫]，备必喜而从命。如其克谐[⑬]，天下可定也。今不速往，恐为操所先。"权即遣肃行。

【注释】 ①鲁肃：字子敬，早年与周瑜为好友。后投奔孙权。②协：和。③彼此：互不一致，指心愿不同。④枭（音 xiāo）雄：凶猛的强豪。⑤隙：仇隙。⑥寄寓：寄住。⑦恶（音 wù）其能：忌讳他的才能。⑧如有离违，宜别图之：这是说如果他有违离的意思，就应另外对付他。⑨请得奉命吊表二子：请求得到奉您的命令吊唁刘表两个儿子。

⑩用事者：掌管事务的人。⑪使抚表众：让刘备安抚刘表的部属。⑫治：对付，对抗。⑬克谐：能达成一致。

到夏口，闻操已向荆州，晨夜兼道，比至南郡[①]，而琮已降，备南走，肃径迎之[②]，与备会于当阳长坂。肃宣权旨，论天下事势，致殷勤之意[③]，且问备曰："豫州今欲何至[④]？"备曰："与苍梧太守吴巨有旧[⑤]，欲往投之。"肃曰："孙讨虏聪明仁惠[⑥]，敬贤礼士，江表英豪咸归附之[⑦]，已据有六郡，兵精粮多，足以立事。今为君计，莫若遣腹心自结于东[⑧]，以共济世业。而欲投吴巨，巨是凡人，偏在远郡，行将为人所并[⑨]，岂足托乎！"备甚悦。肃又谓诸葛亮曰："我，子瑜友也。"即共定交。子瑜者，亮兄瑾也[⑩]，避乱江东，为孙权长史[⑪]。备用肃计，进住鄂县之樊口[⑫]。

【注释】　①南郡：郡名，治所在江陵，即今湖北江陵。②径：直接。③殷勤：恳切、周到。④豫州：指刘备，因他曾为豫州牧。⑤苍梧：郡名，治所在广信，即今广西梧州。吴巨：人名。⑥孙讨虏：即孙权，被汉献帝封为讨虏将军。⑦江表：江南，此指长江下游之南。⑧遣腹心自结于东：派出心腹之人让自己与东方的孙权结成同盟。⑨行将：即将。并：吞并。⑩瑾：诸葛瑾，诸葛亮的哥哥。在孙权手下任长史、南郡太守、大将军等。⑪长史：汉代的丞相和将军幕府都有长史，又称别驾，丞相或将军的属官之长。⑫鄂县：在今湖北鄂州。樊口：在今鄂州西，与黄冈隔长江相对。

曹操自江陵将顺江东下。诸葛亮谓刘备曰："事急矣，请奉命求救于孙将军。"遂与鲁肃俱诣孙权。亮见权于柴桑[①]，说权曰："海内大乱，将军起兵江东，刘豫州收众汉南，与曹操共争天下。今操芟夷大难[②]，略已平矣，遂破荆州，威震四海。英雄无用武之地，故豫州遁逃至此，愿将军量力而处之。若能以吴、越之众与中国抗衡[③]，不如早与之绝，若不能，何不按兵束甲，北面而事之[4]？今将军外托服从之名[5]，而内怀犹豫之计[6]，事急而不断[7]，祸至无日矣[8]。”

【注释】 ①柴桑：县名，治所在今江西九江西南。②芟（shān）夷：削除、削平。大难：指袁绍、袁术、吕布等各处的割据者。③吴、越：孙权占据的地方本是春秋时的吴国、越国之地。中国：指中原。④按兵束甲：按兵不动，让军队收束起装备盔甲。北面而事之：北面是背向南，面朝北，这是臣子朝见帝王的方位。事之，听命于曹操，为他做事。⑤外托服从之名：对外声称服从朝廷。⑥内怀犹豫之计：内心怀有摇摆动摇的想法。⑦事急而不断：曹操马上征服江南，非常紧急，而不做出决断。⑧无日：没有几天。

权曰：“苟如君言[1]，刘豫州何不遂事之乎？”亮曰：“田横[2]，齐之壮士耳，犹守义不辱，况刘豫州王室之胄[3]，英才盖世，众士慕仰，若水之归海。若事之不济，此乃天也，安能复为之下乎[4]！”权勃然曰[5]：“吾不能举全吴之地，十万之众，受制于人。吾计决矣！非刘豫州莫可以当曹操者。然豫州新败之后，安能抗此难乎？”亮曰：“豫州军虽败于长坂，今战士还者及关羽水军精甲万人，刘琦合江夏战士亦不下万人。曹操之众，远来疲敝，闻追豫州，轻骑一日一夜行三百余里，此所谓‘强弩之末，势不能穿鲁缟’者也[6]。故《兵法》忌之，曰‘必蹶上将军’[7]。且北方之人，不习水战。又，荆州之民附操者，偪兵势耳[8]，非心服也。今将军诚能命猛将统兵数万，与豫州协规同力，破操军必矣。操军破，必北还，如此，则荆、吴之势强，鼎足之形成矣。成败之机，在于今日！”权大悦，与其群下谋之。

【注释】 ①苟：如果。②田横：战国时齐国宗室，楚汉相争时，自立为齐王，汉灭楚后，他率五百人逃到海上，汉高祖刘邦派人说：“前来投降，可以为王侯，不来则大兵诛灭。”他在前往洛阳的路上，又觉得耻辱，于是自杀。③胄（音 zhòu）：后裔。④复为之下：再做他的下属。

⑤勃然：气愤的样子。⑥此语出自《史记·韩安国传》。鲁缟（音gǎo）：鲁国出产的绢，非常轻薄。⑦此语出自《孙子兵法·军争》篇。蹶：跌倒，引申指败。⑧偪（音bī）：逼。

是时，曹操遗权书曰[①]：“近者奉辞伐罪[②]，旄麾南指，刘琮束手。今治水军八十万众，方与将军会猎于吴[③]。”权以示群下，莫不响震失色[④]。长史张昭等曰：“曹公，豺虎也，挟天子以征四方，动以朝廷为辞，今日拒之，事更不顺。且将军大势可以拒操者，长江也。今操得荆州，奄有其地[⑤]，刘表治水军，蒙冲斗舰乃以千数[⑥]，操悉浮以沿江[⑦]，兼有步兵，水陆俱下，此为长江之险已与我共之矣，而势力众寡又不可论。愚谓大计不如迎之。”鲁肃独不言。权起更衣，肃追于宇下[⑧]。权知其意，执肃手曰：“卿欲何言？”肃曰：“向察众人之议[⑨]，专欲误将军，不足与图大事。今肃可迎操耳[⑩]，如将军，不可也。何以言之？今肃迎操，操当以肃还付乡党[⑪]，品其名位[⑫]，犹不失下曹从事[⑬]，乘犊车[⑭]，从吏卒，交游士林，累官故不失州郡也[⑮]。将军迎操，欲安所归乎[⑯]？愿早定大计，莫用众人之议也！”权叹息曰：“诸人持议，甚失孤望。今卿廓开大计[⑰]，正与孤同。”

【注释】　①遗（音wèi）：送。②奉辞：奉皇帝之命。③会猎：会见打猎。④响震：如听到巨大呼声而震惊。⑤奄：占据。⑥蒙冲：一种战船，外形狭而长，以生牛皮蒙覆，左右前后有弩窗矛穴，以向敌船冲击。斗舰：一种战船，船上有挡墙、高棚等，进行防护。这里泛指战船。⑦浮以沿江：让众多战船沿江浮着。⑧宇下：屋檐下。⑨向察：刚才观察。⑩迎操：向曹操投降。⑪还付乡党：把我交还家乡。⑫品：评定。名位：声名与品级。⑬下曹从事：指低级官员。⑭犊（音dú）车：牛车，指官员乘坐的车子。⑮累官：长期做官，不断升职。不失州郡：不失为一个州郡官员。⑯欲安所归：想回到哪里去。⑰廓开：开拓，指对事情的论说非常开阔。

时周瑜受使至番阳①，肃劝权召瑜还。瑜至，谓权曰："操虽托名汉相，其实汉贼也。将军以神武雄才，兼仗父兄之烈，割据江东，地方数千里，兵精足用，英雄乐业，当横行天下，为汉家除残去秽②。况操自送死，而可迎之邪③？请为将军筹之：今北土未平，马超、韩遂尚在关西，为操后患，而操舍鞍马，杖舟楫，与吴、越争衡。今又盛寒，马无藁草④，驱中国士众远涉江湖之间，不习水土，必生疾病。此数者，用兵之患也，而操皆冒行之⑤。将军禽操，宜在今日。瑜请得精兵数万人，进住夏口，保为将军破之！"权曰："老贼欲废汉自立久矣⑥，徒忌二袁、吕布、刘表与孤耳⑦。今数雄已灭，惟孤尚存。孤与老贼势不两立，君言当击，甚与孤合，此天以君授孤也。"因拔刀斫前奏案曰⑧："诸将吏敢复有言当迎操者，与此案同！"乃罢会⑨。

【注释】 ①番阳：县名，治所在今江西鄱阳东。②除残去秽：除去残秽。残秽，残暴和污秽，指那些割据的军阀。③迎之：向曹操投降。④藁（音 gǎo）草：喂马的草料。⑤冒行：贸然行动。⑥废汉自立：废掉东汉皇帝，自己称帝。⑦徒忌：只是忌讳。⑧奏案：摆放奏章的桌案。⑨罢会：停止会议。

是夜，瑜复见权曰："诸人徒见操书言水步八十万而各恐慑，不复料其虚实①，便开此议，甚无谓也。今以实校之：彼所将中国人不过十五六万，且已久疲，所得表众亦极七八万耳②，尚怀狐疑③。夫以疲病之卒御狐疑之众④，众数虽多，甚未足畏。瑜得精兵五万，自足制之，愿将军勿虑！"权抚其背曰："公瑾，卿言至此，甚合孤心。子布、元表诸人⑤，各顾妻子，挟持私虑，深失所望。独卿与子敬与孤同耳⑥，此天以卿二人赞孤也⑦。五万兵难卒合⑧，已选三万人，船粮战具俱办⑨。卿与子敬、程公便在前发[⑩]，孤当续发人众，多载资粮，为卿后援。卿能办之者诚决[⑪]，邂逅不如意[⑫]，便还就孤[⑬]，孤当与孟德决之[⑭]。”遂以周瑜、程普为左右督[⑮]，将兵与备并力逆操[⑯]，以鲁肃为赞军校尉[⑰]，助画方略[⑱]。

【注释】 ①料：估算。②表众：刘表的军队。极：最多。③狐疑：犹豫不定。④御：统率。⑤子布：张昭的字。元表：秦松的字，或作文表。⑥子敬：鲁肃的字。⑦赞：助。⑧卒合：马上到齐。⑨办：准备好了。⑩程公：程普，字德谋，历仕孙坚、孙策、孙权三君，在东吴诸将中年岁最长，故称“程公”。⑪办之者诚决：主持作战真能取胜。⑫邂逅：有意外情况。不如意：指未能取胜。⑬还就：回来到我这里。⑭决：决战。⑮督：即都督，官名，统率所有的部队进行作战。⑯逆：迎战。前面多处说“迎”，是投降，这里说“逆”，是迎战。“迎”与“逆”意思相通，但用法不同，迎有高兴迎接以表示顺从的意思，逆则是反向行动，对着干。⑰赞军校尉：官名，协助作战事务，作为都督的助手。⑱助画：协助策划。方略：谋略。

刘备在樊口，日遣逻吏于水次候望权军[①]。吏望见瑜船，驰往白备[②]，备遣人慰劳之。瑜曰：“有军任[③]，不可得委署[④]。傥能屈威[⑤]，诚副其所望[⑥]。”备乃乘单舸往见瑜曰[⑦]：“今拒曹公，深为得计。战卒有几[⑧]？”瑜曰：“三万人。”备曰：“恨少。”瑜曰：“此自足用，豫州但观瑜破之。”备欲呼鲁肃等共会语，瑜曰：“受命不得妄委署。若欲见子敬，可别过之[⑨]。”备深愧喜。

【注释】 ①逻吏：巡逻的官吏。水次：江边。候望：等候观望。②驰往白备：飞快赶去报告刘备。③军任：军令在身。④委署：丢下作战任务。⑤傥：若。屈威：指刘备屈驾来看我。⑥副其所望：合乎我的期望。⑦单舸（音 gě）：单人乘坐的小船。⑧战卒：作战的士兵。⑨过之：去拜访他。

进，与操遇于赤壁[①]。时操军众已有疾疫，初一交战[②]，操军不利，引次江北[③]。瑜等在南岸，瑜部将黄盖曰[④]："今寇众我寡，难与持久。操军方连船舰，首尾相接，可烧而走也[⑤]。"乃取蒙冲斗舰十艘，载燥荻枯柴[⑥]，灌油其中，裹以帷幕[⑦]，上建旌旗，预备走舸[⑧]，系于其尾。先以书遗操[⑨]，诈云欲降。时东南风急，盖以十舰最著前，中江举帆[⑩]，余船以次俱进。操军吏士皆出营立观，指言盖降。去北军二里余[⑪]，同时发火，火烈风猛，船往如箭，烧尽北船，延及岸上营落[⑫]。顷之，烟炎张天[⑬]，人马烧溺死者甚众。瑜等率轻锐继其后，雷鼓大震，北军大坏[⑭]。

【注释】 ①赤壁：地名，确切地点争论不止，一般认为在今湖北蒲圻，与乌林隔江相对。或认为在今武昌西南的赤矶山，也有人认为在湖北黄州赤鼻山。②初一：刚一。③引次：引军驻扎。④黄盖：字公覆，历仕孙坚、孙策、孙权三君，严于治军，善于作战。⑤走：让对方败逃。⑥荻（音dí）：与芦苇相似的水中草本植物。⑦裹：外面包上。⑧预备：预先准备好。走舸：撤走的小船。⑨以书遗操：送信给曹操。⑩中江：行到江中间。举帆：拉起船帆。⑪北军：曹操军队。⑫延及：延烧到。⑬张天：布满天空。⑭坏：败，崩溃。

操引军从华容道步走[①]，遇泥泞，道不通，天又大风，悉使羸兵负草填之[②]，骑乃得过。羸兵为人马所蹈藉[③]，陷泥中，死者甚众。刘备、周瑜水陆并进，追操至南郡。时操军兼以饥疫，死者太半。操乃留征南将军曹仁、横野将军徐晃守江陵[④]，折冲将军乐进守襄阳[⑤]，引军北还。周瑜、程普将数万众，与曹仁隔江未战[⑥]。甘宁请先径进取夷陵[⑦]，往，即得其城，因入守之。曹仁遣兵围甘宁，宁困急，求救于周瑜，诸将以为兵少不足分，吕蒙谓周瑜、程普曰[⑧]："留凌公绩于江陵[⑨]，蒙与君行，解围释急，势亦不久。蒙保公绩能十日守也。”瑜从之，大破仁兵于夷陵，获马三百匹而还。于是将士形势自倍[10]。瑜乃渡江，屯北岸[11]，与仁相距。十二月，孙权自将围合肥[12]，使张昭攻九江之当涂[13]，不克。

【注释】 ①华容道：地名，由此路可达华容，故名。华容，治所在今湖北监利。②羸（音 léi）：体弱。负：背负。③蹈籍：踏踩。④征南将军：军官名，在将军中属第三级。曹仁：曹操从弟。横野将军：杂号将军。⑤折冲将军：杂号将军。乐进：字文谦，曹操部将。⑥隔江未战：隔着长江没有开战。⑦甘宁：字兴霸，历仕刘表和黄祖，不被重用，后投奔孙权。夷陵：县名，治所在今湖北宜昌东南。⑧吕蒙：字子明，少年时随孙策为将，孙权时袭取荆州，击败关羽。⑨凌公绩：凌统字公绩，凌统，孙权的名将。⑩形势自倍：士气百倍。⑪屯：驻扎。⑫自将：亲自率军。合肥：县名，治所在今安徽合肥。⑬九江：郡名，治所在今江西九江。当涂：县名，治所在今安徽怀远东南。

刘备表刘琦为荆州刺史，引兵南徇四郡[1]，武陵太守金旋、长沙太守韩玄、桂阳太守赵范、零陵太守刘度皆降[2]。庐江营帅雷绪率部曲数万口归备[3]。备以诸葛亮为军师中郎将[4]，使督零陵、桂阳、长沙三郡[5]，调其赋税以充军实，以偏将军赵云领桂阳太守[6]。

【注释】 ①徇（音 xùn）：出兵征服。四郡：即下面武陵等四郡。②武陵：郡名，治所义陵，在今湖南溆浦。金旋：字元机，曾任汉阳太守、武陵太守。长沙：郡名，治所在今湖南长沙。韩玄：时任长沙郡太守，投降刘备后仍为长沙太守。桂阳：郡名，治所在今湖南郴县。赵范：当时为桂阳太守，赤壁之战后投降刘备。零陵：郡名，治所在今湖南零陵。刘度：赤壁之战后投降刘备。③庐江：郡名，治所在皖县，今安徽潜山。雷绪：赤壁之战后投降刘备，任偏将军。④军师中郎将：军师为官名，相当于幕僚。东汉末，军师相当于将军，如军师中郎将、军师将军等。中郎将：官名，统领禁官、皇室护卫。西汉分五官、左、右三中郎署，各置中郎将。⑤督：督管。⑥领：兼任。

【简评】

历史上如此重要的战役，作战过程只占全部叙事的极小部分，战前各方的动向与准备安排，则详细记述。这是中国古代史书记载战争的绝好范例。与曹操战胜袁绍的官渡之战相比，这次曹操准备不充分，而他的对手则正相反。优势一方往往轻敌大意，劣势一方则不敢掉以轻心，由此决定胜负。

诸葛亮最后一战

魏纪四，明帝青龙二年，春，二月，亮悉大众十万由斜谷入寇[①]，遣使约吴同时大举。诸葛亮至郿[②]，军于渭水之南。司马懿引军渡渭[③]，背水为垒拒之，谓诸将曰："亮若出武功[④]，依山而东，诚为可忧，若西上五丈原[⑤]，诸将无事矣。"亮果屯五丈原。雍州刺史郭淮言于懿曰[⑥]："亮必争北原[⑦]，宜先据之。"议者多谓不然，淮曰："若亮跨渭登原，连兵北山，隔绝陇道，摇荡民夷[⑧]，此非国之利也。"懿乃使淮屯北原。堑垒未成[⑨]，汉兵大至，淮逆击却之。亮以前者数出，皆以运粮不继，使己志不伸，乃分兵屯田为久驻之基，耕者杂于渭滨居民之间，而百姓安堵[⑩]，军无私焉。

【注释】 ①明帝：曹叡，魏文帝曹丕长子，青龙二年即公元二三四年。斜谷：山谷名，在陕西终南山。②郿：地名，今陕西眉县。③司马懿：字仲达，曹魏大臣，是与诸葛亮作战的主要对手。④武功：地名，今属陕西咸阳。⑤五丈原：在陕西岐山。⑥雍州：州名，辖今陕西中部、甘肃东南部及宁夏、青海部分地区。郭淮：字伯济，曹魏大臣。⑦北原：五丈原与渭水以北。⑧摇荡民夷：使百姓和羌人动荡不安。⑨堑垒未成：营垒还没有筑成。⑩百姓安堵：百姓安居乐业。

八月，司马懿与诸葛亮相守百余日[①]，亮数挑战，懿不出。亮乃遗懿巾帼妇人之服[②]。懿怒，上表请战，帝使卫尉辛毗杖节为军师以制之[③]。护军姜维谓亮曰[④]：“辛佐治杖节而到，贼不复出矣。”亮曰：“彼本无战情，所以固请战者，以示武于其众耳[⑤]。将在军，君命有所不受，苟能制吾，岂千里而请战邪！”

【注释】 ①相守：相持。②遗（音 wèi）：赠送。巾帼：妇女专用头巾。③卫尉：统率卫士守卫宫禁之官。辛毗：曹魏大臣。④护军：高级军官，其中中护军、中领军、中都护等掌管禁军、选拔武官。⑤示武于其众耳：向部众表示自己敢于交战而已。

亮遣使者至懿军，懿问其寝食及事之烦简[①]，不问戎事[②]。使者对曰：“诸葛公夙兴夜寐[③]，罚二十以上，皆亲览焉[④]。所啖食不至数升[⑤]。”懿告人曰：“诸葛孔明食少事烦，其能久乎？”

【注释】 ①寝食：睡眠、饮食情况。②戎事：军事情况。③夙兴夜寐：早起晚睡。④这二句说：凡二十杖以上的责罚，都亲自过问。⑤啖（音 dàn）：吃。

亮病笃[①]，汉主使尚书仆射李福省侍，因谘以国家大计[②]。福至，与亮语已，别去，数日复还。亮曰：“孤知君还意，近日言语虽弥日[③]，有所不尽，更来求决耳[④]。公所问者，公琰其宜也[⑤]。”福谢：“前实失不谘请，如公百年后，谁可任大事者？故辄还耳。乞复请蒋琬之后，谁可任者？”亮曰：“文伟可以继之[⑥]。”又问其次，亮不答。

【注释】 ①病笃：病重。②尚书仆射：尚书省副官，尚书令为虚职后，仆射为尚书省长官。李福：字孙德，蜀汉官员。谘：即咨，征询，商议。③弥日：整天。④有所不尽，更来求决耳：有些事还没有交待，又来听取决定了。⑤公琰：即蒋琬，字公琰，蜀汉宰相。⑥文伟：即费祎（音 yī），字文伟，蜀汉大臣。

是月，亮卒于军中。长史杨仪整军而出[①]。百姓奔告司马懿，懿追之。姜维令仪反旗鸣鼓[②]，若将向懿者，懿敛军退，不敢偪[③]。于是仪结陈而去[④]，入谷然后发丧。百姓为之谚曰："死诸葛走生仲达。"懿闻之，笑曰："吾能料生，不能料死故也[⑤]。"懿案行亮之营垒处所[⑥]，叹曰："天下奇才也!"追至赤岸[⑦]，不及而还。

【注释】 ①长史：官名，亦称别驾。杨仪：字威公，蜀汉大臣。②反旗鸣鼓：调转战旗方向，擂响战鼓。③偪：逼。④结陈：即结阵，列成队形，结成阵势。⑤这二句说：我能够预料诸葛亮活的时候怎么做，不能预料他死后会干什么。⑥案行：查看巡视。⑦赤岸：今陕西汉中西北。

初，汉前军师魏延[①]，勇猛过人，善养士卒。每随亮出，辄欲请兵万人，与亮异道会于潼关[②]，如韩信故事[③]，亮制而不许。延常谓亮为怯，叹恨己才用之不尽。杨仪为人干敏[④]，亮每出军，仪常规画分部[⑤]，筹度粮谷[⑥]，不稽思虑[⑦]，斯须便了[⑧]，军戎节度[⑨]，取办于仪。延性矜高[⑩]，当时皆避下之，唯仪不假借延[⑪]，延以为至忿[⑫]，有如水火。亮深惜二人之才，不忍有所偏废也。

【注释】 ①前军师：丞相府属官，参与谋议，筹划军机。魏延：字文长，蜀汉名将。②潼关：今陕西潼关北。③故事：旧例，指前人曾这样做过，用过的办法。刘邦命韩信灭魏，之后韩信请兵北攻燕、赵，东击齐。这里指魏延想如韩信一样别出奇兵，攻击魏国。④干敏：精干敏捷。⑤规画分部：规划调遣部队。⑥筹度粮谷：筹集粮草。⑦不稽思虑：指不假思索。稽：延迟。⑧斯须：片刻。⑨军戎节度：军事节制调度。⑩矜高：矜持高傲。⑪假借：忍让。⑫至忿：最为忿恨。

亮病困，与仪及司马费祎等作身殁之后退军节度[①]，令延断后，姜维次之，若延不从命，军便自发。亮卒，仪秘不发丧，令祎往揣延意指。延曰："丞相虽亡，吾自见在。府亲官属[②]，便可将丧还葬，吾当自率诸军击贼，云何以一人死废天下之事邪？且魏延何人，当为杨仪之所部勒[③]，作断后将乎？”自与祎共作行留部分[④]，令祎手书与已连名，告下诸将。祎绐延曰[⑤]：“当为君还解杨长史。长史文吏，稀更军事[⑥]，必不违命也。”祎出，奔马而去。延寻悔之，已不及矣。

【注释】 ①殁（音 mò）：死。节度：调度。②府亲官属：相府亲信和官属。③部勒：约束。④自与祎共作行留部分：他就私自和费祎共同作出撤退和留下的安排、部署。⑤绐（音 dài）：即诒，欺诈。⑥稀更军事：很少经历军事。

延使人觇仪等[①]，欲按亮成规[②]，诸营相次引军还[③]，延大怒，攙仪未发[④]，率所领径先南归，所过烧绝阁道。延、仪各相表叛逆，一日之中，羽檄交至[⑤]。汉主以问侍中董允、留府长史蒋琬[⑥]，琬、允咸保仪而疑延。仪等令槎山通道[⑦]，昼夜兼行，亦继延后。延先至，据南谷口，遣兵逆击仪等，仪等令将军何平于前御延[⑧]。平叱先登曰[⑨]：“公亡，身尚未寒，汝辈何敢乃尔！”延士众知曲在延，莫为用命，皆散。延独与其子数人逃亡，奔汉中，仪遣将马岱追斩之[⑩]，遂夷延三族。蒋琬率宿卫诸营北行赴难[⑪]，行数十里，延死问至，乃还。始，延欲杀仪等，冀时论以已代诸葛辅政[⑫]，故不降魏而南还击仪，实无反意也。

【注释】 ①觇（音 chān）：窥探。②成规：既定的计划。③相次：依次。④攙：抢先。⑤羽檄：紧急文书。⑥董允：字休昭，蜀汉名臣。留府长史：留在府中的长史称为留府长史。⑦槎（音 zhà）：用刀斧砍斫。⑧何平：即王平，字子均，蜀汉大将。⑨先登：先于众人而登，即前锋士兵。⑩马岱：蜀汉将领。⑪宿卫：皇帝警卫禁军。赴难：前往拯救国家危亡，此处指平定魏延乱军。⑫这句说：希望舆论让自己代替诸葛亮辅政。

诸军还成都，大赦，谥诸葛亮曰忠武侯[1]。初，亮表于汉主曰："成都有桑八百株，薄田十五顷，子弟衣食自有余饶，臣不别治生以长尺寸[2]。若臣死之日，不使内有余帛，外有赢财，以负陛下。"卒如其所言。

【注释】 ①谥：赐给谥号。②这句说：不另外赚钱增加家产。

丞相长史张裔常称亮曰[1]："公赏不遗远[2]，罚不阿近[3]，爵不可以无功取，刑不可以贵势免[4]，此贤愚之所以佥忘其身者也[5]！"陈寿评曰[6]：诸葛亮之为相国也，抚百姓，示仪轨[7]，约官职，从权制[8]，开诚心，布公道，尽忠益时者[9]，虽雠必赏[10]，犯治怠慢者，虽亲必罚，服罪输情者[11]，虽重必释，游辞巧饰者[12]，虽轻必戮，善无微而不赏，恶无纤而不贬，庶事精练，物理其本[13]，循名责实，虚伪不齿。终于邦域之内，咸畏而爱之，刑政虽峻而无怨者，以其用心平而劝戒明也。可谓识治之良才，管、萧之亚匹矣[14]！

【注释】 ①张裔：蜀汉官员。②遗：遗忘。③阿近：曲从，迎合，偏袒亲近的人。④贵势：权贵。⑤佥：都。⑥陈寿：《三国志》的作者。⑦仪轨：礼仪法度。⑧权制：合于适宜的制度。⑨益：有利于。⑩雠（音 chóu）：仇人。⑪输情：表达真情，真心诚意认罪悔改。⑫游辞：虚浮不实的话。⑬物理其本：精熟各种事物，从根本上治理。⑭管、萧：指管仲和萧何。亚匹：同一流人物。

【简评】

诸葛亮最后一仗也没有实现当年给刘备许下的宏愿，是他的终生遗憾。但在布置死后如何撤退上则井井有条。从整个历史看，南方的力量似乎从来没有战胜过北方的敌人，这可能因为北处高位，南处低位，所以中国人向来说北上、南下，不说北下、南上。中国文化认为君处北而面向南，臣处南而面向北，由此分出了上与下。

淝水之战

晋纪二十七，孝武帝太元八年[①]，夏，五月，桓冲帅众十万伐秦[②]。秋，七月，秦王坚下诏大举入寇[③]，民每十丁遣一兵[④]，其良家子年二十已下[⑤]，有材勇者，皆拜羽林郎[⑥]。又曰："其以司马昌明为尚书左仆射[⑦]，谢安为吏部尚书[⑧]，桓冲为侍中[⑨]；势还不远，可先为起第[⑩]。"良家子至者三万余骑，拜秦州主簿金城赵盛之为少年都统[⑪]。是时，朝臣皆不欲坚行，独慕容垂、姚苌及良家子劝之[⑫]。阳平公融言于坚曰[⑬]："鲜卑、羌虏[⑭]，我之仇雠，常思风尘之变以逞其志[⑮]，所陈策画[⑯]，何可从也？良家少年皆富饶子弟，不闲军旅[⑰]，苟为谄谀之言以会陛下之意[⑱]。今陛下信而用之，轻举大事，臣恐功既不成，仍有后患，悔无及也！"坚不听。

【注释】 ①孝武帝：晋孝武帝司马曜，东晋第九任皇帝，公元三七二年至三九六年在位。太元八年即公元三八三年。②桓冲：东晋大臣桓彝第五子，大司马桓温之弟，桓玄之叔。秦：东晋时期的前秦，十六国之一，氐人苻健建国于公元三五二年，苻坚在位期间统一北方，与东晋对峙。③秦王坚：前秦国王苻坚。④每十丁遣一兵：十个男丁选派一人参军出征。⑤良家子：指工商贾医之外的有地位人家的子弟。⑥羽林郎：羽林军的军官。⑦司马昌明：司马曜，字昌明，当时的东晋皇帝。

苻坚伐晋之前认为此战必胜，将东晋自皇帝以下一一下诏分封官职。⑧谢安：东晋大臣。⑨侍中：西汉时为正规官职外的加官，大臣加侍中可入禁中受事。⑩这二句说：势必不久就会返回，这些东晋高官都会到我们这里来，现在就可为他们先行建造府第。⑪秦州：治所在今甘肃天水西南。主簿：主管文书簿籍的官。赵盛之：人名。少年都统：官名，负责率领良家子组成的部队。⑫慕容垂：前燕国主慕容暐的叔父，因功遭忌，投奔苻坚。姚苌：羌人，兄姚襄为苻坚所杀，苌降前秦。⑬阳平公融：苻坚之弟苻融。⑭鲜卑、羌虏：鲜卑人、羌人。鲜卑族是匈奴之后在蒙古崛起的游牧民族。秦汉之际，东胡被匈奴打败，退保乌桓山和鲜卑山，以山名为族名，形成乌桓和鲜卑。羌，羌族，中国西部民族，以游牧为主。⑮风尘之变：指发生政治或军事变乱。逞其志：使自己的愿望得逞。⑯所陈策画：所陈说的谋略。⑰闲：熟悉。⑱苟：苟且。会：迎合。

八月，戊午[①]，坚遣阳平公融督张蚝、慕容垂等步骑二十五万为前锋[②]；以兖州刺史姚苌为龙骧将军[③]，督益、梁州诸军事[④]。坚谓苌曰："昔朕以龙骧建业，未尝轻以授人，卿其勉之[⑤]！"左将军窦冲曰[⑥]："王者无戏言，此不祥之征也[⑦]！"坚默然。慕容楷、慕容绍言于慕容垂曰[⑧]："主上骄矜已甚[⑨]，叔父建中兴之业[⑩]，在此行也！"垂曰："然，非汝，谁与成之[⑪]！"

【注释】 ①戊午：初二。②张蚝（cì）：苻坚将领。③兖州：即兖州，治所在今山东鄄（juàn）城。龙骧将军：苻坚称帝前任龙骧将军，此时把它封给姚苌。④益、梁州：益州包括今四川盆地和汉中盆地，治所在成都。梁州治所在陕西汉中，西晋移治南郑（今汉中东）。督……州诸军事：官名，总管各州的所有军队的事务。⑤以龙骧建业：指苻坚从龙骧将军任上建立帝业。其勉之：你要努力当好龙骧将军。⑥左将军：官名，掌管京师兵卫。窦冲：前秦将领，后反叛前秦，自称秦王。⑦不祥之征：苻坚以龙骧将军建立帝业，现在授给姚苌，恐怕姚苌也以龙骧将军建立帝业，所以说是不祥的征兆。⑧慕容楷、慕容绍：慕容垂的侄子。⑨主上：指苻坚。⑩建中兴之业：指恢复鲜卑族建立的前燕国。⑪非汝，谁与成之：不是你们，与谁完成此事。

甲子[①]，坚发长安[②]，戎卒六十余万，骑二十七万，旗鼓相望，前后千里。九月，坚至项城[③]，凉州之兵始达咸阳，蜀、汉之兵方顺流而下[④]，幽、冀之兵至于彭城[⑤]，东西万里，水陆齐进，运漕万艘[⑥]。阳平公融等兵三十万，先至颍口[⑦]。

【注释】 ①甲子：初八。②长安：前秦都城，今陕西西安。③项城：县名，治所在今河南沈城。④汉：汉中。方：刚刚。⑤幽：幽州，治所在今河北蓟县。冀：冀州，治所在今河北冀县。彭城：今江苏徐州。⑥运漕：运送粮食。⑦颍口：颍水入淮口，在今安徽凤台附近。

诏以尚书仆射谢石为征虏将军、征讨大都督[①]，以徐、兖二州刺史谢玄为前锋都督[②]，与辅国将军谢琰、西中郎将桓伊等众共八万拒之[③]，使龙骧将军胡彬以水军五千援寿阳[④]。是时，秦兵既盛，都下震恐[⑤]。谢玄入，问计于谢安，安夷然答曰[⑥]：“已别有旨[⑦]。”既而寂然[⑧]。玄不敢复言，乃令张玄重请[⑨]。安遂命驾出游山墅[⑩]，亲朋毕集，与玄围棋赌墅[⑪]。安棋常劣于玄[⑫]，是日，玄惧，便为敌手而又不胜[⑬]。安遂游陟[⑭]，至夜乃还。桓冲深以根本为忧[⑮]，遣精锐三千入援京师，谢安固却之[⑯]，曰：“朝廷处分已定[⑰]，兵甲无阙[⑱]，西藩宜留以为防[⑲]。”冲对佐吏叹曰：“谢安石有庙堂之量[⑳]，不闲将略[㉑]。今大敌垂至[㉒]，方游谈不暇[㉓]，遣诸不经事少年拒之[㉔]，众又寡弱，天下事已可知，吾其左衽矣[㉕]！”

【注释】 ①谢石：谢安之弟。②谢玄：谢安之侄，招募北来民众的骁勇之士，组建北府兵。③谢琰：谢安之子。桓伊：东晋将领。④胡彬：东晋将领。寿阳：即寿春，即今安徽寿县，东晋孝武帝时，改寿春为寿阳。⑤都下：都城内，东晋都城建康，在今江苏南京。⑥谢安：字安石。初隐居会稽山阴之东山，后任桓温征西司马。夷然：坦然，泰然。⑦别有旨：另外已有皇帝的旨意。⑧寂然：沉默不语。⑨张玄：张玄之，与谢玄皆有才学，时称“南北二玄”。重请：再次请示。⑩遂命驾：于是命驾车。山墅：山中别墅。⑪围棋：下围棋。赌墅：以别墅作赌注。⑫常劣于玄：平常棋艺不如谢玄。⑬敌手：势均力敌的对手。⑭陟(zhì)：登山。⑮根本：指东晋首都建康。⑯固却之：坚持推辞不要。⑰处分：安排。⑱阙：缺少。⑲西藩：桓冲在襄阳、荆州，故称西藩，即西部边藩。⑳庙堂之量：宰相的度量。庙堂，朝堂。㉑闲：熟悉。将略：率军作战的谋略。㉒垂至：马上就要到来。㉓方：还在。不暇：没有空闲过问其他的事。㉔诸不经事少年：各个没经历过战争的少年。㉕吾其左衽矣：语出《论语·宪问》。衽即衣襟，左衽是衣襟向左交领，古代北方民族披发左衽，中原华夏族束发右衽，左衽指被北方民族俘虏，按他们的习俗生活，意谓将被前秦打败成为俘虏。

冬，十月，秦阳平公融等攻寿阳，癸酉[①]，克之。胡彬闻寿阳陷，退保硖石[②]，融进攻之。秦卫将军梁成等帅众五万屯于洛涧[③]，栅淮以遏东兵[④]。谢石、谢玄等去洛涧二十五里而军，惮成，不敢进。胡彬粮尽，潜遣使告石等曰[⑤]：“今贼盛，粮尽，恐不复见大军！”秦人获之，送于阳平公融。融驰使白秦王坚曰[⑥]：“贼少易擒，但恐逃去，宜速赴之！”坚乃留大军于项城，引轻骑八千，兼道就融于寿阳[⑦]。遣尚书朱序来说谢石等，以为“强弱异势[⑧]，不如速降”。序私谓石等曰[⑨]：“若秦百万之众尽至，诚难与为敌。今乘诸军未集[⑩]，宜速击之，若败其前锋，则彼已夺气[⑪]，可遂破也。”

【注释】 ①癸酉：十月十八。②硖石：山名，在今安徽寿县境内淮河两岸，当时山上筑有城垒，为守卫淮河的据点。③卫将军：军官名，东汉时有大将军、骠骑将军、车骑将军、卫将军、前将军、后将军、左将军、右将军。梁成：前秦将领。洛涧：水名，即今安徽洛河。④栅淮：在淮河中设栅栏等障碍物。东兵：谢石、谢玄救援胡彬的部队。⑤潜：暗中。⑥驰使白：派使者驰马告诉。⑦兼道：加倍速度赶路。⑧朱序：原为东晋梁州刺史，镇守襄阳。淝水之战前，前秦攻陷襄阳，朱序被俘。⑨私谓：私下说。⑩未集：没有全部到达集中。⑪夺气：丧失了锐气。

石闻坚在寿阳，甚惧，欲不战以老秦师[①]。谢琰劝石从序言。十一月，谢玄遣广陵相刘牢之帅精兵五千人趣洛涧[②]，未至十里，梁成阻涧为陈以待之[③]。牢之直前渡水[④]，击成，大破之，斩成及弋阳太守王咏[⑤]，又分兵断其归津[⑥]，秦步骑崩溃，争赴淮水，士卒死者万五千人。执秦扬州刺史王显等[⑦]，尽收其器械军实。于是谢石等诸军水陆继进。秦王坚与阳平公融登寿阳城望之，见晋兵部阵严整，又望见八公山上草木[⑧]，皆以为晋兵，顾谓融曰："此亦勍敌[⑨]，何谓弱也！"怃然始有惧色[⑩]。

【注释】 ①以老秦师：使秦师疲劳。②广陵：郡名，治所在今江苏扬州。相：郡的太守。刘牢之：东晋名将，所率北府兵，为东晋精锐部队。③陈：阵。为陈：摆开阵势。④直前：直接向前。⑤弋阳：郡名，治所在今湖北蕲春。王咏：前秦官员。⑥归津：撤退的渡口。⑦扬州：州名，治所在今江苏邳州。王显：前秦官员。⑧八公山：山名，在今安徽寿县北。⑨勍（qíng）：强。⑩怃（音 wǔ）然：怅然失意的样子。

秦兵逼肥水而陈[①]，晋兵不得渡。谢玄遣使谓阳平公融曰："君悬军深入[②]，而置陈逼水[③]，此乃持久之计，非欲速战者也。若移陈少却[④]，使晋兵得渡，以决胜负，不亦善乎！"秦诸将皆曰："我众彼寡，不如遏之，使不得上[⑤]，可以万全。"坚曰："但引兵少却，使之半渡，我以铁骑蹙而杀之[⑥]，蔑不胜矣[⑦]！"融亦以为然，遂麾兵使却[⑧]。秦兵遂退，不可复止，谢玄、谢琰、桓伊等引兵渡水击之。融驰骑略陈[⑨]，欲以帅退者[⑩]，马倒，为晋兵所杀，秦兵遂溃。玄等乘胜追击，至于青冈[⑪]。秦兵大败，自相蹈藉而死者，蔽野塞川[⑫]。其走者闻风声鹤唳[⑬]，皆以为晋兵且至，昼夜不敢息，草行露宿[⑭]，重以饥冻[⑮]，死者什七八。初，秦兵小却，朱序在陈后呼曰："秦兵败矣！"众遂大奔。序因与张天锡、徐元喜皆来奔[⑯]。获秦王坚所乘云母车及仪服器械、军资珍宝畜产不可胜计[⑰]，复取寿阳，执其淮南太守郭褒[⑱]。

【注释】 ①逼肥水而陈：逼近淝水摆开阵势。肥水：即淝水，源出合肥西北将军岭，为今东肥河和南肥河的总称。②悬军：深入敌境的孤军。③置陈逼水：设置战阵，逼近淝水。④少却：稍微退却。⑤遏之：制止他们。不得上：不能渡过淝水。⑥蹙：促，指攻击。⑦蔑：无。⑧麾兵：指挥军队。⑨略陈：即掠阵，从阵中冲过。⑩帅退者：率领后退的人。⑪青冈：地名，在今安徽寿县。⑫蔽野塞川：遮蔽了原野，塞满了河流。⑬风声鹤唳：风吹的声音、鹤的鸣叫声。⑭草行：慌不择路，在草中行走。⑮重以：加上。⑯张天锡：前凉君主，被苻坚攻灭而被俘。徐元喜：东晋将领。⑰云母车：用云母装饰的车。云母，矿物名，透明光亮如珍珠，色彩多样。⑱淮南：郡名，治所在今安徽寿春。郭褒：前秦官员。

坚中流矢，单骑走至淮北，饥甚，民有进壶飧、豚髀者[①]，坚食之，赐帛十匹，绵十斤。辞曰："陛下厌苦安乐[②]，自取危困。臣为陛下子，陛下为臣父，安有子饲其父而求报乎？"弗顾而去。坚谓张夫人曰[③]："吾今复何面目治天下乎！"潸然流涕[④]。是时，诸军皆溃，惟慕容垂所将三万人独全，坚以千余骑赴之。垂亲党多劝垂杀坚，垂皆不从，悉以兵授坚。平南将军慕容暐屯郧城[⑤]，闻坚败，弃其众遁去，至荥阳，慕容德复说暐起兵以复燕祚[⑥]，暐不从。

【注释】 ①壶飧（sūn）：壶中盛的饭。豚髀（音 tún bì）：猪大腿肉。②厌苦安乐：厌恶艰苦而安于逸乐。③张夫人：苻坚的宠妃，苻坚准备攻打东晋时，张夫人极力劝阻，苻坚不听。后与苻坚一起被姚苌杀害。④潸（音 shān）然：伤心流泪的样子。⑤慕容暐（音 wěi）：前燕君主，前秦灭前燕，暐被俘。郧（音 yún）城：地名，在今湖北安陆。⑥复燕祚：恢复燕国的帝业。

谢安得驿书[①]，知秦兵已败，时方与客围棋，摄书置床上[②]，了无喜色[③]，围棋如故。客问之，徐答曰[④]："小儿辈遂已破贼[⑤]。"既罢[⑥]，还内，过户限[⑦]，不觉屐齿之折[⑧]。

【注释】 ①驿书：通过驿传送来的书信。②摄：收。③了无：一点也没有。④徐：慢慢地。⑤遂已：结果已经。⑥既罢：已经下完棋。⑦户限：门坎。⑧屐（音 jī）：木屐。齿：屐上的齿状物。这是说谢安表面镇静，实际上内心非常激动，完全没有注意到屐齿折断。

【简评】

苻坚数十万大军，分布数千里，阵势不可谓不大。东晋谢安的部队只有数万人而已。能够取胜，在于趁敌孤军深入，坚决迎击。过程中晋军让秦军稍退，岂知一退就不可收拾，全军崩溃，可见数十万大军也是虚有其表，不堪一击。可知作战不在于人数多少，而在于能否捏成一个拳头，击敌要害。

毛德祖死守虎牢

宋纪一，武帝永初三年[①]，冬，十月，魏军将发[②]，公卿集议于监国之前[③]，以先攻城与先略地。奚斤欲先攻城[④]，崔浩曰[⑤]："南人长于守城，昔苻氏攻襄阳，经年不拔。今以大兵坐攻小城，若不时克，挫伤军势，敌得徐严而来[⑥]，我怠彼锐，此危道也。不如分军略地[⑦]，至淮为限，列置守宰，收敛租谷，则洛阳、滑台、虎牢更在军北[⑧]，绝望南救[⑨]，必沿河东走，不则为囿中之物，何忧其不获也！"公孙表固请攻城[⑩]，魏主从之。于是奚斤等帅步骑二万，济河，营于滑台之东。时司州刺史毛德祖戍虎牢[⑪]。奚斤等攻滑台，不拔，求益兵。魏主自将诸国兵五万余人南出天关，逾恒岭[⑫]，为斤等声援。十一月，奚斤等急攻滑台，拔之。斤等进逼虎牢。毛德祖与战，屡破之。十二月，魏主南渡河，军于碻磝[⑬]。戊子[⑭]，魏兵逼虎牢。己丑，诏南兖州刺史檀道济监征讨诸军事[⑮]，与王仲德共救之[⑯]。

【注释】 ①武帝：南朝宋武帝刘裕。桓玄篡位时，刘裕与刘毅等勤王，消灭桓玄，后又攻灭刘毅、司马休之等，最终使晋恭帝禅让，建立南朝宋。永初三年即公元四二二年。②魏：北魏，公元三八六年鲜卑人拓跋珪建立，又称拓跋魏、元魏。先定都盛乐（今内蒙古和林格尔），后迁都平城（今山西大同），孝文帝迁都洛阳，进行汉化。③监国：皇帝不在都城，太子代为执政。此指北魏明元帝拓跋嗣的太子拓跋焘，后为北魏太武帝。④奚斤：本姓达奚，北魏将领。⑤崔浩：字伯渊，曾仕北魏道武、明元、太武三帝。⑥徐严：从容而严整地。⑦略地：即掠地，指攻掠各地。⑧滑台：地名，在今河南滑县东的黄河南岸，与碻磝、洛阳、虎牢为河南四镇，是南北作战时的军事要地。虎牢：虎牢关，又称汜水关，在今河南荥阳西北汜水镇境内，是洛阳东边门户和重要关隘，因周穆王在此设虎牢而得名。⑨绝望南救：指所守地方在中原，中间被北魏军隔断，南方救兵来不了，因此绝望。⑩公孙表：字玄元，北魏将领。⑪司州：西晋时以京师周围地区为司州，南朝在淮南地区设司州，刘宋初治所在悬瓠（今河南汝南），又称治平阳（今河南信阳）。刺史：官名，一州的长官。刺，指检核问事。毛德祖：南朝宋将领。⑫天关：地名，在今河北望都西北的太行山上。恒岭：即恒山，在今河北曲阳西北。⑬碻磝（音 qiāo áo），古津渡、城名，在今山东茌平西南古黄河南岸，时为军争要地。⑭戊子：十二月二十日。⑮己丑：十二月二十一日。南兖州：西晋永嘉之乱，北方人大批南下，晋王朝把北方的州郡重设在南方，称侨置州郡，加“南”字以示区别。南兖州设在广陵（今江苏扬州），后移治京口（今江苏镇江）。檀道济：南朝宋将领，据说，三十六计由檀道济总结而成。⑯王仲德：王懿，字仲德，南朝宋将领。

营阳王景平元年[①]，三月，魏奚斤、公孙表等共攻虎牢，魏主自邺遣兵助之。毛德祖于城内穴地入七丈[②]，分为六道，出魏围外。募敢死之士四百人，使参军范道基等帅之[③]，从穴中出，掩袭其后。魏军惊忧，斩首数百级，焚其攻具而还。魏兵虽退散，随复更合[④]，攻之益急。奚斤自虎牢将步骑三千，攻颍川太守李元德等于许昌[⑤]。毛德祖出兵与公孙表大战，从朝至晡[⑥]，杀魏兵数百。会奚斤自许昌还，合击德祖，大破之，亡甲士千余人，复婴城自守[⑦]。

【注释】　①营阳王：南朝宋武帝刘裕死后，长子刘义符继位，史称少帝，嬉戏无度，徐羡之等人废掉少帝，称营阳王。景平元年即公元四二三年。景平，少帝刘义符的年号，共二年。②穴地：挖地洞。③参军：官名，诸王及将帅的幕僚。东汉末称“参某某军事”，谓参谋军事，简称参军。范道基：毛德祖的下属。④随复更合：随着又重新会合。⑤许昌：地名，本名许，曹魏文帝改名许昌，在今河南许昌。⑥晡（音bū）：申时，即午后三点至五点。⑦婴城：环城而守。

初，毛德祖在北，与公孙表有旧。表有权略，德祖患之，乃与交通音问[①]，密遣人说奚斤，云表与之连谋。每答表书，多所治定[②]。表以书示斤，斤疑之，以告魏主。先是，表与太史令王亮少同营署，好轻侮亮[③]。亮奏“表置军虎牢东，不得便地[④]，故令贼不时灭[⑤]”。魏主素好术数[⑥]，以为然，积前后仇，使人夜就帐中缢杀之[⑦]。魏主又遣并州刺史伊楼拔助奚斤攻虎牢[⑧]。毛德祖随方抗拒[⑨]，颇杀魏兵，而将士稍零落[⑩]。夏，四月，魏主如成皋，绝虎牢汲河之路[⑪]。停三日，自督众攻城，竟不能下。

【注释】　①交通音问：派人来往互通音信。②多所：多处。治定：修改后写定。③太史令：官名，最初掌管起草文书，记载史事，管理国家典籍、天文历法等。王亮：人名。同营署：同在一个军营机构内。轻侮：轻视和欺侮。④便地：有利地形。⑤不时灭：不及时消灭。⑥术数：用各种方法推测未来事变的学术与数理。⑦就帐中：到帐篷中。⑧并州：古九州之一。魏晋时治所在晋阳（今山西太原）。伊楼拔：人名。⑨随方：随着敌人的变化而变化。⑩稍零落：逐渐减少。⑪汲河之路：从黄河中汲水的道路。

叔孙建自东阳趋滑台[①]，闰月[②]，叔孙建自滑台西就奚斤，共入虎牢。虎牢被围二百日，无日不战，劲兵战死殆尽，而魏增兵转多。魏人毁其外城，毛德祖于其内更筑三重城以拒之，魏人又毁其二重。德祖唯保一城，昼夜相拒，将士眼皆生创[③]。德祖抚之以恩，终无离心[4]。时檀道济军湖陆[5]，刘粹军项城[6]，沈叔狸军高桥[7]，皆畏魏兵强，不敢进。丁巳[8]，魏人作地道以泄虎牢城中井[9]，井深四十丈，山势峻峭，不可得防。城中人马渴乏，被创者不复出血，重以饥疫[10]，魏仍急攻之，己未[11]，城陷。将士欲扶德祖出走。德祖曰："我誓与此城俱毙，义不使城亡而身存也！"魏主命将士："得德祖者，必生致之[12]。"将军代人豆代田执德祖以献[13]。将佐在城中者，皆为魏所虏，唯参军范道基将二百人突围南还。魏士卒疫死者亦什二三[14]。九月，乙亥[15]，魏主还宫，召奚斤还平城[16]，留兵守虎牢。

【注释】 ①叔孙建：北魏将领。东阳：地名，南朝宋置，在今江苏境内。②闰月：闰四月。③创：疮。④离心：叛变之心。⑤湖陆：又称湖陵，在今山东微山昭阳湖中。⑥刘粹：字道冲，东晋、南朝宋的将领。⑦沈叔狸：人名。高桥：地名，位置不详。⑧丁巳：闰四月二十一日。⑨泄：使井水流光。⑩重以：加上。⑪己未：闰四月二十三日。⑫生致之：活捉送来。⑬代：地名，先秦为代国，后为代县、代郡，是拓跋魏的肇基之地。豆代田：人名，善骑射。⑭疫死：得疾疫而死。⑮乙亥：十一日。⑯平城：地名，今山西大同，曾为北魏的都城。

【简评】

东晋与南朝宋，在刘裕时尚能进军中原，刘裕死后，就只能处于守势，且经常战败。虽然有毛德祖这样的军人拼死作战，但只是少数，不能从根本上扭转局势。不管怎样，毛德祖死守虎牢，体现了中国军人忠于使命的献身精神，有勇有谋，只可惜朝廷没有救兵，最终只能战死。

玄武门之变

唐纪五，高祖武德五年[①]，上之起兵晋阳也[②]，皆秦王世民之谋[③]。上谓世民曰："若事成，则天下皆汝所致，当以汝为太子。"世民拜且辞。及为唐王[④]，将佐亦请以世民为世子[⑤]，上将立之，世民固辞而止。太子建成[⑥]，性宽简，喜酒色游畋[⑦]，齐王元吉[⑧]，多过失，皆无宠于上。世民功名日盛，上常有意以代建成，建成内不自安，乃与元吉协谋，共倾世民，各引树党友[⑨]。

【注释】 ①高祖：唐高祖李渊，父祖都是北周贵族，七岁袭封唐国公。隋炀帝时，任太原留守。隋末天下大乱，李渊从太原起兵，义宁二年（公元六一八年）称帝，建立唐朝。武德五年即公元六二二年。②上：指皇帝，即唐高祖李渊。晋阳：太原。③秦王世民：李世民，李渊的次子，封为秦王，平定薛仁杲、刘武周、窦建德、王世充等。即位后为唐太宗。④为唐王：李渊在隋大业十三年起兵反隋，扶立代王杨侑继位，即隋恭帝，隋恭帝封李渊为唐王。⑤世子：诸侯王的继承人，如同皇帝的太子。⑥太子建成：唐高祖长子李建成。⑦游畋（音 tián）：游玩打猎。⑧齐王元吉：李渊第四子李元吉。⑨引树党友：拉拢树立同党和朋友。

上晚年多内宠[①]，小王且二十人[②]，其母竞交结诸长子以自固。建成与元吉曲意事诸妃嫔，谄谀赂遗[3]，无所不至，以求媚于上。或言蒸于张婕妤、尹德妃[4]，宫禁深秘，莫能明也。是时，东宫、诸王公、妃主之家及后宫亲戚横长安中[5]，恣为非法，有司不敢诘[6]。世民居承乾殿[7]，元吉居武德殿后院[8]，与上台、东宫昼夜通行[9]，无复禁限。太子、二王出入上台，皆乘马携弓刀杂物，相遇如家人礼[10]。太子令、秦齐王教与诏敕并行[11]，有司莫知所从，唯据得之先后为定[12]。世民独不奉事诸妃嫔[13]，诸妃嫔争誉建成、元吉而短世民[14]。

【注释】 ①内宠：宠爱一些嫔妃。②小王：嫔妃生的儿子们。且：近。③曲意：委曲己意而奉承别人。遗（音 wèi）：送礼。④蒸：古人说下淫上为蒸，这是指建成、元吉与张、尹通奸。张婕妤、尹德妃：唐高祖特别宠爱的嫔妃。⑤横：横行。⑥有司：朝廷的有关部门。诘：查问。⑦承乾殿：即承庆殿，长安太极宫的内殿之一。⑧武德殿：太极宫内的重要宫殿，在两仪殿之东，东宫之西。⑨上台：皇上居住的宫殿。东宫：太子居住的宫殿。⑩家人礼：普通人家中的礼节。⑪太子令、秦齐王教与诏敕：太子发布的命令、秦王和齐王发布的敕令与皇帝发布的诏令。⑫这二句说：有关部门不知听从谁的命令，只能根据收到命令的先后为准。⑬奉事诸妃嫔：向各妃嫔送礼拉关系。⑭誉：称赞。短：说坏话。

世民平洛阳[1]，上使贵妃等数人诣洛阳选阅隋宫人及收府库珍物[2]。贵妃等私从世民求宝货及为亲属求官[3]，世民曰："宝货皆已籍奏[4]，官当授贤才有功者。"皆不许，由是益怨。世民以淮安王神通有功[5]，给田数十顷。张婕妤之父因婕妤求之于上[6]，上手敕赐之[7]，神通以教给在先[8]，不与。婕妤诉于上曰："敕赐妾父田，秦王夺之以与神通[9]。"上遂发怒，责世民曰："我手敕不如汝教邪[10]！"他日，谓左仆射裴寂曰[11]："此儿久典兵在外，为书生所教，非复昔日子也[12]。"尹德妃父阿鼠骄横[13]，秦王府属杜如晦过其门[14]，阿鼠家童数人曳如晦坠马[15]，殴之，折一指[16]，曰："汝何人，敢过我门而不下马！"阿鼠恐世民诉于上，先使德妃奏云："秦王左右陵暴妾家[17]。"上复怒责世民曰："我妃嫔家犹为汝左右所陵[18]，况小民乎！"世民深自辩析[19]，上终不信。

【注释】　①平洛阳：平定占据洛阳的王世充。世充隋朝末年起兵，后占据洛阳称帝。唐高祖武德四年（公元六二一年），李世民击败王世充。②这句说：李渊让贵妃等几个人到洛阳挑选查看隋炀帝的宫女以及接收隋炀帝皇宫仓库中的珍宝。③私从：私下找到。④籍奏：登记奏报。⑤淮安王神通：名寿，唐高祖从父弟，郑孝王李亮的儿子。⑥求之于上：向皇上要求把世民给神通的田给自己。⑦手敕：亲笔写敕命。⑧教：秦王发的命令称为教。给在先：赐给在前。⑨这句说：皇上下命赐给妾父的田，秦王夺去给了神通。⑩这句说：我的手令不如你的命令吗？⑪左仆射：官名。汉代置尚书五人，一人为仆射，东汉末分设左右仆射。裴寂：字玄真，隋末任晋阳宫副监，与唐高祖交情密切，参与太原起兵。⑫典兵在外：带兵在外地。非复昔日子：不再是从前的那个儿子。⑬阿鼠：人名。⑭秦王府属：秦王府的属官。杜如晦：字克明，李世民谋士。⑮曳（音 yè）：拉拽。⑯这二句说：殴打杜如晦，使他折断了一根手指。⑰秦王左右：秦王身边的亲信。陵暴妾家：对妾家的人欺凌侮辱。⑱犹为汝左右所陵：还被你身边的人欺凌侮辱。⑲辩析：分辩说明。

世民每侍宴宫中，对诸妃嫔[①]，思太穆皇后早终[②]，不得见上有天下，或歔欷流涕[③]，上顾之不乐[④]。诸妃嫔因密共谮世民曰[⑤]："海内幸无事，陛下春秋高，唯宜相娱乐，而秦王每独涕泣，正是憎疾妾等。陛下万岁后，妾母子必不为秦王所容，无孑遗矣[⑥]！"因相与泣，且曰："皇太子仁孝，陛下以妾母子属之[⑦]，必能保全。"上为之怆然[⑧]。由是无易太子意[⑨]，待世民浸疏[⑩]，而建成、元吉日亲矣[⑪]。

【注释】　①对：面对。②太穆皇后：唐高祖的窦皇后，生李建成、李世民、李元吉和平阳公主，谥号太穆皇后。终：去世。③歔欷（音 xū xī）：悲泣叹息。④顾之：回头看他。⑤因密共谮（zèn）：于是秘密地共同说世民的坏话。⑥孑（音 jié）遗：残存的后代。⑦属之：托付给他。⑧怆然：悲伤的样子。⑨易太子意：另立太子的意思。⑩浸疏：逐渐疏远。⑪日亲：日益亲近。

太子中允王珪、洗马魏征说太子曰[①]："秦王功盖天下，中外归心，殿下但以年长位居东宫，无大功以镇服海内。今刘黑闼散亡之余[②]，众不满万，资粮匮乏，以大军临之，势如拉朽，殿下宜自击之以取功名，因结纳山东豪杰[③]，庶可自安[④]。"太子乃请行于上，上许之。甲申[⑤]，诏太子建成将兵讨黑闼，其陕东道大行台及山东道行军元帅、河南、河北诸州并受建成处分[⑥]，得以便宜从事[⑦]。

【注释】 ①太子中允：官名，太子属官之一，掌管太子侍从礼仪等。王珪：字叔玠，南梁尚书令王僧辩之孙，李建成的心腹。洗马：太子洗马，官名，太子属官之一，太子出行为前导，平时为太子掌管图书。魏征：字玄成，太子李建成的属官，后辅佐李世民。②刘黑闼（音 tà）：人名。隋末起兵，唐朝建立后，在河北依附窦建德，窦建德死后，刘黑闼召集窦建德旧部起兵，自称汉东王。③山东：太行山以东。④庶可：差不多可以。⑤甲申：十一月初七。⑥陕东道：唐初各道由行台掌握，陕东道大行台，在其他道的行台之上，平定王世充后，陕东道大行台置于洛阳，以秦王李世民为尚书令，地位在其余行台之上。后改为河南道。大行台：台指尚书省，出征时在外地设立的临时性机构为行台。山东道行军元帅：山东道的军队总指挥。处分：指挥安排。⑦以便宜从事：根据具体情况自行安排，不必请求皇帝。

唐纪六，高祖武德七年[①]，六月，辛丑[②]，上幸仁智宫避暑[③]。壬戌[④]，庆州都督杨文干反[⑤]。

【注释】 ①即公元六二四年。②辛丑：六月初三。③上：唐高祖。仁智宫：高祖的行宫之一，在今陕西铜川玉华山。④壬戌：六月二十四。⑤庆州：今甘肃庆阳和宁夏南部一带。都督：唐初，领军出征者为行军总管或大总管，武德七年以总管府为都督府。大都督常以亲王遥领，以长史代理其职，其余都督分为上、中、下三等。杨文干：原为太子李建成的东宫宿卫，后为庆州都督。

初，齐王元吉劝太子建成除秦王世民，曰："当为兄手刃之[①]！"世民从上幸元吉第[②]，元吉伏护军宇文宝于寝内[③]，欲刺世民。建成性颇仁厚，遽止之[④]。元吉愠曰[⑤]："为兄计耳，于我何有[⑥]！"

【注释】 ①手刃之：亲手杀死他。②从上幸元吉第：跟随皇上临幸李元吉的府宅。③伏：埋伏。护军：军官名。④遽（音 jù）：赶紧。⑤愠（音 yùn）：发怒。⑥这二句说：这是为兄考虑的，对于我有什么好处。

建成擅募长安及四方骁勇二千余人为东宫卫士[①]，分屯左、右长林[②]，号长林兵。又密使右虞候率可达志从燕王李艺发幽州突骑三百[③]，置宫东诸坊[④]，欲以补东宫长上[⑤]，为人所告。上召建成责之，流可达志于嶲州[⑥]。

【注释】 ①擅募：擅自招募。②长林：宫殿门。③使：派遣。右虞候率：官名，有虞候都督、左右虞候率、都虞候等，负责警备巡查和内部监察。可达志：人名。燕王李艺：本姓罗，父亲为隋朝监门将军，罗艺在唐任幽州总管，唐高祖赐姓李。突骑：擅长冲锋的骑兵。④坊：唐代城中居民区的房屋称为坊。⑤长（音 cháng）上：武官名，其职为守边和宿卫宫禁。⑥流：流放。嶲（音 xī）州：州名，治所在今四川西昌。

杨文干尝宿卫东宫[①]，建成与之亲厚，私使募壮士送长安[②]。上将幸仁智宫[③]，命建成居守[④]，世民、元吉皆从。建成使元吉就图世民[5]，曰："安危之计，决在今岁！"又使郎将尔朱焕、校尉桥公山以甲遗文干[6]。二人至豳州，上变，告太子使文干举兵[7]，使表里相应。又有宁州人杜凤举亦诣宫言状[8]。上怒，托他事，手诏召建成，令诣行在[9]。建成惧，不敢赴。太子舍人徐师谟劝之据城举兵[10]，詹事主簿赵弘智劝之贬损车服[11]，屏从者[12]，诣上谢罪，建成乃诣仁智宫。未至六十里，悉留其官属于毛鸿宾堡[13]，以十余骑往见上，叩头谢罪，奋身自掷[14]，几至于绝[15]。上怒不解，是夜，置之幕下，饲以麦饭[16]，使殿中监陈福防守[17]，遣司农卿宇文颖驰召文干[18]。颖至庆州，以情告之[19]，文干遂举兵反。

【注释】 ①宿卫东宫：在太子居住的宫殿过夜守卫。②这句说：建成私下让杨文干招募壮士送到长安。③幸：皇上亲临某处为幸。④居守：留在长安守卫。⑤就图：接近而谋害。⑥郎将、校尉：都是东宫禁卫军中的下级军官。甲：盔甲及武器。遗：送。⑦上变：向上告发有叛乱之变。告：告发。举兵：起兵反叛。⑧诣宫言状：到仁智宫告发事态情况。⑨行在：皇帝离开京城所在的地方称为行在。⑩太子舍人：官名，隶属太子太傅、少傅，掌文章书记。徐师谟：唐武德年间为太子舍人。据城举兵：依据长安城起兵。⑪詹事主簿：东宫詹事府掌印玺和文书簿籍的官员。赵弘智：官至国子祭酒，曾参与编纂《艺文类聚》。贬损车服：放弃太子所应乘用的车辆及服饰，是谢罪的表示。⑫屏从者：不让随从人员跟着，即只身一人前去谢罪。⑬毛鸿宾堡：城堡名，北魏将领毛鸿宾筑造，在今陕西耀县西南。⑭奋身自掷：自己奋力将自己的身体摔倒在地，表示悔恨的样子。⑮几至于绝：几乎到了气绝身亡的地步。⑯饲以麦饭：用麦子做的饭喂他吃。⑰殿中监：官名，负责皇宫事务。防守：守着太子李建成。⑱司农卿：官名，又称大司农，掌管国家的钱谷。宇文颖：本是李密的下属，后降唐，与李元吉交情厚，因与杨文干通谋。驰召：飞马赶去召人。⑲以情告之：把唐高祖召见杨文干的实情告诉杨文干。

甲子[1]，上召秦王世民谋之，世民曰："文干竖子[2]，敢为狂逆[3]，计府僚已应擒戮[4]。若不尔，正应遣一将讨之耳。"上曰："不然。文干事连建成，恐应之者众。汝宜自行，还，立汝为太子。吾不能效隋文帝自诛其子[5]，当封建成为蜀王。蜀兵脆弱，它日苟能事汝，汝宜全之，不能事汝，汝取之易耳[6]！"上以仁智宫在山中，恐盗兵猝发，夜，帅宿卫南出山外，行数十里，东宫官属将卒继至者[7]，皆令三十人为队，分兵围守之。明日，复还仁智宫。

【注释】 ①甲子：六月二十六日。②竖子：小子。③狂逆：狂妄的造反。④计：估计。府僚：杨文干下属官员。⑤隋文帝自诛其子：隋文帝之子秦王俊为并州总管，以奢纵免官。御史大夫杨素奏请免其罪，文帝不答应而诛杀秦王俊。⑥这几句说：封李建成为蜀王，蜀地的士兵不能作战，以后如果能顺从李世民，就可以保全他，如果他要反叛，你攻灭他也是容易的。⑦这句说：太子李建成宫中的官员与将士后继来到的。

世民既行，元吉与妃嫔更迭为建成请，封德彝复为之营解于外[1]，上意遂变，复遣建成还京师居守。惟责以兄弟不睦，归罪于太子中允王珪、左卫率韦挺、天策兵曹参军杜淹[2]，并流于巂州。初，洛阳既平，杜淹久不得调，欲求事建成。房玄龄以淹多狡数[3]，恐其教导建成，益为世民不利，乃言于世民，引入天策府[4]。

【注释】 ①封德彝：早年为隋朝杨素幕僚，隋末投靠宇文化及，后投降唐朝，是李世民天策府属官，又暗中维护李建成。营解：谋求解救。外：皇宫之外。②左卫率：东宫左卫率府长官，掌管兵卫仪仗。韦挺：唐贞观年间官至御史大夫。天策兵曹：官名，在秦王天策上将府中掌管军事。杜淹：字执礼，在秦王天策府为文学馆学士。③房玄龄：名乔，字玄龄，秦王李世民谋士。④这句说：让杜淹到天策府任职。

七月，上校猎城南[1]，太子、秦、齐王皆从，上命三子驰射角胜②。建成有胡马③，肥壮而喜蹶④，以授世民曰："此马甚骏，能超数丈涧⑤。弟善骑，试乘之。"世民乘以逐鹿，马蹶，世民跃立于数步之外，马起，复乘之，如是者三，顾谓宇文士及曰⑥："彼欲以此见杀⑦，死生有命，庸何伤乎⑧！"建成闻之，因令妃嫔谮之于上曰："秦王自言：我有天命，方为天下主⑨，岂有浪死⑩！"上大怒，先召建成、元吉，然后召世民入，责之曰："天子自有天命，非智力可求，汝求之一何急邪⑪！"世民免冠顿首⑫，请下法司案验⑬。上怒不解，会有司奏突厥入寇⑭，上乃改容，劳勉世民⑮，命之冠带⑯，与谋突厥。闰月，己未⑰，诏世民、元吉将兵出豳州以御突厥，上饯之于兰池⑱。上每有寇盗，辄命世民讨之，事平之后，猜嫌益甚⑲。

【注释】 ①校猎：遮拦禽兽以猎取之，也泛指打猎。②驰射角胜：骑马赛跑并射箭以决胜负。③胡马：北方少数民族地区出产的马。④蹶：马尥蹶子，把骑在马背上的人摔下来。⑤超：跳起腾空越过。⑥顾：回头。宇文士及：原是隋朝驸马，后投唐朝，任中书侍郎兼秦王天策府司马。⑦见杀：被杀，指李世民被马摔死。⑧庸何伤：对我又有什么伤害。⑨方为：将为。⑩浪死：白白死掉。⑪一何急：为什么这么着急。⑫免冠顿首：脱掉官帽跪下叩头，表示谢罪。⑬法司：司法部门。案验：审问检验。⑭突厥：北方草原地区的游牧民族，以骑兵部队经常入侵内地，唐王朝与突厥经常发生战争。⑮劳勉：安慰劝勉。⑯冠带：穿戴好官服与官帽。⑰闰月：闰七月。己未：二十一日。⑱兰池：秦始皇引渭水为池，并筑兰池宫，故名兰池，在今陕西咸阳以东。⑲猜嫌：猜忌怀疑。

唐纪七，武德九年①，六月，秦王世民既与太子建成、齐王元吉有隙②，以洛阳形胜之地③，恐一朝有变，欲出保之，乃以行台工部尚书温大雅镇洛阳④，遣秦府车骑将军荥阳张亮将左右王保等千余人之洛阳⑤，阴结纳山东豪杰以俟变⑥，多出金帛，恣其所用⑦。建成夜召世民，饮酒而鸩之⑧，世民暴心痛，吐血数升，淮安王神通扶之还西宫。

上幸西宫，问世民疾，敕建成曰："秦王素不能饮，自今无得复夜饮[⑨]！"因谓世民曰："首建大谋[⑩]，削平海内，皆汝之功。吾欲立汝为嗣[⑪]，汝固辞，且建成年长，为嗣日久，吾不忍夺也。观汝兄弟似不相容，同处京邑，必有纷竞，当遣汝还行台[⑫]，居洛阳，自陕以东皆王之。仍命汝建天子旌旗[⑬]，如汉梁孝王故事[⑭]。"

世民涕泣，辞以不欲远离膝下[⑮]。上曰："天下一家，东、西两都[⑯]，道路甚迩[⑰]。吾思汝即往，毋烦悲也。"将行，建成、元吉相与谋曰："秦王若至洛阳，有土地甲兵，不可复制，不如留之长安，则一匹夫耳，取之易矣。"乃密令数人上封事[⑱]，言"秦王左右闻往洛阳，无不喜跃，观其志趣，恐不复来"。又遣近幸之臣以利害说上[⑲]，上意遂移[⑳]，事复中止。

【注释】 ①即公元六二六年。②有隙：有仇。③形胜之地：具有政治与军事双重意义的要地。④温大雅：字彦弘，李世民的重要大臣。⑤张亮：本来是瓦岗军将领，当时为李世民秦王府车骑将军。之洛阳：前往洛阳。当时秦王的行台设在唐的东都洛阳，李世民把洛阳作为根据地来部署，李渊与李建成等人则在唐的西都长安。⑥阴：暗中。山东：华山以东，相对关中的长安而言。俟变：等候发生事变。⑦恣其所用：让他们随意使用。⑧鸩（音 zhèn）：酒中下毒。鸩是传说中的一种毒鸟，羽毛有剧毒，放入酒中能置人于死地。⑨这二句说：秦王一向不能喝酒，从今以后不能再夜里喝酒。⑩这句说：你首先提出起兵反隋。大谋指起兵反隋。⑪立汝为嗣：把你立为太子。⑫还行台：从长安回到洛阳，秦王的行台设在洛阳。⑬这句说：还是命你可以使用天子所用的旌旗。⑭汉梁孝王：汉文帝嫡次子，汉景帝刘启同母弟，受封代王，改封淮阳王，又继嗣梁王。七国之乱时，率兵抵御吴王刘濞，保卫长安。后欲继景帝之位，未果。故事：旧例。这是说你在洛阳，如果出现像汉代七国之乱那种情况，你就可以从洛阳起兵来保卫长安。⑮膝下：指父亲的身边。⑯东、西两都：即长安与洛阳，一西一东。⑰迩：近。⑱上封事：

奏上密封的奏章。⑲以利害说上：用利害关系来说服唐高祖。⑳意遂移：想法于是改变了，不再让李世民去洛阳了，留在身边以便控制。

建成、元吉与后宫日夜谮诉世民于上，上信之，将罪世民。陈叔达谏曰[①]："秦王有大功于天下，不可黜也[②]。且性刚烈，若加挫抑，恐不胜忧愤，或有不测之疾[③]，陛下悔之何及！"上乃止。元吉密请杀秦王，上曰："彼有定天下之功，罪状未著，何以为辞[④]？"元吉曰："秦王初平东都，顾望不还[⑤]，散钱帛以树私恩[⑥]，又违敕命，非反而何？但应速杀，何患无辞？"上不应。

秦府僚属皆忧惧不知所出[⑦]，行台考功郎中房玄龄谓比部郎中长孙无忌曰[⑧]："今嫌隙已成，一旦祸机窃发[⑨]，岂惟府朝涂地[⑩]，乃实社稷之忧。莫若劝王行周公之事以安家国[⑪]。存亡之机，间不容发[⑫]，正在今日！"无忌曰："吾怀此久矣，不敢发口[⑬]。今吾子所言，正合吾心，谨当白之[⑭]。"

乃入言世民。世民召玄龄谋之，玄龄曰："大王功盖天地，当承大业，今日忧危，乃天赞也[⑮]，愿大王勿疑！"乃与府属杜如晦共劝世民诛建成、元吉。

【注释】 ①陈叔达：陈朝皇室，陈亡入隋，后降唐。②黜：罢官。③不测之疾：料想不到的祸害。④著：明。辞：理由。⑤这句说：秦王观察形势，不马上返回长安。⑥树私恩：培养私人之间的感恩之情。⑦这句说：秦王府下属官员都担心害怕不知怎么办。⑧考功郎中：吏部属官，掌管官吏的考核。比部郎中：刑部属官，掌管诸司属官的俸禄等。长孙无忌：与李世民是姻亲，为心腹谋臣。⑨窃发：从暗处突然爆发。⑩府朝：王府。涂地：指人惨死，也指王府完全被破坏。⑪周公之事：周武王平天下后去世，幼子成王继位，周公辅政，用武力平定了其兄管叔、其弟蔡叔和殷人武庚禄父的反叛。⑫间不容发：中间容不下一根头发，形容存亡之间离得极近，转眼就会从存到亡。⑬发口：说出口。⑭白之：对世民说出。⑮赞：帮助。

建成、元吉以秦府多骁将，欲诱之使为己用，密以金银器一车赠左二副护军尉迟敬德[①]，并以书招之曰[②]：“愿迂长者之眷，以敦布衣之交[③]。”敬德辞曰：“敬德，蓬户瓮牖之人[④]，遭隋末乱离，久沦逆地[⑤]，罪不容诛。秦王赐以更生之恩[⑥]，今又策名籓邸[⑦]，唯当杀身以为报。于殿下无功，不敢谬当重赐[⑧]。若私交殿下，乃是贰心[⑨]，徇利忘忠，殿下亦何所用[⑩]？”建成怒，遂与之绝。敬德以告世民，世民曰：“公心如山岳，虽积金至斗，知公不移。相遗但受，何所嫌也[⑪]？且得以知其阴计，岂非良策[⑫]？不然，祸将及公。”既而元吉使壮士夜刺敬德，敬德知之，洞开重门，安卧不动[⑬]，刺客屡至其庭，终不敢入。元吉乃谮敬德于上，下诏狱讯治[⑭]，将杀之。世民固请，得免[⑮]。又谮左一马军总管程知节[⑯]，出为康州刺史[⑰]。知节谓世民曰：“大王股肱羽翼尽矣，身何能久[⑱]？知节以死不去，愿早决计[⑲]。”又以金帛诱右二护军段志玄[⑳]，志玄不从。建成谓元吉曰：“秦府智略之士，可惮者独房玄龄、杜如晦耳[㉑]。”皆谮之于上而逐之[㉒]。

【注释】 ①左二副护军尉：左二及下文的左一，是指部队的相关编制。护军是高级军官，尉是护军属官。尉迟敬德：即尉迟恭，字敬德，屡立战功。尉迟恭被民间尊为门神，面如黑炭，另一个门神是秦叔宝，都是李世民的武将。②以书招之：写信招他投靠自己。③迂：远，指从远处得到。长者：对敬德的尊称。眷：眷顾，关照。敦：加厚、加深。布衣之交：普通人的平等之交。④蓬户瓮牖：穷人家的草屋和破门窗。⑤沦：落到。逆地：起兵反叛的境地。⑥更生：重生。⑦策名：提名任用。籓：籓王，指秦王。邸：王府。⑧谬：不合适地、不恰当地。当：承受、接受。⑨贰心：不忠之心。⑩这二句说：为了利而忘了忠，这种人殿下又能用在什么地方？⑪这二句说：他赠送你，只管接受，有什么可嫌忌的？⑫这二句说：而且可以知道他们的阴谋，难道不是良策？世民想将计就计，同时也在考验敬德是否真的忠心。⑬这二句说：把几重门全部打开，安然躺着不动。⑭谮：背后告状诬陷。诏狱：国家最高监狱。讯治：审问。⑮这二句说：坚持为他说情，得以免被处死。⑯马军总管：负责马军的军官。程知节：原名咬金，后改名知节，隋末参加瓦岗军，后投王世充，最终降唐，为李世民部将。⑰这句说：从秦王府调任为康州刺史。康州：在今广东德庆。⑱股肱羽翼：得力的辅佐与下属。身：自身。⑲决计：下决心。⑳段志玄：名雄，字志玄，随唐高祖起兵，为世民的部将。㉑可惮：可怕。㉒这一句说：通过背后诬告的办法把房、杜二人从秦王府赶走。

世民腹心唯长孙无忌尚在府中，与其舅雍州治中高士廉、左候车骑将军三水侯君集及尉迟敬德等[①]，日夜劝世民诛建成、元吉。世民犹豫未决，问于灵州大都督李靖[②]，靖辞，问于行军总管李世勣[③]，世勣辞，世民由是重二人[④]。会突厥郁射设将数万骑屯河南[⑤]，入塞[⑥]，围乌城[⑦]，建成荐元吉代世民督诸军北征，上从之，命元吉督右武卫大将军李艺、天纪将军张瑾等救乌城[⑧]。元吉请尉迟敬德、程知节、段志玄及秦府右三统军秦叔宝等与之偕行[⑨]，简阅秦王帐下精锐之士以益元吉军。率更丞王晊密告世民曰[⑩]：“太子语齐王：‘今汝得秦王骁将精兵[⑪]，拥数万之众，吾与秦王饯汝于昆明池[⑫]，使壮士拉杀之于幕下[⑬]，奏云暴卒[⑭]，主上宜无不信[⑮]。吾当使人进说，令授吾国事[⑯]。敬德等既入汝手，宜悉坑之[⑰]，孰敢不服！’”世民以晊言告长孙无忌等，无忌等劝世民先事图之[⑱]。

【注释】 ①治中：官名，各州治中主管州中政事与文书档案。高士廉：名俭，字士廉，唐太宗文德皇后的舅父。早年是隋朝治礼郎，后归唐，为李世民下属。左候：隋置左右卫候府，领外军宿卫，其中有多种将军官职。侯君集：李世民的部将。②灵州：在今宁夏灵武。大都督：一地的军政长官，隋时称总管，唐时称都督，各州按大小设大、中、小都督府，各设都督。李靖：字药师，后封卫国公，世称李卫公。原为隋将，后归唐，平定萧铣、辅公祐、东突厥、吐谷浑等。③李世勣（音 jì）：即李勣，原名徐世勣，字懋功，唐高祖赐姓李，李世民称帝后，避世字讳，改名李勣。④这句说：世民因此看重二人。⑤会：正好此时。郁射设：又译奥射设，为东突厥处罗可汗之子。其父病死，其叔继位为颉利可汗，任他为南面设，贞观间投降唐朝。河南：指今内蒙古河套地区。⑥塞：边境关塞。⑦乌城：在今陕西定边。⑧右武卫大将军：负责统率帝王禁军的将领。天纪将军：官名，关中十二军之一的泾州道天纪军的长官。⑨统军：秦王府禁卫军的军官。秦叔宝：秦琼，字叔宝，初为隋将，后投李密、王世充，最后与程咬金等归唐，为李世民的部将。⑩率更丞：太子率更寺的长官，为率更令的副手。王晊（音 zhì）：李建成的下属，因他事先向李世民报告李建成的计划，使世民得以抢先动手。⑪这二句说：太子李建成对齐王李元吉说：现在你得到了秦王的骁勇精锐的将领与兵士。⑫昆明池：汉武帝在长安西南郊挖掘的人工湖，以习水战。⑬拉杀：最早见于《左传》，“齐襄公与鲁君饮，醉之，使力士彭生抱上鲁君车，因拉杀桓公，桓公下车则死矣。”一般是指让大力士挟持住这个人并扼死或勒死他。这种暗杀不用武器，也不出现血迹，故称拉杀，与一般的杀死相区别。⑭暴卒：突然死亡。⑮宜无不信：应该不会不相信。⑯这二句说：我会派人向皇帝进言，让他把国事授给我。⑰坑之：活埋他们。⑱先事图之：抢先动手杀死李建成和元吉。

世民叹曰：“骨肉相残，古今大恶[1]。吾诚知祸在朝夕，欲俟其发，然后以义讨之[2]，不亦可乎！”敬德曰：“人情谁不爱其死[3]！今众人以死奉王[4]，乃天授也。祸机垂发[5]，而王犹晏然不以为忧[6]。大王纵自轻，如宗庙社稷何[7]？大王不用敬德之言，敬德将窜身草泽[8]，不能留居大王左右，交手受戮也[9]！”无忌曰：“不从敬德之言，事今败矣。敬德等必不为王有，无忌亦当相随而去，不能复事大王矣[10]！”世民曰：“吾所言亦未可全弃，公更图之[11]。”敬德曰：“王今处事有疑，非智也，临难不决，非勇也。

且大王素所畜养勇士八百余人，在外者今已入宫，擐甲执兵[12]，事势已成，大王安得已乎[13]？”

【注释】 ①大恶：最大的坏事。②这二句说：我想等他们动手，然后用正义的理由讨伐他。③这句说：人的本性都不愿意死。爱：惜，舍不得。④以死奉王：用死来为王做事。⑤垂：即将。⑥晏然：安然。⑦这二句说：大王纵使看轻自己，又拿国家怎么办呢？宗庙社稷都代表国家。⑧窜身：逃窜。草泽：指山湖之中，不当官，也不让李建成抓住。⑨交手：叉手，袖手。⑩这三句说：敬德等人必定不会再在大王手下，无忌等也应当跟随他们离开大王，不能再奉事大王了。⑪这二句说：我所说的也不能全都弃而不用，你们再计划一下。⑫擐（音 huàn）甲执兵：穿戴上盔甲，手执武器。⑬安得已乎：怎能停止不干呢。

世民访之府僚[1]，皆曰：“齐王凶戾[2]，终不肯事其兄[3]。比闻护军薛实尝谓齐王曰[4]：‘大王之名，合之成唐字，大王终主唐祀[5]。’齐王喜曰：‘但除秦王[6]，取东宫如反掌耳。’彼与太子谋乱未成，已有取太子之心。乱心无厌，何所不为[7]！若使二人得志，恐天下非复唐有[8]。以大王之贤，取二人如拾地芥耳[9]，奈何徇匹夫之节[10]，忘社稷之计乎[11]？”世民犹未决，众曰：“大王以舜为何如人[12]？”曰：“圣人也。”众曰：“使舜浚井不出，则为井中之泥[13]，涂廪不下，则为廪上之灰[14]，安能泽被天下，法施后世乎[15]？是以小杖则受，大杖则走[16]，盖所存者大故也[17]。”世民命卜之[18]，幕僚张公谨自外来[19]，取龟投地[20]，曰：“卜以决疑，今事在不疑，尚何卜乎[21]！卜而不吉，庸得已乎[22]！”于是定计。

【注释】 ①府僚：秦王府下属官员。②戾：为人乖戾。③事其兄：奉事他的兄长李建成。④护军：唐朝六护军府，各有护军为长官。⑤这三句说：元吉的名字合起来是唐字，因此大王最终要当唐的皇帝。⑥但：只要。⑦乱心：叛乱之心。厌：满足。⑧非复唐有：不再为唐所有。⑨拾地芥：拾取地下的芥草。⑩徇（音 xùn）匹夫之节：按照匹夫的节操去做。⑪这句说：却忘了国家的大计。⑫舜为何如人：舜是怎样的人。⑬浚（音 jùn）井：在井底疏浚淤泥。舜的父亲瞽叟让舜到井底挖泥，瞽叟与舜的弟弟象从上面往井里填土，想活埋舜。舜先有准备，挖了一条侧道，从井中逃出。⑭涂廪：瞽叟让舜修补仓库屋顶，却从下面焚烧仓库。舜用两只斗笠作翼，从房上跳下。⑮泽被天下：给天下带来恩惠。法施后世：治国之法到后世还在使用。⑯这二句说：小的处罚就忍受，大的惩罚就逃走。⑰所存者大故也：这是因为逃走是要做好更大的事。⑱卜：烧龟甲来占卜。⑲张公瑾：字弘慎，原为王世充属下，后降唐，为秦王幕僚。⑳这句说：拿过龟来扔在地下，不让众人占卜。㉑这三句说：占卜是为了解决有疑虑的事，现在的事情没有疑问，还占卜什么？㉒这二句说：占卜了如果结果不吉利，这事还能有结束吗？

世民令无忌密召房玄龄等，曰："敕旨不听复事王[①]，今若私谒[②]，必坐死[③]，不敢奉教[④]。"世民怒，谓敬德曰："玄龄、如晦岂叛我邪！"取所佩刀授敬德曰："公往观之，若无来心，可断其首以来[⑤]。"敬德往，与无忌共谕之曰："王已决计，公宜速入共谋之[⑥]。吾属四人，不可群行道中[⑦]。"乃令玄龄、如晦著道士服，与无忌俱入，敬德自它道亦至。己未[⑧]，太白复经天[⑨]。傅奕密奏[⑩]："太白见秦分[⑪]，秦王当有天下。"上以其状授世民[⑫]。于是世民密奏建成、元吉淫乱后宫[⑬]，且曰："臣于兄弟无丝毫负[⑭]，今欲杀臣，似为世充、建德报仇[⑮]。臣今枉死[⑯]，永违君亲[⑰]，魂归地下，实耻见诸贼[⑱]！"上省之[⑲]，愕然[⑳]，报曰："明当鞫问[㉑]，汝宜早参[㉒]。"庚申[㉓]，世民帅长孙无忌等入，伏兵于玄武门。张婕妤窃知世民表意[㉔]，驰语建成[㉕]。建成召元吉谋之，元吉曰："宜勒宫府兵[㉖]，托疾不朝[㉗]，以观形势。"建成曰："兵备已严[㉘]，当与弟入参，自问消息[㉙]。"乃俱入，趣玄武门[㉚]。上时已召裴寂、萧瑀、陈叔达等[㉛]，欲按其事[㉜]。

【注释】 ①这句说：不听皇帝的敕旨又来做大王的部下。房、杜二人在此之前已被剥夺了秦王府的官职。②私谒：私下进见秦王。③坐死：连坐处死。④奉教：听从大王的命令。当时秦王下令，都称为教。⑤这二句说：如果他二人没有来的意思，可砍了他们的脑袋带来。⑥这二句说：秦王已下决心了，二位应该赶快进秦王府共同谋划这件事。⑦这二句说：我们四个人不能一起在路上走。所以房、杜二人穿道士服，以免让人看见。⑧己未：六月初三。⑨太白：金星。经天：从天上经过。金星出现，古人认为将有兵事。⑩傅奕：唐初任太史令。负责观察天象。⑪秦分：秦的分野。古人把地上的区域与天下的星宿区域一一对应，称为分野。太白金星出现在秦的分野中，傅奕认为这表明秦王将要当皇帝。⑫其状：傅奕密奏的奏疏。⑬这句说：建民、元吉与后宫的妃子通奸。⑭负：对不起。⑮这句说：他们杀我，似乎是要为王世充、窦建德报仇。⑯枉死：冤枉而死。⑰违君亲：见不到皇上父亲。⑱耻见诸贼：死后见到王世充等人，是莫大的耻辱。⑲省之：听懂了世民的话。⑳愕然：非常吃惊的样子。㉑鞫（音 jū）问：审问。㉒早参：早来参见。㉓庚申：六月初四。㉔窃知：偷听或偷看而得知。表意：世民密奏中的用意。㉕驰语：派人驰马报告。㉖勒：率领部署。宫府兵：东宫与齐王府的部队。㉗托疾：托病。㉘兵备已严：兵力和作战的准备已经严加部署。㉙这二句说：明天我与你入宫参见皇帝，我们自己来问消息。㉚趣：奔向。玄武门：皇宫的北门。㉛萧瑀（音 yǔ）：南朝梁明帝第七子，降唐后封宋国公。㉜按：查问。

建成、元吉至临湖殿[①]，觉变[②]，即跋马东归宫府[③]。世民从而呼之[④]，元吉张弓射世民，再三不彀[⑤]，世民射建成，杀之。尉迟敬德将七十骑继至，左右射元吉坠马[⑥]。世民马逸入林下，为木枝所绖，坠不能起[⑦]。元吉遽至[⑧]，夺弓将扼之，敬德跃马叱之。元吉步欲趣武德殿[⑨]，敬德追射，杀之。翊卫车骑将军冯翊冯立闻建成死[⑩]，叹曰："岂有生受其恩，而死逃其难乎[⑪]！"乃与副护军薛万彻、屈咥直府左车骑万年谢叔方帅东宫、齐府精兵二千驰趣玄武门⑫。张公谨多力⑬，独闭关以拒之⑭，不得入。云麾将军敬君弘掌宿卫兵⑮，屯玄武门，挺身出战⑯，所亲止之曰⑰："事未可知，且徐观变⑱，俟兵集⑲，成列而战，未晚也。"君弘不从，与中郎将吕世衡大呼而进⑳，皆死之㉑。守门兵与万彻等力战良久㉒，万彻鼓噪欲攻秦府㉓，将士大惧，尉迟敬德持建成、元吉首示之，宫府兵遂溃，万彻与数十骑亡入终南山。冯立既杀敬君弘，谓其徒曰："亦足以少报太子矣！"遂解兵㉔，逃于野。

【注释】 ①临湖殿：在皇宫内的北面。②觉变：发觉有变。③跋马：拨马，掉转马头。④从而呼之：跟上去呼叫他们。⑤再三：两次三次。彀（音 gòu）：拉满弓。两三次拉不满弓就射箭，表示慌张。⑥左右：身边的人。⑦这三句说：世民的马失控跑到树林里，被树枝挂住，掉马不能站起来。絓，绊住，阻碍。⑧遽至：突然来到。⑨步：徒步。趣：跑向。⑩翊（音 yì）卫：皇帝禁卫军分左右翊卫。冯翊（píng yì）：郡名，在今陕西韩城和渭河以北。冯立：李建成的部下。⑪这二句说：哪有在他活着的时候接受到他的恩惠，在他死后自己却逃离灾难的呢？⑫副护军：护军副职。薛万彻：隋朝名将薛世雄第四子，与兄长薛万均降唐，为李建成部将。屈咥直府左车骑：隶属王府的部队，选有才勇者充任。万年：地名，在今西安东。谢叔方：隋末李渊起兵，投入李元吉部下。⑬多力：力量大。⑭关：玄武门的城门。⑮云麾将军：军职散官。敬君弘：当时率屯营兵于玄武门。⑯这二句说：敬君弘驻扎在玄武门，这时也挺身而出参加作战。⑰所亲止之：他的亲信制止他。⑱这二句说：事情还看不出结果，暂且慢慢观察变化。⑲俟：等。兵集：部队全都来了。⑳中郎将：统领皇帝卫队的军官。吕世衡：人名。㉑死之：死于战斗中。㉒守门兵：张公瑾率守玄武门的士兵。㉓鼓噪：齐声呼喊，声称要去攻打秦王府。㉔解兵：放弃所统率的部队。

上方泛舟海池①，世民使尉迟敬德入宿卫②，敬德擐甲持矛，直至上所③。上大惊，问曰："今日乱者谁邪？卿来此何为④？"

对曰："秦王以太子、齐王作乱[5]，举兵诛之，恐惊动陛下，遣臣宿卫。"上谓裴寂等曰："不图今日乃见此事[6]，当如之何？"萧瑀、陈叔达曰："建成、元吉本不预义谋[7]，又无功于天下，疾秦王功高望重[8]，共为奸谋。今秦王已讨而诛之，秦王功盖宇宙，率土归心[9]，陛下若处以元良，委之国务，无复事矣[10]。"上曰："善！此吾之夙心也[11]。"时宿卫及秦府兵与二宫左右战犹未已[12]，敬德请降手敕[13]，令诸军并受秦王处分[14]，上从之。天策府司马宇文士及自东上阁门出宣敕[15]，众然后定。上又使黄门侍郎裴矩至东宫晓谕诸将卒[16]，皆罢散。上乃召世民，抚之曰："近日以来，几有投杼之惑[17]。"世民跪而吮上乳[18]，号恸久之[19]。

【注释】　①海池：当时皇宫为太极宫，有东、北、南三个海池。②入宿卫：入宫保卫。③至上所：到达皇上所在的地方。④这二句说：今天叛乱的是谁？你来这里干什么？⑤以：因。⑥不图：没想到。⑦不预义谋：没有参与起兵反隋的谋划。⑧疾：恨。⑨率土：全天下。⑩这三句说：陛下如果把他看做有功的元老良臣，把国事交给他，就不会再有事了。⑪夙心：素来的心愿。⑫宿卫：守卫皇帝的部队。二宫：太子东宫和齐王府。左右：手下。犹未已：还没有结束。⑬降手敕：颁下皇帝的亲手敕命。⑭这句说：命令各部队都接受秦王的指挥。⑮东上阁门：太极殿有东上、西上阁门。宣敕：宣读皇帝的敕书。⑯黄门侍郎：给事于宫内的郎官，皇帝的近侍之臣。裴矩：字弘大，原为隋炀帝大臣，原名世矩，避唐太宗讳去世字。晓谕：传达旨意，开导人们。⑰几有投杼（音 zhù）之惑：几乎有了投杼的迷惑。投杼，指曾子的母亲听信谣言，以为曾子杀人，于是在织布的时候扔下机杼逃走。⑱吮上乳：上，指高祖。子吮父的乳，是一些地方的习俗，母亲生下儿子后，不再卧床，由父亲代替母亲卧床哺育婴儿，儿子长大以此种动作表示儿对父的亲爱之情。⑲号：痛哭。恸：悲恸。

建成子安陆王承道、河东王承德、武安王承训、汝南王承明、钜鹿王承义，元吉子梁郡王承业、渔阳王承鸾、普安王承奖、江夏王承裕、义阳王承度①，皆坐诛②，仍绝属籍③。初，建成许元吉以正位之后，立为太弟，故元吉为之尽死④。诸将欲尽诛建成、元吉左右百余人，籍没其家⑤，尉迟敬德固争曰："罪在二凶，既伏其诛，若及支党，非所以求安也⑥。"乃止。是日，下诏赦天下。凶逆之罪，止于建成、元吉，自余党与，一无所问⑦。其僧、尼、道士、女冠并宜仍旧⑧。国家庶事⑨，皆取秦王处分。辛酉⑩，冯立、谢叔方皆自出⑪。薛万彻亡匿⑫，世民屡使谕之，乃出。世民曰："此皆忠于所事，义士也。"释之。癸亥⑬，立世民为皇太子。又诏："自今军国庶事，无大小悉委太子处决，然后闻奏⑭。"

【注释】　①这两句罗列了李建成和李元吉的各个儿子的王号与姓名。②坐诛：连坐被杀。③绝属籍：从皇家宗族谱中除名。④这三句说：当初，李建成答应当上皇帝之后，把元吉立为太弟，所以元吉为建成尽忠而死。太弟，意谓兄死可以弟继位为帝。⑤这两句说：世民手下的众将想把建成、元吉手下的一百多人全都处死，抄没他们的家产。⑥这几句说：罪只在建成与元吉二人，他们既已伏诛，如果还要诛杀余党，这不是求得安定的做法。⑦这二句说：其余的党羽，全都不过问。⑧这句说：与建成、元吉有关的僧人、尼姑、道士、女道士等全都可以如以前一样活动。⑨庶事：众事。⑩辛酉：六月初五。⑪自出：自己出现，不再躲藏。⑫亡匿：逃亡。⑬癸亥：六月初七。⑭这三句说：从今以后，军国的各种事务，不论大小，全都交给太子处理，然后再向高祖奏报。

【简评】

仔细看司马光记述李世民发动玄武门之变，就可发现：司马光认为李世民是被李建成、李元吉逼得走投无路，才不得不先下手为强。唐高祖摇摆不定，也是一大促因。高祖如果在杨文干事件时就治李建成的罪，确立李世民为太子，后面也不会有玄武门之变。不过历史都由胜利者来书写，当年李建成等人的实际情况，有不少细节可能已被删除，而不再为世人所知。

唐太宗君臣

唐纪十一，太宗贞观十一年[①]，夏，四月，己卯[②]，魏征上疏[③]，以为："人主善始者多，克终者寡，岂取之易而守之难乎[④]？盖以殷忧则竭诚以尽下[⑤]，安逸则骄恣而轻物[⑥]；尽下则胡、越同心[⑦]，轻物则六亲离德，虽震之以威怒[⑧]，亦皆貌从而心不服故也。人主诚能见可欲则思知足[⑨]，将兴缮则思知止[⑩]，处高危则思谦降[⑪]，临满盈则思挹损[⑫]，遇逸乐则思撙节[⑬]，在宴安则思后患[⑭]，防壅蔽则思延纳[⑮]，疾谗邪则思正己[⑯]，行爵赏则思因喜而僭[⑰]，施刑罚则思因怒而滥[⑱]，兼是十思[⑲]，而选贤任能，固可以无为而治[⑳]，又何必劳神苦体以代百司之任哉[㉑]！"

【注释】 ①太宗：唐太宗李世民，公元六二六年至六四九年在位。贞观十一年即公元六三七年。②己卯：四月二十五。③魏征：唐太宗的大臣。④这几句说：统治者治国能够有一个好开端的多，但能坚持到底的少，难道是取得天下容易而守住天下困难吗？⑤殷忧：忧患深。尽下：尽心对待属下。⑥轻物：轻慢待人。⑦胡：北胡。越：南越。⑧意思是：用威势发怒来震慑他们。⑨见可欲则思知足：见到想要的东西就要想到满足。⑩兴缮：兴建修缮。⑪这句说：身居高位就要想到谦虚对待下人。⑫满盈：指骄傲自满。挹（音 yì）：即抑，谦抑。⑬撙（音 zǔn）：裁减，节省。节：节制。⑭在宴安：身处安乐。宴，平安。⑮这句说：防止耳目被蒙蔽，就要想到采纳臣民的意见。⑯疾谗邪：憎恶进谗言做恶事的人。⑰僭（音 jiàn）：过分，超越身份。⑱滥：不加节制。⑲兼：综合。是：此，指这十条建议。⑳固：必定。㉑百司：指百官。

五月，壬申[①]，魏征上疏，以为："陛下欲善之志不及于昔时，闻过必改少亏于曩日[②]，谴罚积多，威怒微厉[③]。乃知贵不期骄，富不期侈，非虚言也[④]。且以隋之府库、仓廪、户口、甲兵之盛，考之今日，安得拟伦[⑤]！然隋以富强动之而危，我以寡弱静之而安；安危之理，皎然在目[⑥]。昔隋之未乱也，自谓必无乱；其未亡也，自谓必无亡。故赋役无穷，征伐不息，以至祸将及身而尚未之寤也[⑦]。夫鉴形莫如止水[⑧]，鉴败莫如亡国。伏愿取鉴于隋，去奢从约[⑨]，亲忠远佞[⑩]，以当今之无事，行畴昔之恭俭[⑪]，则尽善尽美，固无得而称焉[⑫]。夫取之实难，守之甚易，陛下能得其所难，岂不能保其所易乎！"

【注释】 ①壬申：五月无壬申。②曩（音 nǎng）：以往，从前，过去的。③这两句说：谴责惩罚累积增多了，施威发怒逐渐厉害了。④这几句说：于是知道人尊贵了不期望骄傲而骄傲自至，富足了不期望奢侈而奢侈自来，这不是一句空话。⑤拟伦：同类之间的比较。这句说：唐朝还赶不上隋朝时候富足。⑥皎然：明白、清楚。⑦意思是：等到祸患已经到了身边却还不能清醒过来。⑧鉴：照，审察。⑨约：简要，节俭。⑩佞（音 nìng）：善辩，巧言谄媚，指巧言令色之人。⑪畴（音 chóu）昔：往昔。⑫意思是：能做到上面所说的这些，那么一切事情就都可以尽善尽美，固然也就找不到更好的词汇来加以称赞了。

太宗贞观十二年[①]，九月，甲寅[②]，上问侍臣："帝王创业与守成孰难[③]？"房玄龄曰："草昧之初[④]，与群雄并起角力而后臣之[⑤]，创业难矣。"魏征曰："自古帝王，莫不得之于艰难，失之于安逸，守成难矣。"上曰："玄龄与吾共取天下，出百死，得一生，故知创业之难。征与吾共安天下，常恐骄奢生于富贵，祸乱生于所忽⑥，故知守成之难。然创业之难，既已往矣⑦，守成之难，方当与诸公慎之。”玄龄等拜曰：“陛下及此言，四海之福也⑧。”

【注释】 ①即公元六三八年。②甲寅：二月二日。③守成：保持前人创下的成就。④房玄龄：太宗的宰相。草昧：原始状态，指创业之初。⑤角（音 jué）：竞争，角逐。臣之：指使群雄臣服。⑥忽：疏忽，懈怠。⑦意思是：已经过去了。⑧这句说：陛下说出这番话，真是四海万众的福气啊。

太宗贞观十三年①，二月，庚辰②，以光禄大夫尉迟敬德为鄜州都督③。上尝谓敬德曰：“人或言卿反④，何也？”对曰：“臣反是实！臣从陛下征伐四方，身经百战，今之存者，皆锋镝之余也⑤。天下已定，乃更疑臣反乎！”因解衣投地，出其瘢痍⑥。上为之流涕，曰：“卿复服，朕不疑卿，故语卿，何更恨邪⑦！”

【注释】 ①即公元六三九年。②庚辰：二月七日。③光禄大夫：负责议论政事。尉迟敬德：尉迟恭，唐朝将领。鄜（音 fū）州：今陕西富县。都督：掌管一州军政事务。④或：有人。⑤锋：刀口。镝（音 dí）：箭头。这几句说：如今身上留下的都是刀锋箭头的痕迹。⑥瘢（音 bān）痍（音 yí）：疤痕，伤痕。⑦服：穿衣。语（音 yù）：告诉。更：又。恨：不满。

上又尝谓敬德曰①：“朕欲以女妻卿②，何如？”敬德叩头谢曰：“臣妻虽鄙陋，相与共贫贱久矣。臣虽不学③，闻古人富不易妻，此非臣所愿也。”上乃止。

【注释】 ①尝：曾经。②以女妻卿：把女儿嫁给你做妻子。③不学：指没有学问。

太宗贞观十四年[①]，二月，丁丑[②]，上幸国子监[③]，观释奠[④]，命祭酒孔颖达讲《孝经》[⑤]，赐祭酒以下至诸生高第帛有差。是时上大征天下名儒为学官[⑥]，数幸国子监[⑦]，使之讲论，学生能明一大经已上皆得补官[⑧]。增筑学舍千二百间，增学生满二千二百六十员，自屯营飞骑，亦给博士，使授以经[⑨]，有能通经者，听得贡举[⑩]。于是四方学者云集京师，乃至高丽[⑪]、百济[⑫]、新罗[⑬]、高昌[⑭]、吐蕃诸酋长亦遣子弟请入国学[⑮]，升讲筵者至八千余人[⑯]。上以师说多门，章句繁杂[⑰]，命孔颖达与诸儒撰定五经疏[⑱]，谓之《正义》，令学者习之。

【注释】 ①即公元六四〇年。②丁丑：二月十日。③国子监：国家最高教育机构。④释奠：陈设酒食祭奠孔子的典礼。⑤祭酒：国子祭酒，国子监长官。孔颖达：唐朝官员，奉命编纂《五经正义》。⑥学官：学校的官员和官学教师的统称。⑦幸：古代帝王到达某地。⑧大经：唐代取士以《礼记》和《春秋左传》为大经。⑨屯营：军营。飞骑：唐代羽林军之名。意思是：连屯营飞骑也派去博士，教授他们经传。⑩这句说：听凭他们被举荐做官。⑪高丽：即高句（音 gōu）丽。⑫百济：国名，在今朝鲜半岛西南部。⑬新罗：国名，在今朝鲜半岛东南部。⑭高昌：国名，在今新疆吐鲁番东南之哈喇和卓地方。⑮吐蕃（音 bō）：国名，在青藏高原。酋长：部落首领。⑯讲筵：讲席。⑰章句：儒学家解说经书大义的一种方式，指对经书的注释内容。⑱疏：为前人对古书作的注释作注解，也叫正义。

乙未[①]，诏求近世名儒梁皇甫侃[②]、褚仲都[③]，周熊安生[④]、沈重[⑤]、陈沈文阿[⑥]、周弘正[⑦]、张讥[⑧]、隋何妥[⑨]、刘炫[⑩]等子孙以闻，当加引擢[⑪]。

【注释】 ①乙未：二月二十八日。②皇甫侃（音 kǎn）：即皇侃，南朝梁官员，著有《论语义疏》。③褚仲都：南朝梁官员。④熊安生：北齐、北周官员。⑤沈重：南北朝官员。⑥沈文阿：南朝梁、陈官员。

⑦周弘正：南朝梁、陈官员。⑧张讥：南朝陈官员。⑨何妥：隋代官员。⑩刘炫：隋代官员。⑪引擢（音 zhuó）：起用提拔。擢：提拔，提升。

唐纪十二，贞观十七年[1]，初，上使李靖教侯君集兵法[2]，君集言于上曰："李靖将反矣。"上问其故，对曰："靖独教臣以其粗而匿其精，以是知之。"上以问靖，靖对曰："此乃君集欲反耳。今诸夏已定[3]，臣之所教，足以制四夷，而君集固求尽臣之术[4]，非反而何！"江夏王道宗尝从容言于上曰[5]："君集志大而智小，自负微功，耻在房玄龄、李靖之下，虽为吏部尚书[6]，未满其志。以臣观之，必将为乱。"上曰："君集材器，亦何施不可[7]！朕岂惜重位，但次第未至耳[8]，岂可亿度[9]，妄生猜贰邪[10]！"及君集反诛，上乃谢道宗曰："果如卿言[11]！"

【注释】 ①即公元六四三年。②李靖：唐官员。③诸夏：古代中国的别称。④这几句说：我教给他的已经足够制服四方夷族了，而侯君集坚决要求我把所有的用兵之术教给他。⑤江夏：地名，在今湖北武汉。江夏王道宗：李道宗，李世民堂弟。⑥吏部尚书：官名，吏部最高长官。⑦这两句说：依侯君集的才能和器度，做什么不行呢。⑧意思是：我怎么会是吝惜高位不封给他，只是按照功劳次第还没有轮到他罢了。⑨亿：即臆。亿度（音 duó）：凭主观猜测。⑩猜贰（音 èr）：猜疑且有二心。⑪谢：道歉。

李世勣尝得暴疾[1]，方云"须灰可疗[2]"；上自剪须，为之和药。世勣顿首出血泣谢[3]。上曰："为社稷[4]，非为卿也，何谢之有！"世勣尝侍宴[5]，上从容谓曰："朕求群臣可托幼孤者，无以逾公[6]，公往不负李密[7]，岂负朕哉！"世勣流涕辞谢，啮指出血[8]，因饮沉醉，上解御服以覆之。

【注释】 ①尝：曾。暴疾：急病。②须灰可疗：意思是：胡须的灰可以治疗。③顿首：磕头。④社稷：指国家。⑤侍宴：指侍奉皇帝饮宴。

⑥逾：超越。⑦李密：隋末义军首领。⑧啮（音 niè）：用牙咬。

初，上谓监修国史房玄龄曰①：“前世史官所记，皆不令人主见之②，何也？”对曰：“史官不虚美，不隐恶③，若人主见之必怒，故不敢献也。”上曰：“朕之为心，异于前世帝王。欲自观国史，知前日之恶，为后来之戒，公可撰次以闻④。”谏议大夫朱子奢上言⑤：“陛下圣德在躬，举无过事⑥，史官所述，义归尽善。陛下独览《起居》⑦，于事无失，若以此法传示子孙，窃恐曾、玄之后或非上智⑧，饰非护短⑨，史官必不免刑诛。如此，则莫不希风顺旨⑩，全身远害⑪，悠悠千载，何所信乎！所以前代不观，盖为此也。”上不从。玄龄乃与给事中许敬宗等删为《高祖》、《今上实录》⑫；癸巳⑬，书成，上之。上见书六月四日事⑭，语多微隐，谓玄龄曰：“昔周公诛管、蔡以安周，季友鸩叔牙以存鲁⑮。朕之所以，亦类是耳⑯，史官何讳焉！”即命削去浮词⑰，直书其事。

【注释】 ①监修国史：官名，负责管理国家史书的编写。②人主：皇帝。③意思是：史官修史书总是秉笔直书，不会妄加赞美，也不会隐藏恶行。④撰次：编次，编排次序。⑤谏议大夫：官名，负责进谏、议论得失。朱子奢：唐初官员。⑥在躬：在身。举：举动，行为。⑦起居：即起居注，中国古代帝王的言行录。⑧窃：谦词，用于称呼自己。曾、玄：曾孙、玄孙，指子孙后代。上智：指有大智慧的人。⑨这句是说：指粉饰掩盖错误、短处。⑩希：揣摩。风：风向。顺：顺从，迎合。旨：指皇帝的意旨。⑪意思是：保全自身，远离危害。⑫许敬宗：唐初官员。高祖：唐高祖李渊。今上：现在在位的皇帝。实录：史官记录先朝皇帝各类事迹并按年月顺序编写的史书。⑬癸巳：七月十六日。⑭六月四日事：指玄武门之变。⑮季友：春秋时期鲁国公族，鲁桓公第四子。叔牙：春秋时期鲁国公族，鲁桓公第三子，主张立祸乱鲁国的庆父为君，被季友等人毒死。⑯是：这些事，指周公、季友的行为。⑰浮词：浮华、不切实际的语词。

【简评】

唐太宗善纳忠言，体恤下属，勇于承认和改正失误，大臣也敢于直言，这才有了“贞观之治”。但唐太宗“自观国史”，这会影响史官记载历史的真实性，所以好的大臣不让帝王看史官编写的本朝史书，只让他们学习前代王朝的史书。这就是中国古代史官的优良传统，当时的大臣都懂得这个道理，所以才有理由拒绝唐太宗。

杨贵妃始末

唐纪三十一，玄宗天宝三载[①]。初，武惠妃薨[②]，上悼念不已，后宫数千，无当意者[③]。或言寿王妃杨氏之美[④]，绝世无双。上见而悦之，乃令妃自以其意乞为女官[⑤]，号太真[⑥]。更为寿王娶左卫郎将韦昭训女[⑦]。潜内太真宫中[⑧]。太真肌态丰艳，晓音律，性警颖，善承迎上意，不期岁，宠遇如惠妃[⑨]，宫中号曰“娘子”，凡仪体皆如皇后[⑩]。

【注释】 ①即公元七四四年。②武惠妃：唐玄宗的皇后，死于开元二十五年。③当：适合。④寿王：李瑁，唐玄宗第十八子。武惠妃生。杨氏：杨玉环，永乐（今山西芮城）人，小字玉环，号太真。初为玄宗儿子寿王瑁的妃子，后被玄宗召入宫，封为贵妃。⑤女官：女道人。⑥太真：道教称女性仙人为太真。杨玉环初见玄宗时穿着道士服，故名。⑦左卫郎将：唐设左右十四卫，每卫设郎将统率。⑧潜：偷偷地。内：纳。⑨期（音 jī）：一周年。⑩仪体：礼仪。

四载[①]，秋，八月，壬寅，册杨太真为贵妃[②]，赠其父玄琰兵部尚书[③]，以其叔父玄珪为光禄卿[④]，从兄铦为殿中少监[⑤]，锜为驸马都尉[⑥]。癸卯[⑦]，册武惠妃女为太华公主[⑧]，命锜尚之[⑨]。及贵妃三姊，皆赐第京师[⑩]，宠贵赫然。

【注释】 ①四载：公元七四五年。②册：册封。贵妃：女官名，仅低于皇后。③玄琰：杨玉环之父。④玄珪：杨玉环叔父。光禄卿：主管皇室酒醴膳食等。⑤铦：杨铦，杨玉环堂兄。殿中少监：殿中省以监为长官，少监为副。⑥锜：杨锜，杨玉环堂兄。驸马都尉：魏晋以后，皇帝女婿加此称号，简称驸马。⑦癸卯：十八日。⑧太华公主：玄宗之女，武惠妃生。⑨尚：匹配，专指娶帝王之女。⑩第：贵族的住宅。

杨钊[1]，贵妃之从祖兄也[2]，不学无行，为宗党所鄙。从军于蜀，得新都尉[3]，考满[4]，家贫不能自归，新政富民鲜于仲通常资给之[5]。杨玄琰卒于蜀[6]，钊往来其家，遂与其中女通[7]。

【注释】 ①杨钊：本名钊，后改名国忠。②从祖兄：祖父兄弟的孙子。③新都：今四川新都。尉：县尉，一县的军事长官。④考满：任期满通过考核。⑤鲜于仲通：唐代官员。⑥卒：去世。⑦中女：二女儿。通：私通。

鲜于仲通名向，以字行，颇读书，有材智。剑南节度使章仇兼琼引为采访支使[1]，委以心腹[2]。尝从容谓仲通曰："今吾独为上所厚，苟无内援，必为李林甫所危[3]。闻杨妃新得幸，人未敢附之。子能为我至长安与其家相结，吾无患矣。"仲通曰："仲通蜀人，未尝游上国[4]，恐败公事，今为公更求得一人。"因言钊本末，兼琼引见。钊仪观甚伟[5]，言辞敏给，兼琼大喜，即辟为推官[6]，往来浸亲密[7]，乃使之献春绨于京师[8]。将别，谓曰："有少物在郫[9]，以具一日之粮，子过[10]，可取之。"钊至郫，兼琼使亲信大赍蜀货精美者遗之[11]，可直万缗[12]。钊大喜过望，昼夜兼行，至长安，历抵诸妹[13]，以蜀货遗之，曰："此章仇公所赠也。"时中女新寡，钊遂馆于其室[14]，中分蜀货以与之[15]。于是诸杨日夜誉兼琼，且言钊善樗蒲[16]，引之见上，得随供奉官出入禁中[17]，改金吾兵曹参军[18]。

【注释】 ①剑南节度使：治益州（今四川成都）。章仇兼琼：唐代官员。章仇（qiú），复姓。采访支使：采访使的下属官。②委以心腹：把心腹事交给他办。③李林甫：开元中为相十九年，为人口蜜腹剑。④上国：京城。⑤仪观：仪表。⑥推官：节度使、观察使、团练使、防御使下属官名，在判官之下。⑦浸：逐渐。⑧春绨：春天织成的丝织品。⑨少物：一点东西。郫（音pí）：地名，在今四川郫县。⑩过：路过。⑪大赍（音jī）蜀货：带很多蜀地的特产。遗（wèi）：送。⑫缗（音mǐn）：古代钱制，一千文为一缗。⑬抵：上门见面访问。⑭馆于其室：住在杨玄琰二女儿的家里。⑮中分：分了一半。⑯樗（音chū）蒲：棋类游戏，掷采的投子用樗木制成，故称樗蒲。⑰供奉官：中书、门下都有供奉官。禁中：帝王所居之处。⑱金吾兵曹参军：官名，金吾卫属下的兵曹参军事。

五载，杨贵妃方有宠，每乘马则高力士执辔授鞭[1]，织绣之工专供贵妃院者七百人[2]。中外争献器服珍玩，岭南经略使张九章、广陵长史王翼以所献精美[3]，九章加三品[4]，翼入为户部侍郎[5]，天下从风而靡[6]。民间歌之曰："生男勿喜女勿悲，君今看女作门楣[7]。"妃欲得生荔支，岁命岭南驰驿致之[8]，比至长安[9]，色味不变。

【注释】 ①高力士：宦官，本姓冯，宦官高延福养子，改姓高，玄宗最宠信之人。辔（音pèi）：驾驭牲口的缰绳。执辔授鞭：牵着马的缰绳，把马鞭交给贵妃。②这句说：专门为贵妃院织绣的工人就有七百人。③岭南经略使：经略使掌管所辖地区的军政财赋。张九章：唐代官员。广陵长史：郡府的属官，掌兵马之事。④加三品：官级提到三品。⑤户部侍郎：户部尚书的副官。⑥靡，倒下。是说天下人都顺着这个风气来做事。⑦门楣：门上的横梁，喻门第。是说现在可以靠生女儿提高门第。⑧生荔支：鲜荔枝。岁：每年。驰驿：乘沿途驿站的马匹，飞驰兼程而进。⑨比至：等到抵达。

至是，妃以妒悍不逊[①]，上怒，命送归兄铦之第。是日[②]，上不怿[③]，比日中[④]，犹未食[⑤]。左右动不称旨[⑥]，横被捶挞[⑦]。高力士欲尝上意[⑧]，请悉载院中储偫送贵妃[⑨]，凡百余车，上自分御膳以赐之[⑩]。及夜，力士伏奏请迎贵妃归院[⑪]，遂开禁门而入[⑫]。自是恩遇愈隆[⑬]，后宫莫得进矣[⑭]。

【注释】 ①妒悍：妒忌蛮横。不逊：不恭顺。②是日：这一天。③怿（音 yì）：高兴。④比日中：快到中午。⑤食：吃饭。⑥左右：身边的人。动不称旨：怎样做都不顺玄宗的心。⑦横被捶（音 chuí）挞：被玄宗乱加捶挞。⑧尝：试探。⑨储偫（音 zhì）：储存的东西。这句说：把皇宫中贵妃院里储存的东西全都装车送到贵妃那里。⑩御膳：帝王的饮食。赐之：赐给杨贵妃。⑪伏奏：趴伏在地下请示。归院：回到宫中的贵妃院。⑫禁门：皇宫的门。⑬隆：重。⑭这句说：后宫的人谁也不能在晚上被玄宗召见。

七载，冬，十一月，癸未[①]，以贵妃姊适崔氏者为韩国夫人，适裴氏者为虢国夫人，适柳氏者为秦国夫人[②]。三人皆有才色，上呼之为姨，出入宫掖[③]，并承恩泽，势倾天下。每命妇入见[④]，玉真公主等皆让不敢就位[⑤]。三姊与铦、锜五家，凡有请托，府县承迎[⑥]，峻于制敕[⑦]。四方赂遗，辐凑其门[⑧]，惟恐居后，朝夕如市。十宅诸王及百孙院婚嫁[⑨]，皆以钱千缗赂韩、虢使请，无不如志[⑩]。上所赐与及四方献遗，五家如一。竞开第舍[⑪]，极其壮丽，一堂之费，动逾千万。既成，见他人有胜己者，辄毁而改为。虢国尤为豪荡，一旦，帅工徒突入韦嗣立宅[⑫]，即撤去旧屋，自为新第，但授韦氏以隙地十亩而已[⑬]。中堂既成，召工圬墁[⑭]，约钱二百万。复求赏技[⑮]，虢国以绛罗五百段赏之[⑯]，嗤而不顾，曰："请取蝼蚁、蜥蜴，记其数置堂中，苟失一物，不敢受直[⑰]。"

【注释】 ①七载：即公元七四八年。癸未：十七日。②适：出嫁。这三句说：杨贵妃的三个姐姐也被封为某国夫人。国夫人相当于一品官。③掖：掖廷，宫内的房舍。④命妇：受帝王封号的妇女。⑤玉真公主：唐睿宗之女。⑥承迎：奉承迎合。⑦峻于制敕：比执行皇帝的命令还重要。⑧赂遗：赠送财物。辐凑：车辐集中于轴心。⑨十宅诸王及百孙院：唐玄宗时，在附苑城建十王宅，让封为王的十个皇子居住。百孙：十个皇子的儿子，多达一百。⑩如志：如愿。⑪竞开：竞相建造府宅。⑫帅：率。韦嗣立：时任中书令。⑬隙地：空隙之地，指地少，夹在别人的府宅中间。⑭圬墁（wū màn）：涂饰墙壁。⑮求赏技：请求赐给对高超技艺的赏赐。⑯绛（音 jiàng）罗：深红色丝织品。⑰这几句说：找一些蝼蛄蚂蚁蜥蜴，记下它们的数量，放到堂中，如果少了一个，不敢要你的工钱。

九载[①]，春，二月，杨贵妃复忤旨，送归私第。户部郎中吉温因宦官言于上曰[②]："妇人识虑不远，违忤圣心，陛下何爱宫中一席之地，不使之就死，岂忍辱之于外舍邪[③]？"上亦悔之，遣中使赐以御膳[④]。妃对使者涕泣曰："妾罪当死，陛下幸不杀而归之。今当永离掖庭，金玉珍玩，皆陛下所赐，不足为献，惟发者父母所与，敢以荐诚[⑤]。"乃翦发一缭而献之[⑥]。上遽使高力士召还[⑦]，宠待益深。

【注释】 ①即公元七五〇年。②户部郎中：分掌户部中各司事务。吉温：当时的酷吏，与罗希奭协助李林甫制造冤狱，时称"罗钳吉网"。③这几句说：陛下何必舍不得宫中的一席之地，不让她在宫中就死，难道忍心让她在宫外受辱吗？这是给玄宗一个借口把贵妃接回来。④中使：宫中派出的使者。⑤这二句说：我只有头发是父母给我的，敢拿头发献给陛下以表示诚心。看来杨贵妃很会说话，所以玄宗特别喜欢她。⑥一缭（音 liáo）：一缕。⑦遽使：马上派。

时诸贵戚竞以进食相尚[①]，上命宦官姚思艺为检校进食使[②]，水陆珍羞数千盘[③]，一盘费中人十家之产[④]。中书舍人窦华尝退朝[⑤]，值公主进食[⑥]，列于中衢[⑦]，传呼按辔出其间[⑧]，宫苑小儿数百奋梃于前[⑨]，华仅以身免。冬，十月，杨钊以图谶有“金刀”，请更名，上赐名国忠[⑩]。

【注释】　①进食：向贵妃献上食品。尚：推崇。②检校进食使：为管理贵戚献上的食品而特设的官职，负责检查一应食品。③水陆珍羞：用各种水中和陆上的物品做成的佳肴美味。④中人十家之产：中等人家十户的财产。⑤中书舍人：官名，侍从皇帝，参议政务，代皇帝起草诏书。窦华：杨国忠亲信。⑥值：正值……时。⑦中衢：宫中的大道。⑧这句说：宫中派人骑马出来传达旨令，大声呼喊，络绎不绝。⑨这句说：宫中少年数百人手执木棍在前驱赶挥打无关人员。⑩图谶：符命占验之书。有“金刀”：书中出现“金刀”二字，而他的名是“钊”，正是金刀，不吉利，故请求改名。

十载[①]，春，正月，庚子[②]，杨氏五宅夜游[③]，与广平公主从者争西市门[④]。杨氏奴挥鞭及公主衣，公主坠马，驸马程昌裔下扶之，亦被数鞭。公主泣诉于上，上为之杖杀杨氏奴。明日，免昌裔官，不听朝谒[⑤]。

【注释】　①即公元七五一年。②庚子：正月十五。③五宅：杨铦、杨锜及韩、虢、秦三夫人五家府宅。④广平公主：玄宗第二十四女。西市：长安西城的市场。⑤不听：不准。

十一载[①]，十一月，庚申，以杨国忠为右相，兼文部尚书[②]，其判使并如故[③]。国忠为人强辩而轻躁，无威仪。既为相，以天下为己任，裁决机务，果敢不疑。居朝廷，攘袂扼腕[④]，公卿以下，颐指气使，莫不震慑。自侍御史至为相，凡领四十余使[⑤]。台省官有才行时名[⑥]，不为己用者皆出之[⑦]。

【注释】 ①即公元七五二年。②文部：即吏部。③判使：派大臣专管度支、户部、盐铁三司。指杨国忠原来兼任的判使官照旧保留。④攘袂扼腕：捋起袖子，扼住手腕，举止不雅的行为，这是说杨国忠没有宰相的样子，像普通人一样经常捋袖扼腕，正是为人强辩轻躁的表现。⑤侍御史：御史台成员，主管审讯案件，纠劾百官。领四十余使：兼任四十多个判使官职。⑥台省：尚书省、门下省、中书省及御史台的总称。才行时名：有才能、有品行、当时有名声。⑦不为己用：不按自己的意旨做事。出之：从台省驱赶出去，贬为地方官。

十二载[①]，冬，十月，杨国忠与虢国夫人居第相邻，昼夜往来，无复期度[②]，或并辔走马入朝[③]，不施障幕[④]，道路为之掩目[⑤]。三夫人将从车驾幸华清宫[⑥]，会于国忠第[⑦]，车马仆从，充溢数坊[⑧]，锦绣珠玉，鲜华夺目。国忠谓客曰："吾本寒家，一旦缘椒房至此[⑨]，未知税驾之所[⑩]，然念终不能致令名，不若且极乐耳[⑪]。"杨氏五家，队各为一色衣以相别，五家合队，粲若云锦[⑫]。国忠仍以剑南旌节引于其前[⑬]。

【注释】 ①即公元七五三年。②无复期度：不再讲究时间与限度，指过度的来往。③并辔走马：马匹齐排并肩行走。④不施障幕：夫人出门坐车，不遮上帘幕。是不讲礼仪的行为。⑤这句说：路人都觉得是丑事而遮住眼睛。⑥华清宫：唐代帝王别宫，在今西安临潼。⑦第：府宅。⑧坊：长安城中住宅区域称为坊。⑨缘：通过。椒房：指后妃。⑩税驾：解下驾车的马，停车。⑪这二句说：但想到最终不能获得美名，不如暂且享受极致的快乐。⑫这几句说：杨氏五家的人马各为一队，每队衣服旗帜颜色不相同，以此区别，五队合在一起，五种颜色灿烂得如美丽的彩锦一样。⑬剑南旌节：剑南节度使的旗帜。节指帝王发给官员或使者的凭证，即缀有牦牛尾的旗，出行时作为标识物。

国忠子暄举明经[①]，学业荒陋，不及格。礼部侍郎达奚珣畏国忠权势[2]，遣其子昭应尉抚先白之[3]。抚伺国忠入朝上马，趋至马下[4]。国忠意其子必中选，有喜色。抚曰："大人白相公[5]，郎君所试不中程式，然亦未敢落也[6]。"国忠怒曰："我子何患不富贵？乃令鼠辈相卖[7]！"策马不顾而去。抚惶遽，书白其父曰[8]："彼恃挟贵势，令人惨嗟，安可复与论曲直[9]？"遂置暄上第[10]。及暄为户部侍郎，珣始自礼部迁吏部[11]，暄与所亲言，犹叹己之淹回[12]，珣之迅疾[13]。国忠既居要地，中外饷遗辐凑[14]，积缣至三千万匹[15]。

【注释】 ①暄：杨暄，杨国忠之子。明经：科举科目名，考试儒家经书。②礼部侍郎：礼部次官。达奚珣：唐代官员。③昭应：县名，在今西安临潼。抚：达奚抚。白之：告诉杨国忠。④这句说：达奚抚观察到杨国忠上马要入朝，就赶紧走到马前。⑤大人：指达奚珣。相公：指杨国忠。⑥这二句说：你儿子考试未达标准，但也不敢让他落第。⑦这句说：乃让这伙鼠辈出卖。⑧书白：写信告诉。⑨这句说：怎能还与他们论是非曲直。⑩上第：成绩的第一等。⑪这二句说：等到杨暄当了户部侍郎，达奚珣才从礼部改任为吏部侍郎。侍郎：为各部长官的副职。⑫淹回：升官太慢。⑬迅疾：飞速升官。这两句说：杨暄还嫌自己升官慢，达奚珣升官快。⑭遗（wèi）：送给。⑮积：收到的礼物积累起来。缣（音 jiān）：比绢更细密的丝织品。

唐纪三十三，玄宗天宝十三载[1]，春，二月，丁丑，杨国忠进位司空[2]。自去岁水旱相继，关中大饥。上忧雨伤稼[3]，国忠取禾之善者献之，曰："雨虽多，不害稼也。"上以为然。扶风太守房琯言所部水灾[4]，国忠使御史推之[5]。是岁，天下无敢言灾者。高力士侍侧[6]，上曰："淫雨不已，卿可尽言[7]。"对曰："自陛下以权假宰相[8]，赏罚无章[9]，阴阳失度[10]，臣何敢言？"上默然。

【注释】 ①即公元七五四年。②司空：官名，主管土木建筑。③雨伤稼：下雨太久让庄稼受灾。④扶风：郡名，治所在雍县（今陕西凤翔）。房琯：字次律。所部：所管辖的地区。⑤推之：治他的罪。⑥侍侧：在皇帝身边侍候。⑦淫雨：久下不止的雨。尽言：尽量说出你的看法。⑧权假宰相：大权交给宰相杨国忠。⑨章：章法。⑩失度：失调而不正常。

天宝十四载[①]，安禄山专制三道[②]，阴蓄异志，殆将十年，以上待之厚，欲俟上晏驾然后作乱[③]。会杨国忠与禄山不相悦，屡言禄山且反，上不听。国忠数以事激之，欲其速反以取信于上。禄山由是决意遽反[④]。十一月，甲子[⑤]，禄山发所部兵及同罗、奚、契丹、室韦凡十五万众[⑥]，号二十万，反于范阳[⑦]，以讨杨国忠为名，于是引兵而南。十二月，上议亲征，辛丑，制太子监国，谓宰相曰[⑧]："朕在位垂五十载，倦于忧勤，去秋已欲传位太子，值水旱相仍，不欲以余灾遗子孙[⑨]，淹留俟稍丰[⑩]。不意逆胡横发[⑪]，朕当亲征，且使之监国。事平之日，朕将高枕无为矣。"杨国忠大惧，退谓韩、虢、秦三夫人曰："太子素恶吾家专横久矣[⑫]，若一旦得天下，吾与姊妹并命在旦暮矣。"相与聚哭，使三夫人说贵妃，衔土请命于上[⑬]，事遂寝[⑭]。

【注释】　①即公元七五五年。②安禄山：本姓康，母改嫁突厥人安延偃，改名安禄山，后任平卢、范阳、河东三镇节度使。专制三道：专掌三镇节度使的大权。③俟上晏驾：等玄宗驾崩。④遽反：马上反叛。⑤甲子：初九日。⑥同罗：突厥铁勒人的一个部落。奚：本称库莫奚，简称奚，鲜卑人的一支。契丹：东北的游牧民族。室韦：东北的少数民族，与契丹同类，在南为契丹，在北号室韦。⑦范阳：涿州范阳，今河北涿州。⑧辛丑：十六日。制：皇帝下达的命令。监国：国君外出，太子留守监理国事。宰相：杨国忠。⑨遗：留给。⑩淹留：拖延。丰：收成丰足。⑪逆胡横发：反叛的胡人突然爆发。⑫素恶（wù）：一向厌恶。⑬说：游说。衔土：口中衔着土块，表示自己有罪，请天子处死。玄宗舍不得杀贵妃，这样一请罪，就不再亲征和让太子监国了。⑭寝：止息。

唐纪三十三，肃宗至德元载[1]，夏，六月，癸巳[2]，国忠集百官于朝堂，惶懅流涕，问以策略，皆唯唯不对。国忠使韩、虢入宫，劝上入蜀。甲午[3]，百官朝者什无一二。上御勤政楼，下制云欲亲征，闻者皆莫之信。既夕，命龙武大将军陈玄礼整比六军[4]，厚赐钱帛，选闲厩马九百余匹[5]，外人皆莫之知。乙未[6]，黎明，上独与贵妃姊妹、皇子、妃、主、皇孙、杨国忠、韦见素、魏方进、陈玄礼及亲近宦官、宫人出延秋门[7]，妃、主、皇孙之在外者，皆委之而去[8]。上过左藏[9]，杨国忠请焚之，曰："无为贼守[10]。"上愀然曰[11]："贼来不得[12]，必更敛于百姓，不如与之，无重困吾赤子[13]。"是日，百官犹有入朝者，至宫门，犹闻漏声[14]，三卫立仗俨然[15]。门既启[16]，则宫人乱出，中外扰攘，不知上所之[17]。于是王公、士民四出逃窜，山谷细民争入宫禁及王公第舍，盗取金宝，或乘驴上殿。又焚左藏大盈库[18]。崔光远、边令诚帅人救火[19]，又募人摄府、县官分守之[20]，杀十余人，乃稍定。光远遣其子东见禄山，令诚亦以管钥献之[21]。

【注释】 ①肃宗：李亨，玄宗第三子，此年七月即位于灵武（今属宁夏），改年号为至德，公元七五六年至七六一年在位。至德元载，即公元七五六年。②癸巳：六月十一日。③甲午：六月十二日。④龙武大将军：禁军部队龙武军的统帅。陈玄礼：跟随玄宗起兵杀韦后，后宿卫宫禁。整比：整顿排列。⑤厩马：皇宫中马厩的马匹。⑥乙未：六月十三日。⑦韦见素：由杨国忠推荐任兵部尚书、同平章事。魏方进：玄宗时任御史大夫。延秋门：皇宫的西门。⑧委：弃。⑨左藏：皇宫内的仓库之一。⑩此句说：不要替叛军守住。⑪愀然：悲惨的样子。⑫不得：得不到财宝。⑬重困：加重困扰。赤子：百姓。⑭漏：古代用漏壶滴水计时，到一定时刻即发出声音报时。⑮三卫：皇宫的亲卫、勋卫、翊卫。立仗：手持的仪仗。俨然：整齐有威严。⑯门既启：宫门已开。⑰上所之：皇上到哪里去了。⑱大盈库：玄宗设立的天子内库。⑲崔光远：西川节度使。边令诚：宦官。⑳这句说：招募人选暂任各官衙官员，分别守住京城内官员各府宅和各机构衙门。㉑这二句说：崔光远派儿子去见东面的安禄山，边令诚也把京城城门、皇宫及重要地点的锁匙献给安禄山。

上过便桥[1]，杨国忠使人焚桥。上曰："士庶各避贼求生，奈何绝其路！"留内侍监高力士，使扑灭乃来。上遣宦者王洛卿前行[2]，告谕郡县置顿[3]。食时[4]，至咸阳望贤宫[5]，洛卿与县令俱逃，中使征召，吏民莫有应者。日向中，上犹未食，杨国忠自市胡饼以献[6]。于是民争献粝饭[7]，杂以麦豆，皇孙辈争以手掬食之[8]，须臾而尽，犹未能饱。上皆酬其直[9]，慰劳之。众皆哭，上亦掩泣。俄而尚食举御膳以至[10]，上命先赐从官，然后食之。命军士散诣村落求食，期未时皆集而行[11]。夜将半，乃至金城[12]。县令亦逃，县民皆脱身走，饮食器皿具在，士卒得以自给[13]。时从者多逃[14]，内侍监袁思艺亦亡去[15]，驿中无灯，人相枕藉而寝，贵贱无以复辨[16]。

【注释】 ①便桥：西渭桥、便门桥，在长安城北渭水上。②前行：提前出发打前站。③置顿：布置安顿皇帝一行人马。④食时：吃饭的时候。⑤望贤宫：在咸阳东。⑥市：买。胡饼：当时的一种面饼。⑦粝(音lì)饭：粗粮做成的饭。⑧掬食之：手抓饭来吃。⑨酬其直：按饭的价值给钱。⑩尚食：皇宫负责皇帝饮食的官。⑪期未时皆集：约定未时集合。未时即今下午一至三点。⑫金城：县名，治所在今陕西兴平。⑬自给：自己找饭吃。⑭从者多逃：随从的人大多私自逃跑，丢下玄宗不管了。⑮内侍监：管理宦官的官，玄宗让高力士与袁思艺担任此职，这时袁思艺抛弃玄宗逃跑了。⑯相枕藉：你靠着我，我枕着你。寝：睡觉。这句说：众人睡在一起，也不分官职与身份的高低贵贱了。

夏，六月，丙申[1]，至马嵬驿[2]，将士饥疲，皆愤怒。陈玄礼以祸由杨国忠，欲诛之，因东宫宦者李辅国以告太子[③]，太子未决。会吐蕃使者二十余人遮国忠马[④]，诉以无食，国忠未及对，军士呼曰："国忠与胡虏谋反[⑤]！"或射之，中鞍。国忠走至西门内[⑥]，军士追杀之，屠割支体[⑦]，以枪揭其首于驿门外[⑧]，并杀其子户部侍郎暄及韩国、秦国夫人。

【注释】　①丙申：六月十四日。②马嵬（音wéi）驿：驿站名，在今陕西兴平西。③因：通过。东宫宦者：太子宫的宦官。李辅国：原名静忠，当时是太子的宦官，因支持太子继位，后由肃宗赐名护国，后又改为辅国。太子：即唐肃宗李亨。④吐蕃（bō）：藏族此时的名称。遮：拦。⑤这几句说：杨国忠还没来得及回答吐蕃使者的话，士兵们就喊起来："杨国忠与胡人要谋反啦！"⑥西门：马嵬驿的西门。⑦支体：肢体。⑧以枪揭其首：用长枪挑着杨国忠的头。

军士围驿，上闻喧哗，问："外何事？"左右以国忠反对[①]。上杖屦出驿门[②]，慰劳军士，令收队，军士不应。上使高力士问之，玄礼对曰："国忠谋反，贵妃不宜供奉，愿陛下割恩正法[③]。"上曰："朕当自处之。"入门，倚杖倾首而立[④]。久之，京兆司录韦谔前言曰[⑤]："今众怒难犯，安危在晷刻[⑥]，愿陛下速决！"因叩头流血[⑦]。上曰："贵妃常居深宫，安知国忠反谋？"高力士曰："贵妃诚无罪[⑧]，然将士已杀国忠，而贵妃在陛下左右，岂敢自安？愿陛下审思之，将士安，则陛下安矣。"上乃命力士引贵妃于佛堂，缢杀之。舆尸寘驿庭[⑨]，召玄礼等入视之。玄礼等乃免胄释甲[⑩]，顿首请罪，上慰劳之，令晓谕军士。玄礼等皆呼万岁，再拜而出，于是始整部伍为行计[⑪]。国忠妻裴柔与其幼子晞及虢国夫人、夫人子裴徽皆走[⑫]，至陈仓[⑬]，县令薛景仙帅吏士追捕[⑭]，诛之。

【注释】　①以国忠反对：用杨国忠谋反来回答玄宗。②杖屦（音

jù)：拄着拐杖，穿着草鞋。③割恩正法：割弃对贵妃的恩爱，对她治罪。④倾首：歪着头。⑤京兆司录：京兆府司录参军，为京兆府的属官。韦谔：韦见素之子。前言：上前说。⑥在晷（音guǐ）刻：就在片刻之间了。⑦因：说完就。⑧诚：确实。⑨舆尸：用车装着尸体。寘：置，放在。⑩免胄释甲：脱下盔甲。⑪为行计：制订行军的计划。⑫这句说：杨国忠的老婆裴柔、小儿子杨晞、虢国夫人及其儿子裴徽都逃跑。⑬陈仓：县名，治所在今陕西宝鸡。⑭薛景仙：当时为县令，肃宗继位后，升扶风郡太守。

【简评】

杨贵妃受玄宗宠爱，最后被玄宗下令处死，亲自动手的就是从前小心侍奉她的高力士。贵妃的命运，不是由她一个人决定的，唐玄宗、杨国忠、安禄山及贵妃的姊妹兄弟们，都促成了这场悲剧。玄宗只知宠爱，杨国忠则完全出于利用，安禄山与贵妃关系很好，没想到起兵反叛也促成了她的死。一个弱女子，不经意之间，竟让强盛的唐朝发生了重大的转折，历史的神奇就在这里。

百姓不乐

唐纪四十八，德宗贞元三年[①]，自兴元以来[②]，是岁最为丰稔[③]，米斗直钱百五十、粟八十，诏所在和籴[④]。庚辰[⑤]，上畋于新店，入民赵光奇家[⑥]，问："百姓乐乎？"对曰："不乐。"上曰："今岁颇稔，何为不乐？"对曰："诏令不信[⑦]。前云两税之外悉无他傜[⑧]，今非税而诛求者殆过于税[⑨]，后又云和籴，而实强取之，曾不识一钱[⑩]。始云所籴粟麦纳于道次[⑪]，今则遣致京西行营[⑫]，动数百里，车摧马斃[⑬]，破产不能支[⑭]。愁苦如此，何乐之有？每有诏书优恤[⑮]，徒空文耳[⑯]。恐圣主深居九重[⑰]，皆未知之也。"上命复其家[⑱]。

【注释】 ①德宗：唐德宗李适（音 kuò），公元七七九年至八〇五年在位。贞元三年即公元七八七年。②兴元：唐德宗年号。③稔（音 rěn）：庄稼成熟。④直：即值，价值，价格。所在：指丰收地区。和籴（音 dí）：用正常价格收购粮食。⑤庚辰：十二月初一。⑥新店：地名，在今河南三门峡西。赵光奇：人名。⑦不信：没有信用。⑧两税：唐德宗实行两税法，在夏秋两季两次征收户税、地税。悉：全。傜：即徭，徭役。⑨非税：正税以外的苛捐。诛求：严厉索取。殆：几乎，大概。⑩曾：竟然。识：见，这里指支付。⑪纳于道次：在路旁缴纳公粮。⑫京西：京城以西。行营：军营。⑬摧：毁坏。车摧马斃：指由于粮食沉重，路途遥远，导致车毁马毙。⑭支：支撑。⑮优恤：优待抚恤百姓。

⑯徒：只，仅仅。⑰九重：宫门重重，专指皇帝居住的地方。⑱复：免除赋役。

臣光曰：甚矣唐德宗之难寤也[①]。自古所患者，人君之泽壅而不下达[②]，小民之情郁而不上通[③]，故君勤恤于上而民不怀[④]，民愁怨于下而君不知，以至于离叛危亡，凡以此也[⑤]。德宗幸以游猎得至民家，值光奇敢言而知民疾苦，此乃千载之遇也。固当按有司之废格诏书[⑥]，残虐下民，横增赋敛[⑦]，盗匿公财[⑧]，及左右谄谀日称民间丰乐者而诛之[⑨]，然后洗心易虑[⑩]，一新其政，屏浮饰[⑪]，废虚文[⑫]，谨号令[⑬]，敦诚信[⑭]，察真伪，辨忠邪，矜困穷[⑮]，伸冤滞[⑯]，则太平之业可致矣。释此不为，乃复光奇之家[⑰]，夫以四海之广，兆民之众，又安得人人自言于天子而户户复其傜赋乎[⑱]？

【注释】 ①甚矣：很严重了。难寤：难以开导醒悟。②这句说：皇帝的恩泽受到阻塞难以施于百姓。③郁：郁结。④这句说：皇帝在上面经常下令要体恤百姓，而百姓却并不感怀。⑤凡以此也：都是因为这个原因。⑥这句说：本来应当调查主管部门搁置诏令之罪。⑦横增赋敛：横暴地增加赋税。⑧盗匿公财：偷盗和隐没公家的资财。⑨意思是：对身边那些经常进谗言号称民间百姓丰收安乐的人，应当予以诛杀。⑩洗心易虑：消除杂念，改变诏令。⑪一新其政：刷新朝政。屏浮饰：抛弃浮华的文饰。⑫废虚文：废除空洞的号令。⑬谨号令：谨慎地整饬官吏。⑭敦：促进。⑮矜：怜惜，怜悯。⑯伸冤滞：昭雪冤狱，处理积案。⑰复光奇之家：免除赵光奇家的赋税。⑱这几句说：天下四海，地域广大，百姓众多，又怎么能够人人都亲自向皇帝讲明实情，而户户都能免除赋税傜役呢？

【简评】

帝王对百姓的好心好意，往往不能让老百姓切实感受到，这中间都有什么样的梗阻？值得研究。帝王只知对一家一户的人给予特殊的关照，而不能让所有的百姓都得到应有的好处，这样的帝王，在司马光看来，也是糊涂虫一个。

白马驿之祸

唐纪八十一，昭宣帝天祐二年[①]，三月，戊寅[②]，以门下侍郎、同平章事独孤损同平章事[③]，充静海节度使[④]；以礼部侍郎河间张文蔚同平章事[⑤]。甲申[⑥]，以门下侍郎、同平章事裴枢为左仆射[⑦]，崔远为右仆射[⑧]，并罢政事[⑨]。

【注释】 ①即公元九〇五年。昭宣帝：唐朝末代皇帝李柷（音zhù），公元九〇四年至九〇七年在位。②戊寅：三月十九日。③门下侍郎：门下省次官。同平章事：同中书门下平章事，宰相。独孤损：唐末宰相。④静海：方镇名，管辖交州等十二州。⑤礼部侍郎：礼部副长官。河间：今河北河间。张文蔚：唐末、五代后梁宰相。⑥甲申：三月二十五日。⑦裴枢：唐末宰相。左仆射：尚书左仆射。⑧崔远：唐末宰相。右仆射：尚书右仆射。⑨此句说：一并停止参与政事。

初，柳璨及第[①]，不四年为宰相，性倾巧轻佻[②]。时天子左右皆朱全忠腹心[③]，璨曲意事之[④]。同列裴枢、崔远、独孤损皆朝廷宿望，意轻之，璨以为憾[⑤]。和王傅张廷范[⑥]，本优人[⑦]，有宠于全忠，奏以为太常卿[⑧]。枢曰：“廷范勋臣，幸有方镇[⑨]，何籍乐卿[⑩]！恐非元帅之旨[⑪]。”持之不下。全忠闻之，谓宾佐曰[⑫]：“吾常以裴十四器识真纯[⑬]，不入浮薄之党；观此议论，本态露矣[14]。”璨因此并远、损谮于全忠[15]，故三人皆罢。

【注释】 ①柳璨：唐末宰相。②倾巧：狡诈，看风行事。轻佻（音 tiāo）：不稳重。③朱全忠：后梁太祖朱温，五代后梁的建立者，公元九〇七年至九一二年在位。白马驿之祸时，为梁王，完全控制唐皇室。④曲意：委曲己意而奉承别人。⑤这几句说：这几位德高望重的宰相，都看不起他，柳璨因此怨恨他们。⑥和王：李福，唐朝宗室。傅：王傅，负责辅导诸王。张廷范：唐末官员。⑦优人：古代以乐舞、戏谑为业的艺人。⑧太常卿：掌管宗庙祭祀礼乐。⑨勋臣：功臣。方镇：执掌一方军政大权的军事长官。⑩籍：凭借。乐卿：太常卿。这几句说：张廷范是有功之臣，可以出任方镇，不必借乐卿以荣，用人应各尽其分。⑪元帅：指朱全忠。⑫宾佐：宾客及官佐属吏。⑬裴十四：指裴枢。器识：度量见识。⑭本态：本来面目。朱全忠对裴枢的意见不满，认为暴露了他浮躁的本态。⑮谮（音 zèn）：说坏话诬陷别人。这句说：柳璨借此在朱全忠面前诬陷裴枢，以及崔远、独孤损。

五月，乙丑，彗星长竟天[1]。柳璨恃朱全忠之势，姿为威福[2]。会有星变[3]，占者曰[4]：“君臣俱灾，宜诛杀以应之[5]。”璨因疏其素所不快者于全忠曰[6]：“此曹皆聚徒横议[7]，怨望腹非[8]，宜以之塞灾异[9]。”李振亦言于朱全忠曰[10]：“朝廷所以不理[11]，良由衣冠浮薄之徒紊乱纲纪[12]；且王欲图大事[13]，此曹皆朝廷之难制者也[14]，不若尽去之。”全忠以为然。癸酉[15]，贬独孤损为棣州刺史[16]，裴枢为登州刺史[17]，崔远为莱州刺史[18]。乙亥[19]，贬吏部尚书陆扆为濮州司户[20]，工部尚书王溥为淄州司户[21]。庚辰[22]，贬太子太保致仕赵崇为曹州司户[23]，兵部侍郎王赞为潍州司户[24]。自余或门胄高华，或科第自进，居三省台阁，以名检自处[25]，声迹稍著者，皆指为浮薄，贬逐无虚日[26]，搢绅为之一空[27]。辛巳[28]，再贬裴枢为泷州司户[29]，独孤损为琼州司户[30]，崔远为白州司户[31]。

【注释】 ①乙丑：五月初七。彗星：古代认为彗星出现，预示国家将有灾祸。长竟天：彗星长贯整个天空。②姿：肆意，放纵。威福：作威作福。③星变：指彗星出现。④占者：负责占卜吉凶的人。⑤应之：顺应天命。⑥疏：罗列。⑦此曹：这些人。聚徒横议：聚集徒众，横加议论。⑧腹非：腹诽，口里不说，心中不以为然。⑨这句说：应该治他们的罪来消除灾异。⑩李振：唐末官员。⑪不理：得不到治理。⑫良：确实。衣冠：官员的衣帽，指官员。⑬图大事：指篡夺帝位。⑭难制：难以制服。⑮癸酉：五月十五日。⑯棣（音 dì）州：在今山东阳信南。⑰登州：今山东烟台。⑱莱州：今山东莱州。⑲乙亥：五月十七日。⑳吏部尚书：吏部最高长官。陆扆（音 yǐ）：唐末宰相。濮州：在今山东菏泽鄄城。司户：司户参军事，负责一州的户籍、赋税等。㉑工部尚书：工部最高长官。王溥：唐末宰相。淄（音 zī）州：今山东淄博淄川。㉒庚辰：五月二十三日。㉓太子太保：负责辅导太子。致仕：交还官职，退休。赵崇：唐末宰相。曹州：今山东菏泽。㉔王赞：唐末官员。潍州：今山东潍坊。㉕名检：名誉与礼法。㉖这句说：没有一天不贬官驱逐的。㉗搢（音 jìn）：插。绅：古代仕宦者和儒者围于腰际的大带。搢绅：又作缙绅，指士大夫。㉘辛巳：五月二十四日。㉙泷（音 shuāng）州：地名，今广东罗定。㉚琼州：今海南。㉛白州：今广西博白。

六月，戊子朔[①]，敕裴枢、独孤损、崔远、陆扆、王溥、赵崇、王赞等并所在赐自尽。时全忠聚枢等及朝士贬官者三十余人于白马驿[②]，一夕尽杀之，投尸于河。初，李振屡举进士，竟不中第，故深疾搢绅之士，言于全忠曰："此辈常自谓清流[③]，宜投之黄河，使为浊流！"全忠笑而从之。

【注释】 ①戊子朔：六月初一。②白马驿：在今河南滑县东。③自谓：自称。清流：清高的士大夫。

振每自汴至洛[①]，朝廷必有窜逐者[②]，时人谓之鸱枭[③]。见朝士皆颐指气使[④]，旁若无人。

【注释】 ①汴：汴州。洛：洛阳。②窜逐：放逐。③鸱枭（音 chī xiāo）：鸱、枭都是恶鸟，比喻邪恶的人。④颐指气使：用面部表情和口鼻出气来示意，形容李振依仗朱全忠肆意骄纵，气焰嚣张。

【简评】

唐朝之亡，除了藩镇武人反叛，朝内士人内耗也是原因之一。从李林甫到李振，都仗着手握大权，打击异己。文臣内斗，使国家走向衰败。清流文官最后竟被武人杀了出气，这是历史的悲哀。

后周郭威治国

后汉纪三，高祖皇帝乾祐元年[①]，七月，庚申[②]，加枢密使郭威同平章事[③]。

【注释】 ①即公元九四八年。高祖皇帝：五代后汉高祖刘知远，五代后汉的建立者，公元九四七年至九四八年在位。②庚申：七月十三日。③枢密使：负责辅佐皇帝掌兵政。郭威：后周太祖，五代后周的建立者，公元九五一年至九五四年在位。

后汉纪四，隐皇帝乾祐三年[①]，十二月，壬子[②]，郭威渡河，馆于澶州[③]。癸丑旦[④]，将发[⑤]，将士数千人忽大噪。威命闭门，将士逾垣登屋而入曰[⑥]："天子须侍中自为之，将士已与刘氏为仇，不可立也!"或裂黄旗以被威体[⑦]，共扶抱之，呼万岁震地，因拥威南行。威乃上太后笺[⑧]，请奉汉宗庙，事太后为母。丙辰[⑨]，至韦城[⑩]，下书抚谕大梁士民[⑪]，以昨离河上，在道秋毫不犯，勿有忧疑。戊午[⑫]，威至七里店[⑬]，窦贞固帅百官出迎拜谒[⑭]，因劝进[⑮]。威营于皋门村[⑯]。

【注释】 ①即公元九五〇年。隐皇帝：五代后汉隐帝刘承佑，后汉高祖刘知远之子，公元九四八年至九五〇年在位。②壬子：十二月十九日。③澶（音 chán）州：地名，今河南濮阳。④癸丑旦：十二月二十日早晨。⑤将发：即将出发。⑥逾（音 yú）垣：越过墙。⑦这句说：有人撕裂黄旗，披在郭威身上。⑧太后：五代后汉高祖刘知远的李皇后。笺：奏笺。⑨丙辰：十二月二十三日。⑩韦城：地名，在今河南滑县东南。⑪大梁：地名，今河南开封。⑫戊午：十二月二十五日。⑬七里店：地名，在今河南开封北。⑭窦贞固：五代官员。⑮因：乘机。劝进：指劝郭威称帝。⑯皋门村：地名，今属河南开封。

庚申[1]，太后诰，以侍中监国[2]。百官藩镇相继上表劝进。壬戌夜[3]，监国营有步兵将校醉，扬言向者澶州骑兵扶立[4]，今步兵亦欲扶立，监国斩之。

【注释】 ①即十二月二十七日。②监国：代替皇帝执行国政。③壬戌：十二月二十九日。④扬言：对外宣扬或故意散布某种言论。扶立：指拥立郭威之事。

后周纪一，太祖广顺元年[1]，春，正月，丁卯[2]，汉太后下诰，授监国符宝[3]，即皇帝位。监国自皋门入宫，即位于崇元殿。

【注释】 ①即公元九五一年。太祖：五代后周太祖郭威。②丁卯：正月初五。③符宝：皇帝印信和传国之宝。

帝谓王峻曰[1]：“朕起于寒微[2]，备尝艰苦，遭时丧乱，一旦为帝王，岂敢厚自奉养以病下民乎[3]！”命峻疏四方贡献珍美食物[4]，庚辰[5]，下诏悉罢之。又诏曰：“朕生长军旅，不亲学问，未知治天下之道，文武官有益国利民之术，各具封事以闻[6]，咸宜直书其事，勿事辞藻。”帝以苏逢吉之第赐王峻[7]，峻曰：“是逢吉所以族李崧也[8]！”辞而不处[9]。

【注释】 ①王峻：五代后周宰相。②寒微：郭威出身贫寒，地位卑微。③这句说：怎么敢丰厚自己的供养而困苦下面的百姓呢？④疏：清理。⑤庚辰：五月十八日。⑥封事：古代臣下上书奏事，为防泄漏，用袋密封，称为封事。⑦苏逢吉：五代后汉宰相。第：大宅子。⑧族：族灭。李崧：五代后晋宰相。⑨处：居住。

帝悉出汉宫中宝玉器数十，碎之于庭，曰："凡为帝王，安用此物！闻汉隐帝日与嬖宠于禁中嬉戏[①]，珍玩不离侧，兹事不远，宜以为鉴！"仍戒左右，自今珍华悦目之物，无得入宫。

【注释】 ①嬖宠：指受君主宠爱的人。禁中：指帝王所居宫内。

后周纪一，太祖广顺二年[①]，六月，乙酉朔[②]，帝如曲阜[③]，谒孔子祠[④]。既奠[⑤]，将拜。左右曰："孔子，陪臣也[⑥]，不当以天子拜之。"帝曰："孔子百世帝王之师，敢不敬乎！"遂拜之。又拜孔子墓，命葺孔子祠，禁孔林樵采[⑦]。访孔子、颜渊之后[⑧]，以为曲阜令及主簿[⑨]。丙戌[⑩]，帝发兖州。

【注释】 ①即公元九五二年。②乙酉朔：六月初一。③如：到，往。曲阜：今山东曲阜。④孔子祠：孔庙。⑤既奠：摆好祭品。⑥陪臣：诸侯的卿大夫，对天子自称陪臣。⑦葺：修理。孔林：孔子及后裔的墓地，在今山东曲阜。⑧颜渊：名回，孔子弟子。⑨主簿：官名，负责掌管印信、检核文书簿籍。⑩丙戌：六月初二。

后周纪二，太祖广顺三年[①]，自唐末以来，所在学校废绝，蜀毋昭裔出私财百万营学馆[②]，且请刻板印九经[③]。蜀主从之[④]，由是蜀中文学复盛[⑤]。

【注释】 ①即公元九五三年。②蜀：五代后蜀，存在于公元九三四年至九六五年。毋昭裔：后蜀宰相。③九经：《诗经》、《尚书》、《周易》、《周礼》、《仪礼》、《礼记》、《春秋左传》、《春秋公羊传》、《春秋谷梁传》九部儒家经典。④蜀主：后蜀后主孟昶，公元九三四年至九六四年在位。⑤文学：文化学术。

初，唐明宗之世[①]，宰相冯道、李愚请令判国子监田敏校正九经[②]，刻板印卖，朝廷从之。丁巳[③]，板成[④]，献之。由是，虽乱世，九经传布甚广。

【注释】 ①唐明宗：五代后唐明宗李嗣源，公元九二六年至九三三年在位。②冯道：五代宰相，历仕后唐、后晋、后汉、后周。李愚：后唐宰相。判国子监：国子监长官。田敏：历仕五代梁、唐、晋、汉、周及宋。③丁巳：六月初九。④板成：九经雕版刻成。

后周纪二，太祖显德元年[①]，帝屡戒晋王曰[②]："昔吾西征，见唐十八陵无不发掘者[③]，此无他，惟多藏金玉故也。我死，当衣以纸衣，敛以瓦棺；速营葬，勿久留宫中；圹中无用石[④]，以甓代之[⑤]；工人役徒皆和雇[⑥]，勿以烦民；葬毕，募近陵民三十户，蠲其杂徭[⑦]，使之守视；勿修下宫[⑧]，勿置守陵宫人，勿作石羊、虎、人、马，惟刻石置陵前云：'周天子平生好俭约，遗令用纸衣、瓦棺，嗣天子不敢违也[⑨]。'汝或吾违[⑩]，吾不福汝。"

【注释】 ①即公元九五四年。②晋王：五代后周世宗柴荣，公元九五四年至九五九年在位，郭威养子，即位前封晋王。③唐十八陵：唐代十八位帝王的陵墓。④圹（音 kuàng）：墓穴。⑤甓（音 pì）：砖。⑥和雇：官府出钱雇佣。⑦蠲（juān）：免除。⑧下宫：墓穴下的宫室。⑨嗣：继承、接续。⑩或：假如。

【简评】

历代开国之君多出身下层，因此执政以后多注意减轻百姓负担，郭威就是一个典型。更可贵的是，一位军人出身的帝王能够重视文化，对后继者宋朝的文治政策产生了重要影响。

冯道无耻

后周纪二，太祖显德元年[①]，夏，四月，庚申[②]，太师、中书令瀛文懿王冯道卒[③]。道少以孝谨知名，唐庄宗世始贵显[④]，自是累朝不离将、相、三公、三师之位[⑤]，为人清俭宽弘，人莫测其喜愠，滑稽多智，浮沉取容[⑥]，尝著《长乐老叙》[⑦]，自述累朝荣遇之状，时人往往以德量推之[⑧]。

【注释】 ①即公元九五四年。②庚申：四月十七日。③太师：为加衔，以示荣宠。瀛文懿王：冯道死后追封为瀛王，谥文懿。④唐庄宗：后唐庄宗李存勖（音 xù），公元九〇八年至九二六年在位。⑤三公：太尉、司徒、司空。三师：太师、太傅、太保。⑥浮沉取容：俯仰随俗，讨人欢心。⑦长乐老：指冯道。⑧德量：品德，度量。推：推崇。

欧阳修论曰[①]：“礼义廉耻，国之四维[②]。四维不张，国乃灭亡。”礼义，治人之大法；廉耻，立人之大节。况为大臣而无廉耻，天下其有不乱、国家其有不亡者乎！予读冯道《长乐老叙》，见其自述以为荣，其可谓无廉耻者矣，则天下国家可从而知也。予于五代得全节之士三，死事之臣十有五[③]，皆武夫战卒，岂于儒者果无其人哉[④]？得非高节之士[⑤]，恶时之乱，薄其世而不肯出欤[⑥]？抑君天下者不足顾，而莫能致之欤[⑦]？予尝闻五代时有王凝者[8]，家青、齐之间[9]，为虢州司户参军[10]，以疾卒于官。凝家素贫，一子尚幼，妻李氏，携其子，负其遗骸以归，东过开封，止于旅舍，主人不纳。李氏顾天已暮，不肯去，主人牵其臂而出之。李氏仰天恸曰[11]："我为妇人，不能守节，而此手为人所执邪！"即引斧自断其臂，见者为之嗟泣。开封尹闻之，白其事于朝，厚恤李氏而笞其主人。呜呼！士不自爱其身而忍耻以偷生者[12]，闻李氏之风[13]，宜少知愧哉[14]！

【注释】 ①欧阳修：北宋人，曾撰《五代史》。②四维：四大纲维，即礼、义、廉、耻。③意思是：保全节操的有三人，殉国殉职的有十五人。形容人很少。④意思是：难道儒士之中就没有保全节操、殉国死事的人吗？⑤得非：莫非。⑥薄其世：鄙弃世道，厌弃乱世的政治。⑦这两句说：还是统治天下的君主不值一顾，因而没有能够招致他们呢？⑧王凝：五代官员。⑨青：青州，今山东青州。齐：齐州，今山东济南。⑩虢州：今河南灵宝一带。⑪恸（音 tòng）：极其悲痛。⑫意思是：那些不爱惜自身而忍受耻辱，苟且偷生的士人。⑬风：风节。⑭少：即稍，稍微。

臣光曰：道之为相，历五朝、八姓[1]，若逆旅之视过客[2]，朝为仇敌，暮为君臣，易面变辞[3]，曾无愧怍[4]，大节如此[5]，虽有小善，庸足称乎！或以为自唐室之亡，群雄力争，帝王兴废，远者十余年，近者四三年，虽有忠智，将若之何[6]！当是之时，失臣节者非道一人，岂得独罪道哉！臣愚以为忠臣忧公如家，见危致命[7]，君有过则强谏力争，国败亡则竭节致死。智士邦有道则见，邦无道则隐，或灭迹山林，或优游下僚[8]。今道尊宠则冠三师，权任则首诸相，国存则依违拱嘿[9]，窃位素餐[10]，国亡则图全苟免[11]，迎谒劝进。君则兴亡接踵，道则富贵自如，兹乃奸臣之尤[12]，安得与他人为比哉[13]！或谓道能全身远害于乱世，斯亦贤已。臣谓君子有杀身成仁，无求生害仁，岂专以全身远害为贤哉！然则盗跖病终而子路醢[14]。果谁贤乎？抑此非特道之愆也[15]，时君亦有责焉，何则[16]？不正之女，中士羞以为家；不忠之人，中君羞以为臣。彼相前朝，语其忠则反君事仇，语其智则社稷为墟。后来之君，不诛不弃，乃复用以为相，彼又安肯尽忠于我而能获其用乎[17]！故曰：非特道之愆，亦时君之责也。

【注释】 ①五朝：五代。八姓：指唐庄宗、唐明宗、潞王、后晋、耶律、刘汉、郭威、柴荣。这是说：冯道频繁变节改仕。②这句说：像在旅馆里看来往人流的旅客。③易面变辞：改换面孔和说话腔调，侍奉新主人。④曾：从来，一直。⑤大节：为人处世的大原则。⑥意思是：帝王在位如此短暂，即使有忠诚、智慧之臣又能怎样呢？⑦见危致命：见国势危亡，敢于不惜生命来挽救。⑧优游下僚：悠闲地做职位低微的属吏。⑨依违拱嘿：见风使舵，拱手沉默。⑩窃位素餐：窃居官位却无所作为。⑪苟：暂时。⑫尤：最突出的。⑬意思是：怎么可以和其他人相提并论呢？⑭盗跖（音 zhí）：春秋时期的大盗。子路：仲由，孔子弟子。醢（音 hǎi）：肉酱，子路被剁成肉泥而死。⑮非特：不仅，不只。愆（音 qiān）：过失，罪过。⑯意思是：当时君主也有过错，这是为什么呢？⑰安肯：怎肯。能获其用：能让我得到他的才能。

【简评】

五代乱世，士大夫全都不守节操，冯道是一个典型。欧阳修和司马光都主张重塑士风，司马光更看到了君主不能表彰道德而导致世风日下，可见原因也不全在士大夫身上。

后　语

《资治通鉴》全书二百九十四卷、三百万字，从中仅仅选出三十九个故事，不能充分反映《资治通鉴》的丰富内容。但要人们通读《资治通鉴》，也不现实，所以选注只可作为了解和阅读《资治通鉴》的引子，使读者通过阅读这本选注，形成一种兴趣，知道古代史书值得认真去读。能收到这一效果，我们的选注就算没有白费工夫。

此外，还要感谢长江文艺出版社提供这个机会，让我们能将中国古典名著介绍给广大读者，这也是在传承文化上做了一件功德无量的事。